Éditions du Moment
15, rue Condorcet
75009 Paris
www.editionsdumoment.com

Perles des Émirats

Qui sont vraiment ces femmes derrière le voile ?

DU MEME AUTEUR

Le hasard a tout prévu, Éditions Luce Wilquin, 2013.

Petit Essai sur la vie conjugale, Éditions Luce Wilquin, 2011.

Logomania, avec Alexia Ziegler et Laure Gomez Montoya, Éditions de Tokyo Paris, 2003.

Le Journal intime de 20 Parisiennes, textes Kyra Dupont Troubetzkoy, Éditions de Tokyo Paris, 2002.

Kyra Dupont

Perles des Émirats

Qui sont vraiment ces femmes derrière le voile ?

LES ÉDITIONS DU MOMENT

« Tout se résume au choix. Les filles devraient pouvoir décider pour elles-mêmes mais nous avons été éduquées à penser que nous devions nous sacrifier. »

Hala Kazim, Festival de littérature de Dubaï, 2014.

À ma mère et à ma fille.

AVERTISSEMENT

Tous les témoignages ont été recueillis par l'auteur, sauf indication contraire. Chacun des entretiens a été mené séparément. Le discours de chacune des protagonistes n'engage qu'elle. Elles ne doivent en aucun cas être tenues responsables des propos d'autres femmes ayant participé à cette enquête ou d'opinions diverses relayées dans cet ouvrage.

INTRODUCTION

« Nous n'aurions jamais pu réaliser ce que nous avons accompli si la moitié de notre société était désœuvrée. »

Sheikha Fatma bint Mubarak Al Ketbi,
épouse de Sheikh Zayed bin Sultan Al Nahyan,
fondateur des Émirats arabes unis.

C'est à peine croyable mais elles sont bel et bien un peu moins de 500 000 sur une population de 9 millions d'habitants [1]. Pourtant pas un jour ne s'écoule sans qu'une de ces Émiriennes ne figure en première page des journaux locaux. Elles sont à l'agenda. Ambitieuses, déterminées, elles n'en sont pas moins fières de leur culture et entreprennent de faire évoluer leur statut avec patience et intelligence. Elles mènent un mode de vie unique au monde, partagées entre valeurs traditionnelles et modernité extrême. Dubaï est le paroxysme du changement et ses filles, sœurs, épouses et mères incarnent le symbole éclatant de cette volonté d'en faire partie. Elles constituent le signe le plus visible d'une évolution sans précédent et le vecteur principal de mutation du pays.

Ce livre raconte qui elles sont, comment elles ont gravi les échelons d'une société bédouine, musulmane et patriarcale, prise en étau entre wahhabisme saoudien et intégrisme chiite iranien, propulsée du Moyen Âge à l'ultra modernité, d'une vie de village à la globalisation. Il donne une voix aux Émiriennes et un espoir

---

1. La population des Émirats arabes unis est constituée à 85 % d'étrangers.

aux femmes de la région. Alors que la Syrie, l'Irak, l'Égypte ou la Libye connaissent le chaos et l'instabilité, que le statut et les droits des femmes arabo-musulmanes sont encore et toujours bafoués, elles symbolisent une alternative, étant les ambassadrices régionales d'un changement possible. En moins de cinquante ans, les femmes de la toute nouvelle Union, créée en 1971, ont réussi à se hisser au sommet de l'État et à se rendre indispensables. Elles représentent 50 % de la force de travail d'un pays qui compte seulement 12 % de locaux. Leurs dirigeants l'ont compris et ont eu la volonté politique de leur donner accès à l'éducation. Ce fut le début de l'aventure contemporaine pour les Émiriennes.

Lorsque je suis arrivée aux Émirats arabes unis en septembre 2012, j'ai cherché un thème sur lequel travailler et je n'ai pas eu à hésiter longtemps. Il m'est immédiatement apparu que les Émiriennes étaient *le* sujet. Cette année-là, justement, je fus témoin de la réelle volonté des dirigeants de ce pays à les hisser au sommet. En novembre de la même année se tint à Dubaï un forum sur le leadership des femmes arabes où furent discutées différentes mesures visant à accroître leur présence à des postes clés. Un mois plus tard, Sheikh Mohammed bin Rashid Al Maktoum, émir de Dubaï et vice président du pays, annonçait sur Twitter que les conseils d'administration devaient dorénavant obligatoirement inclure des femmes, démontrant tout à la fois l'extraordinaire réactivité propre à ce pays et une sincère volonté de les promouvoir. Puis, 2013 fut consacrée année de l'autonomisation des femmes. Enfin, le 27 novembre de la même année, Dubaï était choisie pour organiser l'Exposition universelle de 2020. À la tête de son comité exécutif siège une femme, la ministre d'État Reem Al Hashimi. Oui, les Émiriennes étaient décidément un sujet d'actualité.

Je suis donc allée à la rencontre de dizaines d'entre elles, toutes générations confondues, qui, par leur parcours et leur carrière, ont prouvé qu'elles avaient leur mot à dire dans ce pays en construction. Elles ont pour point commun d'avoir réussi professionnellement et socialement. Ministres, députées, femmes d'affaires, médecins, avocates, juges, ingénieures, artistes, étudiantes, sportives, intellectuelles, humanitaires, officiers de police ou pilotes, elles ont accepté de répondre à mes questions, me permettant de faire l'état des lieux des femmes des Émirats arabes unis.

En me lançant dans ce projet, je me suis préparée à l'idée de buter sur de nombreux obstacles. Cherchant des relais et des soutiens, notamment auprès d'expatriés bénéficiant de réseaux locaux, un avocat m'a avertie : « *Ton livre traite des femmes émiriennes ? C'est un thème éminemment politique. Attention, c'est délicat.* » Il est vrai qu'elles incarnent l'institution fondamentale. Tout en se situant au cœur de la transmission des valeurs et des traditions, elles sont des agents de la modernisation par excellence. En ce sens, elles expriment bien le numéro d'équilibriste qu'accomplissent les autorités émiriennes depuis la création du pays. D'autre part, le sujet est émotionnel : en chefs de famille, leurs pères, leurs frères et leurs maris sont garants de leur protection car elles sont les mères des aînés d'un pays où est appliqué le strict droit du sang.

Chemin faisant, je rencontrais pourtant ces femmes ; j'étais invitée chez elles ; j'établissais un dialogue. Je dois dire que je rentrais parfois exaltée d'avoir récolté une matière étonnante, une parole que je ne soupçonnais pas. J'avais une sensation de liberté : elles pouvaient tout dire ou presque. Elles étaient plus audacieuses qu'on me l'avait dit. J'en ai déduit que la prudence de cet avocat ne correspondait peut-être plus vraiment à la réalité mouvante de cette société si fulgurante dans son évolution. Ayant eu la chance de discuter ouvertement avec nombre d'entre elles, j'ai relativisé ces conseils qui m'avaient alertée tout en attisant ma soif de comprendre. Ces Émiriennes avaient manifestement envie de se raconter, de témoigner de leur inégalable ascension, d'aider un public méconnaissant leur culture à mieux les envisager et de casser cette image stéréotypée de « la femme arabe ».

J'ai ainsi pu contredire les étrangers qui m'ont fait douter, m'ont dit que je n'y arriverai pas, que j'allais être confrontée à des femmes superficielles et inintéressantes à l'image des *malls*, temples de la consommation dans lesquels on les voit déambuler. En immersion durant deux ans, je m'attelais à prouver le contraire. J'aurais pu me contenter, comme beaucoup, de les observer de loin. Ne nous fascinent-elles pas tout en nous faisant peur ? Drapées dans leur *abaya* – leur robe noire traditionnelle –, les cheveux dissimulés sous leur *sheila* – le voile léger dont elles parent leur coiffure –, elles semblent inaccessibles, intimidantes. Mais elles furent à la fois flattées et heureuses que je m'intéresse à elles, à leur carrière, à leur vie, à leurs traditions. Certaines d'entre elles étaient déconcertées et même choquées du manque d'intérêt et de connaissances de certains étrangers à leur égard. C'est justement cette méconnaissance qui conduit aux idées toutes faites et aux amalgames. Combien de fois m'a-t-on demandé si elles étaient autorisées à conduire, les confondant avec leurs voisines saoudiennes ?

J'ai eu plus envie encore de démonter les stéréotypes attachés à leur aspect extérieur. J'ai découvert qu'il existait très peu de productions bibliographiques sur elles et que seule une poignée de chercheurs s'était penchée sur la question. Je trouvais à peine deux ou trois livres de journalistes. Mon avantage est sans doute de vivre ici et de pouvoir prendre le temps d'aller à leur rencontre, de respecter les rythmes moyen-orientaux – il a fallu faire parfois preuve d'une véritable ténacité pour les joindre et convaincre certaines d'entre elles. Il me fallait à tout prix dépasser le stade de la relation infantile liée à mon statut de résidente ou d'invitée impliquant une loyauté qu'attendent les Arabes en échange de leur hospitalité. Je devais naviguer pour trouver un équilibre subtil entre dénigrement et louange, entre ce qui doit et peut être dit. Bref, dépasser le niveau de l'opinion et trouver le ton juste. Pour ce faire, je me suis basée sur les informations trouvées dans les médias, « reflets de la parole officielle » et sur mes rencontres avec plusieurs dizaines d'entre elles, me permettant de me forger un avis personnel qui, je l'espère, transparaîtra dans ce projet.

Je voulais vraiment comprendre quelle était la réalité de ces femmes derrière le discours d'*empowerment* – dans la limite de mes possibilités bien sûr, ne parlant pas l'arabe et n'étant pas musulmane. En tant que femme, j'ai évidemment commencé par leur demander pourquoi elles se couvraient, si elles choisissaient ou subissaient. Assez rapidement, je me suis rendu compte qu'avec cette question j'étais déjà dans une forme de cliché. Sans pour autant légitimer le voile, je compris qu'il fallait l'appréhender avec ses subtilités locales. Elles ont, quelque part, dépassé ce débat. Certes il est important, mais elles sont bien au-delà. J'ai découvert des femmes ouvertes à la discussion, prêtes à parler de tout avec une étonnante liberté de ton. Je pouvais poser toutes les questions : aucune de mes interrogations n'était rejetée ou jugée. J'ai abordé les thématiques dérangeantes des mariages arrangés, de la polygamie, de la violence domestique, de l'inégalité devant les juges et même de la sexualité hors mariage. Bref, les sujets étaient beaucoup moins tabous que je ne l'imaginais, même si les plus brûlants furent discutés dans l'anonymat et que je n'ai pas posé les mêmes questions à chacune d'entre elles, m'adaptant à leur sensibilité.

Je suis née en 1971, l'année de la création des Émirats arabes unis. J'ai donc le même âge que ce pays et je mesure encore mieux le chemin parcouru et la maturité nécessaire pour bâtir une société affranchie de ses codes, ancrés depuis la nuit des temps. Je voudrais pouvoir dire que j'évolue aussi vite que l'ont fait les femmes de ce pays, sous le regard d'un père, d'un frère ou d'un époux sûrs de leur bon droit à régir leur existence. Il fallait être déterminées et fines stratèges pour réussir à se faire une place en un temps record dans un monde où l'homme règne partout en maître. Il fallait un sacré courage – et il en faut encore – pour prendre la parole face à une assemblée masculine et faire entendre son point de vue. Elles ont gagné de nombreux défis sans rébellion, sans jamais se proclamer directement féministes : l'accès à l'héritage, aux études, au travail sans le consentement d'un homme, à tous les échelons, dans tous les domaines, l'obtention d'un passeport, le déplacement sans autorisation.

Bien sûr il reste encore un long chemin à parcourir. Les Émirats arabes unis sont une monarchie de type féodal régie par la charia[1]. L'homme y est le chef de famille. D'ailleurs, certains acteurs de la vie intellectuelle et universitaire m'ont demandé de venir parler de mon projet devant des étudiantes afin de les motiver, les conforter dans leurs choix de carrière et leur donner le courage d'affronter les éléments conservateurs de leur clan. Mais en comparant les statistiques relatives à la place, au rôle ou au traitement des femmes dans les pays occidentaux – dont la France – il faut se rendre à l'évidence, il existe bel et bien des secteurs où les Émirats font mieux que nous. Si les femmes n'y ont pas encore les mêmes droits que les hommes, leur statut progresse tous les jours. Elles avancent dignement. Sans conflit ni révolution, elles assoient leur présence pierre après pierre, carrière après carrière et semblent être gagnantes sur les deux tableaux : la femme traditionnelle et la femme moderne. Elles ont saisi la chance qui leur a été donnée par leur gouvernement de

1. Ensemble des normes qui régit la vie privée des musulmans. Loi islamique basée sur le Coran, la *Sunna* ou tradition du Prophète, et la doctrine.

prouver ce dont elles étaient capables et montré qu'elles étaient à la hauteur de la confiance placée en elles. Ce livre leur rend hommage pour leur immense accomplissement sur le chemin de l'indépendance, entre affirmation de leurs droits et respect de leurs devoirs. Il est un message d'espoir pour toutes les femmes dans le monde qui payent le fait d'être femme, plus ou moins durement : qu'elles soient battues, violées, violentées, excisées, lapidées, contraintes de se cacher, utilisées comme des produits, leur corps en vente ou leur ventre en location, insultées lorsqu'elles s'affranchissent ou simplement jouets des codes de la féminité. Saluons celles qui progressent, à petits ou grands pas, mais qui progressent, et cheminent vers la liberté d'être femme.

Carte des Émirats arabes unis

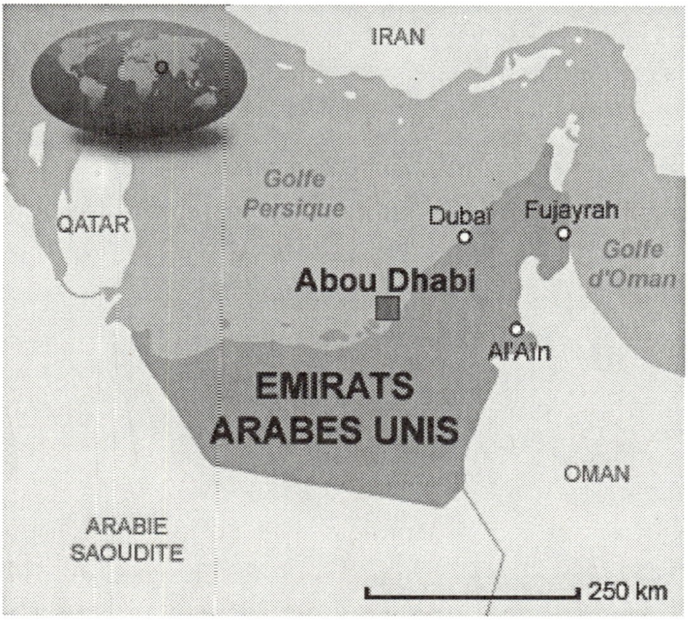

I

LES ÉMIRIENNES DANS L'HISTOIRE

Une *Arab* en 1951...

Fermez les yeux, imaginez…

Khawla marche sous le soleil de juillet, une jarre de terre cuite sur la tête. Sa sœur Fatima l'accompagne. À deux elles ramèneront plus d'eau. Elles se tiennent compagnie mais ne disent rien car elles ont encore deux kilomètres à parcourir et il fera déjà 40 °C quand elles reviendront du puits. L'air saturé d'eau salée rend l'atmosphère suffocante et les jeunes femmes commencent déjà à transpirer. Khawla a 20 ans et déjà trois filles. Elle en aura sûrement encore six ou sept et, elle l'espère, au moins un garçon. *Inch'Allah.* Nous sommes en 1951. Le pays de ses enfants, les Émirats arabes unis, n'existe pas encore. On nomme le sien les « *États de la Trêve* » et à peine sait-on qu'il regorge d'un liquide que l'on appelle « *or noir* », une « *récompense d'Allah* » et qui, dit-on, recèle la promesse de jours meilleurs [1]. *Alhamdullilah.*

Les hommes sont partis pêcher la perle comme chaque été. Ils quittent le village de mai à septembre lorsque l'eau du golfe Arabique est chaude et moins infestée de requins. La perle représente 95 % de l'économie des pays de la région et ses revenus ne sont pas négligeables [2]. Ce sont alors les plus vieux et surtout les femmes qui se chargent de la gestion des affaires courantes. Khawla, l'aînée, et sa mère deviennent *de facto* cheffes de famille.

---

1. Abou Dhabi et les Émirats détiennent 1/10e des réserves mondiales de pétrole.
2. Les Émiriens vivaient aussi de la pêche, des revenus de l'agriculture et de la culture de dattes.

Son père, son mari, ses oncles et même son frère de 12 ans vont ainsi passer six mois en mer sur un boutre, le bateau traditionnel, avec une trentaine de compagnons d'infortune. Elle espère qu'ils parviendront à alléger leurs dettes si la récolte est bonne. Et surtout qu'ils rentreront tous sains et saufs après avoir plongé 12 heures par jour sous un soleil de plomb, à se nourrir de dattes, à s'abreuver d'eau encore salée, à souffrir de crampes et de maladies de la peau et des yeux à force d'être au contact de l'eau de mer et à pouvoir difficilement récupérer de leur pénible quête dans les bas-fonds marins, serrés les uns contre les autres une fois la nuit venue. Parfois la saison est aussi interrompue par les appels au combat de leurs émirs prompts à envahir les territoires adjacents ou à se défendre d'attaques de clans adverses.

La famille de Khawla vient d'une tribu de Bédouins d'Abou Dhabi. Khawla est une *Arab*. Son quotidien, c'est le désert et ses magnifiques dunes qui ont tant inspiré les poètes mais qui sont aussi synonymes de conditions climatiques extrêmement rudes, d'étés aussi brûlants qu'interminables et d'une vie de misère. La majorité de la population de la « côte des pirates » est peuplée de *Hadar*, sédentaires, mais Khawla est une *Bedu*, une Bédouin, de l'intérieur des terres. Son village abrite les membres de sa tribu dont la plupart sont ses cousins. D'ailleurs son mari est un cousin. Elle l'a épousé à 16 ans. Leurs parents se sont mis d'accord dès sa naissance. Sa cousine, elle, était mère à 14 ans. Elles habitent tantôt une tente, tantôt une *al kaimah*, maison traditionnelle en feuilles de palmier tressées que l'on appelle *barasti*. L'électricité n'arrivera qu'en 1961 et l'eau courante en 1968. Elle fait ses besoins dans les buissons et attend la nuit pour ne pas être vue. Certaines familles plus fortunées de la côte s'installent l'été dans des *al arish*, des maisons au système de ventilation naturelle. À peine se partage-t-on une serviette de bain pour toute la famille. Khawla porte deux *kandouras* (longue robe blanche) qu'elle attache l'un à l'autre pour s'en faire une tunique et marche pieds nus, s'enfonçant parfois jusqu'aux genous dans le sable.

Son alimentation est frugale : son menu quotidien se compose principalement de dattes, de criquets, de lait de chamelle et parfois de riz, de poisson et de viande de mouton. Elle ne connaît pour seule boisson que l'eau saumâtre de son puits. Une fois seulement a-t-elle goûté une mangue rapportée par son père. Les *Ajamis*[1] – étrangers qui vivent sur la côte – en ramènent parfois d'Inde où ils échangent leurs perles contre des produits de première nécessité. Vers la fin du XIXe siècle la population locale accueillit en effet quelques émirs et leurs tribus arabes, habitants de la côte iranienne, fuyant le nouveau régime chiite et l'instauration de lourdes taxes sur le port de Lingeh. Ces hommes d'affaires et commerçants originaires de la côte iranienne émigrèrent ainsi vers Dubaï, enrichissant la ville de leurs connaissances, de leurs contacts sur le subcontinent et de leur ambition. Vinrent aussi s'installer des marchands indiens et leurs familles qui collectaient les perles dans toute la région avant de les renvoyer dans leur pays d'origine où elles étaient traitées et partaient pour l'Europe. La population des Émirats ne comptait que 72 000 habitants environ, au début des années 1800, principalement des marins et des pêcheurs de perles vivant dans de petits villages le long de la côte à Ras al-Khaimah, Sharjah, Dubaï et Abou Dhabi[2]. Ce nombre augmenta faiblement jusqu'à ce que le pays se voie enfin propulsé au XXe siècle avec l'exploitation du pétrole. Ainsi les habitants de la côte et les quelques tribus bédouines du pays menèrent une vie simple et primitive jusque dans les années 1960.

Comme les femmes de son époque, Khawla est en charge du foyer, des repas, des tâches ménagères et de l'éducation des

1. Littéralement « *illettrés* », c'est à dire ceux qui ne comprennent pas l'arabe. *Ajami* est synonyme de Perse.
2. *Gazetteer of the Persain Gulf, Oman and Central Arabia*, John G. Lorimer, London Greg International Publishers, Vol II B, 1970.

enfants. Elle cuisine le peu d'aliments disponibles au feu de bois, seul combustible, difficile à trouver dans le désert. Elle s'occupe également du bétail – poules, moutons et chameaux – et de la traite. Elle coud et tisse, récolte les dattes, s'occupe de la ferme, laboure la terre sablonneuse et plante les graines, cultive ce qui veut bien pousser. Enfin elle reçoit les invités, leur offrant le café local en signe de bienvenue, leur garantissant hospitalité et protection le temps d'une halte que le chef de sa tribu leur aura octroyée.

« *Il y avait peu de commodités pour les femmes à cette époque et leur vie était très dure… Inutile de dire qu'elles travaillaient de l'aube au crépuscule ne leur laissant que peu de temps pour les loisirs – c'était une lutte acharnée à laquelle ma mère était habituée* », raconte l'un des rares chroniqueurs de la vie d'alors, Mohammed Al Fahim[1]. Elles devaient aussi s'entraider jusqu'à allaiter le nourrisson d'une voisine, une cousine le plus souvent, qui se trouvait sans lait. Le lait d'appoint ne fit son apparition que dans les années 1950 et encore plus tard dans les régions reculées. La vie était communautaire. On se réunissait pour dîner après la prière de l'*Asr* mais toujours femmes et hommes assis séparément.

Les femmes, bien qu'en charge de l'éducation des enfants, étaient analphabètes, comme 98 % de la population. Ceux qui savaient lire ou écrire l'avaient appris du *Coran*, seul livre alors disponible. Les enfants n'apprenaient rien d'autre, se réunissant à la *madrasa*, l'école religieuse du village, sans équipement, ni sanitaires ou matériel scolaire. Coutumes et traditions étaient ainsi les seuls moyens de communication et de compréhension, servant de codes de conduite à toute la tribu.

Quant aux soins, mis à part des remèdes traditionnels à base d'herbes médicinales, le pays n'en comptait pas. Le premier

1. *From Rags to Riches, a Story of Abu Dhabi*, The London Centre of Arabic Studies, 1995.

hôpital d'Abou Dhabi n'ouvrit qu'en 1967. Le taux de mortalité des femmes avoisinnait les 30 % et beaucoup mouraient en couches. On succombait souvent à une fièvre. Le pays était pauvre et propice à la propagation de maladies, les dispensaires bien trop éloignés des campements. Deux jours de marche signaient souvent l'arrêt de mort du malade.

Ainsi en allait-il de la vie de Khawla et des femmes de sa génération et ce, depuis des siècles.

Une Émirienne en 2014

Reem se glisse dans sa Land Rover blanche immaculée aux vitres fumées, prenant soin de rabattre son *abaya* avant de claquer la portière. Elle branche l'air conditionné au maximum puis quitte le *compound* de la maison familiale de Jumeirah 2, un quartier huppé de Dubaï. Même si sa maison arbore marbre, lustres de cristal, canapés en velours et rideaux alourdis de passementerie, elle a pris son petit déjeuner par terre et s'est servie avec les doigts comme le veut la tradition, un bon moment en famille. Néanmoins elle s'arrêtera sûrement au Starbucks voisin prendre un *caffe latte* dont elle ne peut plus se passer. Elle consomme un pétrole bon marché puisque son pays est assis sur 92 milliards de réserves et ne se soucie guère des émissions de CO^2. Elle est en retard comme chaque matin et file sans attendre sur Sheikh Zayed, l'artère centrale, véritable poumon routier de la ville autour de laquelle s'est érigé le fameux *Skyline* qui fait la fierté de Dubaï. S'il n'y a pas d'accident, elle sera en moins de 30 minutes à Al Qusais où se trouve son Haut Collège de technologie. Le désert de son arrière-grand-mère, Khawla, est raturé d'autoroutes à six voies, quadrillé de tours de verre à l'est comme à l'ouest, envahi d'étrangers parlant l'hindi, l'ourdou, le tagalog ou l'anglais, délimité de lampadaires et de haies de palmiers, émaillé de canaux et d'aires de gazon symboles du « *tout est pos-*

sible » dont son pays, les Émirats arabes unis, a fait sa stratégie marketing. Plus grand, plus haut, plus cher, du jamais vu. Aller de l'avant à tout prix comme si le miracle pouvait s'évanouir aussi rapidement qu'il est apparu. D'ailleurs, Reem prévoit de faire des études supérieures afin de s'assurer un avenir à la mesure de ses ambitions. Son pays lui offre la gratuité de l'enseignement et elle voit sa réussite comme un juste retour sur investissement. Du haut de ses 24 ans, la jeune femme se concentre ainsi sur sa carrière en espérant que son futur mari respectera ses choix. Son père, qui a toujours favorisé l'éducation de ses frères et sœurs, y veillera quand il recevra son futur gendre, très certainement choisi par lui mais qui devra aussi plaire à Reem, « arrangé » ne voulant pas dire « forcé ». L'étudiante est fière de son héritage. Si, contrairement à sa grand-mère, elle a des serviettes de bain à profusion, peut faire son shopping sept jours sur sept de 10 heures à 22 heures dans les 60 *malls* que compte son pays – Dubai Mall se situant au sixième rang mondial en concentration de centres commerciaux ! –, acheter des produits venus du monde entier, prendre des douches sans même y penser – le pays détient le triste record de consommation d'eau avec 550 litres par jour par habitant, ne se privant ni de verdure, ni de fontaines et parcs aquatiques en tout genre –, se balader dans une mégalopole qui jamais ne s'éteint mais dont l'empreinte écologique est proportionnelle à sa réussite – record planétaire –, bénéficier d'infrastructures de classe mondiale dans tous les domaines, bref si son désert s'est transformé en l'un des pays les plus modernes du monde, elle en conserve pourtant un goût atavique. Elle aime s'y rendre avec toute la famille pour y passer la soirée. Les hommes conduisent les 4x4 dans les dunes et l'on y campe, écoutant de la musique, préparant le méchoui et tirant même parfois quelques salves de kalachnikov. De même quand il pleut, avec ses amis, il est de tradition de se diriger au plus vite à quelques dizaines de mètres à l'équerre des routes où le sable n'est jamais très loin. Elle partage ce goût pour la simplicité du désert avec son arrière-grand-mère, qu'elle voit tous les vendredis. C'est un fait acquis, un moment immanquable, une obligation familiale et sociale. Toute sa famille se donne rendez-vous chez ses parents où se retrouvent ses quatre sœurs et ses trois frères, ses neveux et nièces, quelques oncles et tantes et ses cousins. Reem n'a pas vraiment conscience de ce que la vie de Khawla a pu être. Rude, se l'imagine-t-elle. Mais quoi d'autre ? Tous les repères ont volé en éclats. Difficile de raconter une histoire quand les éléments qui la composent ont disparu. Et la vieille femme parle peu, de toute façon. Le visage caché derrière sa *burga*, un masque de tissu recouvrant son nez et ses pommettes, dont la fonction initiale était de la protéger du sable, de la poussière et des rayons du soleil mais qu'elle ne se résout pas à enlever, elle se contente de contempler[1]. Elle est respectée comme une aînée mais raconter n'est pas dans ses habitudes. Et les plus jeunes comme Reem ne pensent pas forcément à lui poser de questions. On se contente d'être ensemble, le portable toujours à la main. Leurs mondes sont si éloignés. Khawla a observé son pays passer du rien au tout, de la carence à l'excès en quelques décennies. Pourtant si elle ne considère pas d'un très bon œil cette entrée accélérée dans la modernité, elle comprend aussi quelles opportunités cette époque offre à son arrière-petite-fille. Illettrée, elle mesure les possibilités dont elle n'aurait même pas pu rêver. Elle a vu son fils s'enrichir grâce à la confiance des émirs. Il s'est lancé dans le commerce et a acheté des terres. Et son petit-fils après lui. *Alhamdulillah*, ses petits-enfants et arrières-petits-enfants ont eu accès à l'éducation et aux soins. Depuis qu'elle est devenue Émirienne en 1971, la paix règne sur ces terres dont elle ne connaît pas vraiment les

1. La *burga* couvre front, sourcils, nez et pommettes. Ses origines sont incertaines : elle viendrait d'Inde, du Yémen ou d'Oman.

contours. Une partie de la famille est venue s'installer à Dubaï, à laquelle il a bien fallu s'accoutumer mais la ville est plus que jamais peuplée de visages étrangers. On dit qu'ils sont plus de sept millions pour moins d'un million de « locaux ». C'est ainsi que l'on appelle communément les *Muwatin*, les Émiriens [1]. *Yani*, comment s'y retrouver ? Les Émirats du Nord, Ajman, Oumm Al Qaïwaïn et Ras al-Khaimah donnent encore un aperçu de ce qu'était son pays avec ses routes poussiéreuses, ses petites échoppes et immeubles à quatre ou cinq étages maximum, une tour peut être au milieu de rien, au style de vie rythmé par la prière, aux nuits sans lampadaires et aux centres commerciaux pauvrement achalandés en produits ringards, encore aussi peu peuplés – 4 000 habitants en moyenne pour Ajman et Oumm Al Qaïwaïn – que ne l'était son pays aride de tout avant que la manne pétrolière ne l'ouvre non plus seulement sur l'Inde ou l'Iran, mais le transforme en place forte de la mondialisation. La clairvoyance de ses dirigeants a fait de Dubaï et d'Abou Dhabi des célébrités aux parcours ambitieux, quelques fois chaotiques, mais ne laissant jamais indifférent, avec leurs 36 zones franches, leurs acquisitions stratégiques dans le transport maritime et aéronautique et leurs fleurons en la matière avec des aménagements portuaires comme Jebel Ali et une compagnie aérienne comme Emirates, des centres commerciaux destinés à une clientèle mondiale et des fonds souverains dont 4 sont parmi les 20 premiers du monde. La limite de Khawla était l'accès à l'eau. Celle de Reem, c'est le ciel. « *Sky is the limit* », disent-ils tous, répétant le slogan bien connu d'Emirates. Oui, la jeune femme ne veut s'imposer aucune des barrières qui définissaient la vie de son arrière-grand-mère. D'ailleurs elle a retardé l'âge de son mariage. À 24 ans, elle

1. Le pays applique un strict droit du sang. Avoir la nationalité émirienne donne des avantages comme le logement, l'éducation et les services de santé gratuits, l'accès à la terre, des allocations, l'électricité et l'eau subventionnées, une retraite, une aide au mariage ou la possibilité de sponsoriser des étrangers (*kafeel*).

aurait déjà été bien trop vieille pour encore l'espérer à l'époque de Khawla. Elle choisira celui avec lequel elle fera sa vie, en accord avec ses parents. Ils partageront les tâches éducatives et éventuellement domestiques et elle maîtrisera sa fécondité. Elle se fera aider par un ou plusieurs domestiques afin de pouvoir mener sa carrière comme elle l'entend. Bref, elle a le choix. Tout du moins elle le croit.

Ainsi en est-il de l'avenir de Reem et des Émiriennes de sa génération.

Shaika Jasem Al Suwaidi, un pied dans chaque époque

Shaika Jasem Al Suwaidi est une pionnière. À plus de 75 ans, elle porte la *burga* comme toutes les femmes de sa génération mais n'est pourtant pas dépourvue d'une certaine modernité. Cette vieille dame discrète, ne parlant que l'arabe, est la première femme photographe des Émirats arabes unis. Assise au milieu du sanctuaire de ses œuvres, nichée dans une maison du quartier d'Umm Suqeim en plein Dubaï, elle raconte ses souvenirs d'enfance et sa passion pour le huitième art, un pied dans le passé, l'autre ancré dans le monde contemporain, illustrant à merveille l'incroyable aventure des femmes locales.

Mère, grand-mère et arrière-grand-mère, Shaika Jasem est née dans les années 1940 à Deira, dans le quartier de Frij Al Murar, niché au cœur du vieux Dubaï. La ville que nous connaissons aujourd'hui, verticale et lumineuse, n'était alors qu'un village de pêcheurs et de négociants perdu entre la mer et le désert. Elle est un témoin privilégié de cette épopée maritime qui démarra alors que le pays n'était que poussière et courants d'air. « *Nous étions pauvres. Mon père était pêcheur de perles à Bur Dubaï. Il passait trois à six mois au large pour nourrir la famille. Notre survie dépendait de la mer. Pour gagner un peu plus, la plupart des hommes partaient travailler quelques années au Qatar ou au Koweït. Nous avons vécu quatre ans à Doha. Un jour, mon père est tombé malade. Les conditions de vie étaient si rudes...* » Sur le boutre, les marins chantaient des *naham* pour se donner du courage : des chants collectifs entonnés tout le long du jour, de l'aube au coucher. Une sorte de bourdon grave qui racontait le manque et faisait office de prière. On claquait des mains en chantant l'espoir de trouver la perle rare au creux d'une des nombreuses huîtres perlières ouvertes à la chaîne. Quelques tambours et cymbales accompagnaient cette mélodie du large. « *Mon père était un excellent pêcheur. Il ramenait tant de coquillages que les chefs le faisaient plonger avec deux* diyeen, *les paniers qu'ils accrochaient autour du cou pour y déposer les mollusques. Mais un jour, ils l'ont jeté sur la plage et il est mort de fièvre quelques mois plus tard... À 10 ans, j'étais déjà orpheline* », confie la vieille dame.

La région a toujours été une plaque tournante commerciale et la mer au cœur du développement économique régional. Les émissaires de Mahommet convertirent la population à l'islam dès 663 après J.-C., se servant de Julfar (émirat de Ras al-Khaimah) comme avant-poste à la conquête de l'Iran. Puis entre le XIIe et le XVIIe siècle, Perses, Ottomans et Portugais qui convoitaient la région essayèrent eux aussi de s'en emparer. Dès le XVIe siècle, à l'intérieur des terres, de grandes familles prirent peu à peu le contrôle des différents Émirats afin de conserver le monopole sur la pêche de la perle. Une branche de la tribu des Bani Yas, les Al Bou Falah, s'installa à Abou Dhabi sous l'autorité d'un Al Nahyan, dynastie régnante actuelle. Une autre branche des Bani Yas, les Al Bou Falasah, s'établit dans la crique de Dubaï sous l'autorité d'un Al Maktoum qui en est encore à la tête. Les Qawasim – aujourd'hui Al Qasimi, famille régnante de l'émirat de Sharjah – étaient alors les plus puissants dans les Émirats du Nord. Ils disposaient de 60 grands vaisseaux et on les disait capables de mobiliser près de 20 000 marins. Accusés de piraterie, ils furent écrasés par les Britanniques en 1820, qui prirent alors le contrôle de la région. Les Anglais signèrent un accord avec les cheikhs de chacun des Émirats côtiers, garantissant l'arrêt de la piraterie. Ainsi naquirent les États de la Trêve, un groupe d'Émirats du golfe Arabique[1]. Transformés en protectorat en 1892, ils furent liés à l'Empire britannique jusqu'à ce que Sheikh Zayed bin Sultan Al Nahyan ne réussisse à convaincre ses voisins de s'unir en 1971 pour former les Émirats arabes unis actuels.

Ainsi, lorsque naquit Shaika Jasem, Dubaï ne disposait pas encore de vrai port. N'existaient que la crique et des pistes cabossées qui y menaient. Les gros bateaux étaient amarrés au large et l'on envoyait du quai les boutres chercher les denrées. Les hommes ramaient jusqu'au navire pour décharger les marchandises et les ramener sur la berge. La ville résonnait du bruit incessant de ces va-et-vient et des cargaisons charriées dans un rythme effréné. Les cargos devaient parfois attendre soixante jours avant d'être déchargés. « *Deux gros navires venant d'Inde s'arrêtaient au large deux fois par mois. Depuis Muscat, ils envoyaient un télégramme au bureau de Gray Mackenzie*[2] *pour avertir Sheikh Said bin Maktoum, le fils de notre émir, de leur arrivée et demander qu'on envoie les boutres chercher le riz, le sucre, l'huile, etc. On appelait les bateaux qui venaient,* sennan *et ceux qui partaient,* maaly. *Cela signifie aller et retour* », se souvient Shaika Jasem.

Port Rashid, le premier port moderne de Dubaï, n'entra en activité qu'en 1970[3] sous le gouvernement de Sheikh Rashid bin Said Al Maktoum, alors souverain de l'émirat. Shaika Jasem fut le témoin de ces aménagements lourds qui triplèrent ses capacités,

1. Le golfe de l'océan Indien qui sépare l'Iran de la péninsule Arabique. Il est appelé golfe Persique par les Iraniens.
2. Principale compagnie marchande présente depuis le XIXe siècle qui opérait au Moyen-Orient en Afrique et en Asie.
3. Aujourd'hui Dubaï compte plusieurs ports : Jebel Ali et Port Rashid qui accueillent des navires de gros tonnage et Khor Dubaï, plus traditionnel, qui abrite les boutres.

le transformant en haut lieu de l'activité maritime régionale et mondiale. Tout comme elle se souvient de la construction de Jebel Ali, devenu le plus grand port du Moyen-Orient. La compagnie en charge de l'exploitation de Port Rashid, Dubai Port Services, était dirigée par un dénommé Mohammed Sharif. Shaika Jasem l'a bien connu. « *Mohammed Sharif traduisait les télégrammes pour le cheikh. Il prit pitié de ma mère et moi. Nous habitions une modeste* al kaimah *en feuilles de palmier. Elle jouxtait la sienne qui, elle, était en dur. L'islam nous enseigne que la veuve doit rester quatre mois et dix jours dans la maison sans en sortir. Mais nous commencions à manquer de nourriture et Mohammed Sharif est venu à notre secours. Il a dit à ma mère : "Enfile des chaussettes, couvre-toi entièrement et sort chercher à manger." Et comme nous n'avions plus aucun moyen de subsistance, il a envoyé ma mère chercher les télégrammes à sa place. Puis, il nous a recueillies.* » Avant que le pays ne se modernise, les Émiriens de la côte avaient pour habitude de passer les mois d'hiver dans des tentes afin de se protéger des nuits fraîches. « *La maison de Mohammed Sharif abritait d'autres orphelins comme nous. C'était un homme riche. Il était très moderne et avait toujours les dernières choses à la mode. En échange, il demandait aux enfants d'aller porter les télégrammes à Sheikh Said qui passait les mois d'été à Dar Ibn Al Haytham juste à côté. L'hiver, il déménageait à Shandara, qui était alors un peu plus loin à pied pour nos petites jambes…* »

Le récit de Shaika Jasem est interrompu par la prière de sa fille. La vieille dame réajuste sa *burga* et propose un thé. Autour, ses petits-enfants rentrés de l'école, et d'autres plus jeunes encore, grignotent des biscuits et sirotent sodas et jus de fruits, dispersés dans le *majlis*[1] réservé aux hommes et que les femmes ont investi en leur absence. En fond sonore, la télévision retransmet un match de football. Sheika Jasem reprend son récit :

1. Pierre angulaire de la culture émirienne et des pays du Golfe, le *majlis* veut dire « *lieu de réunion* » en arabe. Les locaux s'y réunissent au coucher du soleil pour y discuter des problèmes

« Un soir en amenant un télégramme au bureau, j'ai vu l'un des employés de Dubai Port Services, un Indien, montrer aux autres une photographie. Je me tenais à la fenêtre car nous n'avions pas le droit d'entrer et j'essayais tant bien que mal de voir ce qui se passait. J'étais très excitée. Je disais : "Qu'est-ce que c'est ? Qu'est-ce que vous avez dans la main ? Montrez-moi ! Montrez-moi !" J'étais curieuse de tout ce qui était nouveau. L'employé m'a montré la photo et l'instrument magique qui l'avait fabriqué : un appareil Agfa avec trois objectifs. Il les appelait des "yeux" ! Je lui ai demandé s'il pouvait me le prêter. Comme je vivais chez Mohammed Sharif, il a accepté. »

Se levant du fauteuil aux accents rococo dont les Émiriens raffolent et dans lequel elle trônait, Shaika Jasem propose de traverser le jardin *« où poussent les arbres (qu'elle) vient de planter »* afin d'accéder à la petite maison qui lui sert d'atelier. Une caverne d'Ali Baba dans laquelle elle conserve ses photos mais aussi d'autres œuvres bricolées à l'aide de tout ce qui lui tombe sous la main. *« J'ai toujours été très créative. Enfant, je dessinais tout le temps. À l'époque, le pain et les dattes arrivaient enrobés dans du papier journal venu d'Inde. Je recopiais les images avec un morceau de charbon de bois. Dans les années 1950, il n'y avait pas encore la lumière à Dubaï, alors je m'étais fabriqué une lampe avec une frange de tapis trempée dans de l'essence que je conservais dans une bouteille pour pouvoir dessiner la nuit. »* Mais sa vraie passion était la photo. Elle ne s'en lassait pas. D'ailleurs, depuis son accident vasculaire cérébral, comme ses mouvements sont moins précis, elle s'amuse avec son téléphone portable. Et tout est bon à prendre. *« J'ai d'abord photographié ma mère. Puis, j'ai eu l'occasion de partir à Bombay avec Mohammed Sharif qui s'y rendait pour subir une intervention médicale. Nous sommes tous*

quotidiens. Il peut être pièce de réception, salon, conseil ou assemblée législative locale. Il était exclusivement réservé aux hommes.

partis en bateau : six jours de mer. Quand j'ai vu Bombay et toutes ses lumières, j'ai dit : "Mais qu'est ce que c'est que ça ? Le paradis ?" Aujourd'hui, je remercie Dieu de m'avoir fait vivre assez longtemps pour voir Dubaï encore plus illuminée que Bombay », s'exclame fièrement Shaika Jasem. « *Nous avons passé trois mois à l'hôpital. Je prenais des photos avec les infirmières, les médecins. Sheikh Rashid bin Sultan Al Nahyan, notre émir, séjournait aussi dans cet hôpital mais je n'ai pas osé prendre des photos avec lui ! Une jeune femme posant avec un homme, et aussi important...* » C'était impensable. Sur ses autoportraits de l'époque, Shaika Jasem portait déjà la *burga* mais jusqu'à la poitrine. Le masque était raccourci au moment du mariage, montrant le nouveau statut de la jeune épousée. Shaika Jasem ne se résoudra jamais à l'abandonner. Comme de nombreuses femmes de sa génération, le porter est tout naturel. Certaines dorment même avec. Elles l'enduisaient de produits exfoliants afin qu'il leur serve aussi de soin esthétique.

« *C'est là que Mohammed Sharif a vu à quel point j'aimais la photographie. Il m'a dit : "Baba, tu aimerais un appareil photo ?" Et il a pris l'initiative d'écrire au propriétaire du magasin de photo à Dubaï. J'ai ainsi eu mon premier appareil. Je savais que le docteur Mohammad Habib – le médecin des émirs – avait une chambre noire. J'ai demandé à sa fille si elle pouvait m'apprendre à développer les photos. C'était ma passion ! Mes enfants me disaient même qu'elle passait avant eux ! Mohammed Sharif m'a ensuite offert mon propre laboratoire et le matériel nécessaire.* » Ameena, l'une des filles de Shaika Jasem – la vieille dame a eu quatre filles et deux garçons –, confirme que sa mère a inspiré de nombreuses vocations artistiques dans la famille et probablement dans le pays. « *Je leur ai transmis mon amour de l'art, de la création. Je ne m'arrête jamais. Même lorsque j'étais occupée avec les enfants, j'ai continué à prendre des photos. Mais je n'ai jamais pensé que ce hobby pouvait être une profession. Personne ne me l'a jamais dit. C'était une autre époque. Les filles n'étudiaient pas. Elles passaient de leur père à leur mari et s'occupaient de la maison, de la cuisine et des enfants. Elles n'avaient pas le droit de sortir, de s'asseoir avec les hommes. Nous apprenions seulement le* Coran *à la* madrasa. *J'y ai juste appris l'alphabet. Je ne savais ni lire, ni écrire.* »

Aujourd'hui, Skaika Jasem est saluée par les plus hautes autorités. En 2010, elle se fait même remarquer par Sheikh Mansoor bin Mohammed Al Maktoum, l'un des fils de Sheikh Mohammed, qui lui propose une exposition collective et la publication d'un livre photos du vieux Dubaï. Il lui délivre la même année son prix éponyme pour la photographie. Elle en a reçu de nombreux autres depuis, fièrement exposés dans son atelier.

« *De nos jours les femmes travaillent avec les hommes. Elles sont femmes d'affaires. Je n'ai commencé l'école qu'à 40 ans. J'ai étudié jusqu'à la quatrième année mais quand ont commencé les cours d'anglais et de sciences – et des mots imprononçables comme oxygène – j'ai arrêté. Pourtant je suis ambitieuse. J'aurais aimé travailler. Si la société avait été ce qu'elle est aujourd'hui, j'aurais été photographe professionnelle. Mais maintenant que c'est possible, je n'ai plus la force d'aller de l'avant.* »

Shaika Jasem cherche à montrer des photos qu'elle a prises sur l'iPad familial. De ses doigts courts et fripés, elle le manie avec agilité, passant d'une image à l'autre, aussi rapidement que le font ses petits-enfants. « *Je ne peux oublier ce qu'a dit Sheikh Mohammed : un jour viendra où vous sortirez de votre nouvelle maison et vous ne saurez comment y revenir. Je crois qu'aujourd'hui c'est le cas pour moi.* »

Un musée en l'honneur des femmes

Afin de ne pas laisser disparaître le témoignage et la parole de personnalités comme Shaika Jasem Al Suwaidi, une femme de caractère a récemment décidé de faire honneur aux figures féminines du passé en ouvrant en décembre 2012 le premier musée dédié aux femmes des Émirats arabes unis et de la région. Rafia Obaid Ghubash y a mis toute sa fortune, son cœur et ses compétences, créant un véritable écrin pour celles qui ont un nom dans l'histoire du pays : qu'elles aient relevé les défis liés à leur époque, laissé un authentique impact sur la société émirienne par leurs personnalités uniques et polyvalentes, ou qu'elles soient devenues de véritables pionnières. Son initiative a pour but de faire voyager les visiteurs sur les traces de leurs ancêtres. On peut y voir des photos en noir et blanc de la vie d'alors et des objets d'un passé pas si lointain, où un moulin à poivre et un robinet étaient encore un luxe. On y comprend le parcours de femmes que l'on découvre fortes et puissantes. « *Les plus hautes tours du monde ne sont pas sorties du désert comme par magie : les femmes de ce pays ont contribué au succès de Dubaï. La vie de ces femmes, quelques-unes inscrites dans nos mémoires et la plupart oubliées, a aidé à façonner l'histoire et la culture des Émirats arabes unis. Il était temps de le faire savoir haut et fort* », affirme Rafia Ghubash.

Elle en a l'idée la première fois en 1975, mais Sheikh Zayed a alors pour elle d'autres ambitions. Il la nomme doyenne de la faculté de médecine de l'université des Émirats arabes unis « *alors que 95 % des universitaires étaient étrangers* ». Elle est la première femme à occuper un tel poste. Elle part ensuite à Bahrein où elle dirige huit années durant l'université des pays du Golfe, jusqu'en 2009. Et elle y est encore lorsqu'elle se porte acquéreur de cette maison du quartier de son enfance, véritable cœur de Dubaï situé à deux pas du souk de l'or. « *Lorsque j'ai vu cette maison, je m'en suis tout de suite souvenue ! On l'appelait* Beit Al Banat, *la maison des filles. Celle de mes parents ainsi que ma première école se trouvaient à côté. Fatima bin Tazina, la femme qui m'a enseigné le* Coran, *vivait tout près. Elle donnait ses cours sous une tente* », se souvient notre docteur en psychiatrie, diplômée de l'université de Londres. « *J'ai toujours apprécié l'art, la culture et l'histoire. Je suis tombée sur mon cahier intime de petite fille : je faisais le souhait d'avoir un jour un petit café jouxtant une bibliothèque… C'était un rêve d'enfant* », confie celle qui a également été consacrée l'une des personnalités féminines les plus inspirantes pour ses pairs. Trois millions de dollars et cinq ans plus tard, elle ouvre enfin son musée.

Le premier étage est consacré aux grandes figures de l'histoire des Émirats. On apprend par exemple que, en 1819, des femmes combattirent aux côtés de leurs maris afin de protéger Ras al-Khaimah des attaques britanniques ; en 1956, alors que le nationalisme arabe et la résistance au colonialisme faisaient rage, certaines y unirent leurs voix, se faisant entendre à la radio, dans les journaux et lors de discussions politiques au sein de leurs foyers ; en 1971, deux jours avant le retrait anglais et l'indépendance des Émirats, quand les forces iraniennes occupaient les îles d'Abu Moussa et les Tunbs, des lycéennes du pays entier manifestèrent spontanément contre cette violation de la souveraineté territoriale ; en 1978, les étudiantes de l'université des E.A.U. se rassemblèrent pour protester contre les accords de Camp David entre Égypte et Israël ; en 1980, une douzaine d'étudiantes de l'université des E.A.U. se rendirent au palais de Sheikh Zayed lui demander une audience, accordée, afin de discuter du développement politique de la région ; ou en 1981, des étudiantes universitaires manifestèrent contre la fermeture du magazine politique populaire *Al Azmena Al Arabiya*. Le musée montre comment certaines femmes ont participé à la vie politique du pays, ce qu'ignorent souvent la plupart des « locaux » et des expatriés. On y découvre les parcours de personnalités influentes, révélant un autre aspect méconnu de leur rôle, documents, témoignages et photos à l'appui.

Le musée rend bien sûr hommage aux mères et grands-mères des émirs actuels. Figures historiques importantes, elles formèrent leurs fils à leur futur rôle, mais contribuèrent aussi à l'ascension sociale des femmes locales. Y est par exemple citée Sheikha Hessa bint Al Murr, l'épouse de Sheikh Saeed Al Maktoum, émir de Dubaï jusqu'en 1958. Selon Rafia Ghubash, elle contribua à juguler la récession des années 1930 en jouant un rôle dans le monde des affaires locales, en stimulant l'économie et utilisa son influence pour minimiser les interférences étrangères dans les affaires internes de Dubaï. Passionnée de poésie et de littérature, elle promut aussi la vie intellectuelle de l'émirat et finança des projets humanitaires en faveur des pauvres. Y figure bien sûr le nom de Sheikha Latifa bint Hamdan Al Nahyan, la mère de Sheikh Mohammed bin Rashid Al Maktoum, actuel émir de Dubaï. « *Ma mère, la paix soit avec elle, était la pierre angulaire qui a façonné mon identité. Elle m'a transmis ses valeurs, ses qualités, ses caractéristiques et ses talents. Elle était forte et influente sans nécessairement être autoritaire envers son entourage. Au contraire, elle était douce et clémente, en particulier envers les pauvres et les plus démunis.* » Sheikha Salama bint Botti, la mère de Sheikh Zayed bin Sultan Al Nahyan, fondateur et président des Émirats arabes unis, est citée comme étant « *la femme la plus influente des États de la Trêve* ». On dit qu'elle garantit la paix à Abou Dhabi alors déchirée par des guerres tribales. Enfin, Sheikha Fatma bint Mubarak Al Ketbi, l'épouse de Sheikh Zayed, qu'on appelle aujourd'hui « *Mère des cheikhs* » et « *Mère de la nation* », sponsorisa la première société de femmes du pays en 1975 : l'Union générale des femmes. C'est la mère de plusieurs émirs influents comme le prince héritier d'Abou Dhabi [1]. Elle est devenue le symbole du développement des Émiriennes, comme nous le verrons ultérieurement.

« *J'ai grandi en observant combien les femmes de mon entourage étaient capables. Quand on parlait de moi, on faisait référence au*

1. Mohammed bin Zayed Al Nahyan.

nom de ma mère, Osha Hussein Lootah, plutôt qu'à celui de mon père. C'était le cas de tous mes voisins. J'ai vécu ici, à Al Ain, en Égypte, à Bahrein et honnêtement je n'ai jamais rencontré de femmes aussi fortes qu'à Dubaï. Cette terre de souffrance et de beauté, des dunes de sable majestueuses à ses eaux salées, a-t-elle contribué à former leur caractère ? Ou est-ce parce que nous avons toujours été un pays ouvert, parce que les hommes partaient travailler à l'étranger et que les femmes étaient en charge ? Elles avaient l'occasion d'apprendre jeunes même s'il s'agissait de connaissances limitées et modestes. C'était suffisant pour les amener à réfléchir et ouvrir leur esprit. Les femmes de Dubaï ont travaillé et contribué à l'économie du pays. Même si elles effectuaient des tâches simples, elles ont appris à être indépendantes. Durant la Seconde Guerre mondiale, les hommes partaient pêcher la perle durant six mois. Qui faisait fonctionner la société ? Vous nous avez récemment vues sur le devant de la scène, mais nous avons toujours été en coulisses », rappelle Rafia Ghubash.

Le musée fait la part belle à ces pionnières. Citons-en encore quelques-unes comme Sheikha bin Rakan bin Qawal née en 1870 et qui vécut jusqu'à 95 ans. Elle pratiquait la médecine traditionnelle, fournissant des thérapies et des traitements à base de plantes et d'herbes. Sheikha San'at bint Mane Al Maktoum, née en 1930, travaillait sur Port Rashid à la navigation et aux ressources humaines. Elle était aussi poète. Ousha bint Hussain Lootah, une contemporaine, fut l'une des premières à ouvrir un compte en banque lors de l'inauguration de la Banque nationale de Dubaï dans les années 1950. Elle avait aussi sa propre boîte postale. Suhaila bint Al-Shaik, elle aussi née en 1930, pratiquait le commerce de l'or entre Dubaï et l'Inde. Elle était également courtière en immobilier. Ayesha bint Yusuf Al Serkal, née en 1933, pratiquait, elle, le commerce avec l'Inde important des produits qu'elle vendait aux femmes de Dubaï.

Au sein d'une société patriarcale où l'homme est le chef de famille incontesté, Rafia Ghubash tente de rendre aux femmes la place qu'elles méritent. « *Les hommes étaient éduqués dans l'idée qu'ils étaient le centre de la communauté. Il ne s'agit pas d'une lutte contre la discrimination mais juste de reconnaître le rôle qu'ont joué les femmes comme figures historiques de notre pays. Quand la génération de ma grand-mère disparaîtra, plus personne ne pourra témoigner de leur parcours. Ma mère est morte il y a vingt ans déjà. Ma tante a Alzheimer. La mémoire s'estompe. La plupart des femmes nées dans les années 1940 ne se souviennent plus de ce qui s'est passé. Les Émirats arabes unis se sont modernisés de façon drastique en un rien de temps ce qui veut dire que la plupart des gens oublient l'histoire. Très peu ont mis des informations sur papier.* »

Il convient tout de même de relativiser le discours de Rafia Ghubash et de rappeler que la journée de la plupart des femmes de l'époque consistait à cuisiner, préparer la maison pour l'arrivée de leur mari et des invités qui débarquaient sans crier gare et s'occuper des enfants. Ainsi, entre les récits d'exploits de ces femmes prestigieuses, on peut admirer des objets qui étaient au centre de la vie quotidienne de la plupart des Émiriennes de l'époque : des ustensiles de cuisine, des objets décoratifs, des habits, des parfums, des accessoires de beauté comme de vieilles *burgas,* ainsi que des photos de la vie d'alors.

En effet, les femmes de sa génération ont grandi dans un immense respect pour leur culture sans jamais essayer de se révolter. « *Nous voulions surmonter certains des défis qui se posaient à nous dans la tolérance, la patience et le respect. Si ma mère ne croyait pas qu'il fallait m'envoyer à l'école, je ne me battais pas contre elle mais je lui parlais, j'essayais de la convaincre. Aujourd'hui les femmes sont en première page des journaux, elles occupent de bons postes.* » Voilà pourquoi Rafia Ghubash hausse le ton lorsqu'elle parle de ses jeunes compatriotes qui semblent plus concernées par les vitrines des centres commerciaux que par les joyaux de leur culture. « *Le challenge de nos jours, c'est malheureusement d'avoir assez d'argent pour acheter un sac Chanel ou Louis Vuitton et si possible dix exemplaires de chaque. J'ai le sentiment qu'elles deviennent des esclaves de la consommation.* » Et de rappeler comme un avertissement l'une des devises de sa mère. « *Ne croyez pas que le gouvernement, un homme ou votre mari vous donneront des droits. Ils sont en vous, alors exercez-les !* »

Numéro d'équilibriste

Si les expatriés observent le pays se transformer à vue d'œil, régulièrement agrémenté d'un pont aérien, d'une tour surgie de nulle part, d'un projet de développement immobilier ou même d'une île artificielle poussant au large, les Émiriens ont, eux, vu leur vie chamboulée en moins d'un demi-siècle. « *Cela a tellement changé et si vite, même dans ma propre vie… Je n'ai aucune idée de ce que ma grand-mère a traversé. On ne voit plus aucun vieil immeuble. C'est quelque chose qui nous manque. C'est difficile à imaginer. Nous ne pouvons qu'essayer de comprendre notre passé à travers les histoires que l'on nous raconte* », confie la jeune Safa Taryam, 27 ans, originaire de Sharjah, qui travaille pour la Fifa à Zürich. Des histoires toutes composées autour du même refrain : on relate la pêche à la perle et la rudesse de la vie d'alors. Une thématique reprise dans les musées retraçant l'histoire du pays, dans les espaces touristiques comme *Dubai Heritage Village* ou des vestiges de forts comme Al Maqtaa, Al Jahili ou Al Qattara, lors de cérémonies commémoratives, de festivals, dans les films promotionnels ou même dans le travail de nombreux artistes locaux. Les Émiriens ressentent le besoin de se référer à leur patrimoine, celui de leur société nomade, dont l'envergure est souvent fantasmée dans le but de consolider des repères de plus en plus inexistants. Ainsi, dans ce contexte de bouleversement identitaire, les femmes se voient inévitablement octroyer le rôle privilégié de vecteur de transmission des traditions. Dans ce canevas où le grand-père commence généralement marchand de perles, puis diversifie ses activités avec le développement économique lié au pétrole, où les conditions de vie sont décrites comme « *très difficiles* », où « *il n'y avait pas grand-chose* », les femmes assument la bonne marche du clan familial et tribal. Les jeunes filles n'hésitent pas à affirmer que leurs grands-mères avaient plus de pouvoir qu'elles en tant qu'actrices de la vie économique et plus de liberté de mouvement. « *Je viens d'une famille de marchands de perles qui a vécu sur la côte. Toutes les décisions étaient prises par mon arrière-grand-mère, Rafia bint Thani bin Katami, une femme très forte et respectée. Elle pratiquait la médecine traditionnelle. Elle dictait leur conduite aux hommes, elle était consultée sur tout et sa présence était requise dans de nombreuses instances au sujet de disputes tribales... L'environnement socio-économique a obligé les femmes à être des actrices actives de la société. Avant l'ère du pétrole, lorsque les hommes partaient avec la peur de ne pas revenir vivants, elles étaient en charge de la famille. Elles assumaient les rôles de mère, de père, de gagne-pain, de protectrice de la cellule familiale à une époque où il fallait littéralement survivre. Elles pratiquaient des activités économiques basiques comme la couture, l'agriculture, le commerce car la structure de la société était simple. Mais elles jouaient un rôle majeur sur la côte et dans le désert. Elles étaient multitâches – élevant les enfants, s'occupant du bétail, cousant et tissant la laine de chameau pour les abris et le commerce. Les femmes ne sont pas juste descendues du ciel, habillées comme elles le sont, influentes comme elles le sont. Cette force en elles vient de là* », explique par exemple Khawla Lootah, originaire de Dubaï, membre du conseil d'administration du Dubai Women Business Council et femme d'affaires.

Mais on ne décrit finalement rien d'autre qu'une place traditionnelle des femmes qui existe dans toute société patriarcale traditionnelle. Il ne s'agit pas de femmes « puissantes » au sens politique du terme. D'autre part, ces figures de femmes « *fortes et influentes* » restaient des exceptions. Leur pouvoir était souvent dû à leur position sociale, épouses d'émir ou appartenant à un clan d'une tribu prestigieuse. Dans un milieu économique plus simple, les femmes étaient – et sont encore – « *l'institution sociale fondamentale, dont le but est la procréation autant que la préservation de l'ordre social; véhicules des valeurs islamiques* »[1]. Malgré le discours officiel et la rhétorique médiatique, leur rôle est avant tout d'être mères et épouses. « *Ma mère allait chercher l'eau au puits. Elle cuisinait et élevait six enfants dans la chaleur. Elle ne sait ni lire ni écrire mais c'est une femme intelligente qui connaît beaucoup de choses. Les femmes de leur génération en savaient peut-être même plus que nous. Elle nous a appris la discipline, les manières et le plus important, le pardon* », raconte Lamya Al Darmaki, 28 ans, originaire d'Al Ain, ville provinciale de l'émirat d'Abou Dhabi, ingénieure pour Abu Dhabi Autonomous Systems et fondatrice de l'ONG Touch of Hope. Les femmes sont tout à la fois le reflet des valeurs traditionnelles qu'il faut veiller à préserver contre les vents et marées de la modernité, et des figures historiques. Elles cristallisent dès lors simultanément une certaine nostalgie du passé – « *les familles étaient plus fortes, plus unies. Nous devions nous entraider si nous voulions survivre* » – et un espoir de changement. On laisse entendre que leur autonomisation sociale, symptomatique de la mutation de la société émirienne, est une évolution naturelle. « *Les Émiriennes n'ont jamais été socialement complaisantes. Elles ne se sont jamais contentées de rester assises dans leur salon. Elles ont toujours été très impliquées dans leur communauté et n'étaient pas isolées dans des harems. Elles avaient parfois des rôles très actifs et partageaient les responsabilités avec les hommes. Il s'agissait de très petites communautés donc il y avait*

1. *Géopolitique de Dubaï et des Émirats arabes unis*, William Guéraiche, Arbre bleu éditions, 2014.

beaucoup à faire. Maintenant que la société change, elles sont passées de partager à diriger », analyse Sara Al Quwaini, originaire de Dubaï, auteure d'une thèse sur l'histoire des femmes au Moyen-Orient. « *Les femmes participaient à la politique. Regardez la femme du grand-père de Sheik Mohammed*[1], *Sheikha Hessa bint Al Marra. Elle était réputée pour son rôle de leader dans la société. Les femmes étaient actives dans leur secteur en vertu des besoins de la communauté. Ce à quoi nous assistons aujourd'hui n'est qu'une évolution naturelle* », commente Mona Al Bahar, membre du Conseil national fédéral (FNC), le parlement à valeur consultative des Émirats arabes unis. Ou encore, « *les femmes ont toujours été très actives et impliquées en politique, dans l'économie, l'éducation, la santé et dans l'artisanat traditionnel. Avant l'éducation et le pétrole, les femmes de Dubaï et d'Abou Dhabi ont toujours eu de fortes personnalités. J'explique cela car nous exerçons un sunnisme Maliki* [2] *à Abou Dhabi et Dubaï. Il n'est pas basé sur le contrôle mais sur l'esprit, selon ce que mon père m'a enseigné. Ma grand-mère, mes tantes avaient toutes de fortes personnalités et mon père l'expliquait du fait que nous pratiquons cette branche de la sunna*[3] », raconte quant à elle Maryam Sultan Lootah, originaire de Dubaï, professeure de Sciences politiques à l'université des E.A.U. d'Al Ain.

Mais quelles qu'en soient les explications et les origines, ce discours commun, décrivant des femmes se hissant toujours plus haut, semble converger vers une volonté de présenter l'autono-

1. Sheikh Mohammed bin Rashid Al Maktoum, émir de Dubaï, Premier ministre et vice-président des E.A.U., troisième fils de Sheikh Rashid bin Saeed Al Maktoum. Il a succédé à son frère Maktoum bin Rashid Al Maktoum à la mort de celui-ci en 2006.

2. La doctrine malikite, qui assure un islam ouvert et tolérant, domine aux Émirats arabes unis même si wahhabites et chiites le côtoient. Les Maliki (en arabe : مالـ كي)) madhhab est l'une des quatre écoles de l'Islam sunnite suivie par près de 35 % de musulmans majoritairement d'Afrique du Nord et de l'Ouest, des E.A.U., du Koweït, d'une partie de l'Arabie saoudite, d'Oman, de nombreux pays du Moyen-Orient et de certaines régions de l'Inde. La jurisprudence de l'école Maliki constitue les lois officielles de l'État du Koweït, de Bahreïn et des Émirats arabes unis. Source *Wikipedia.*

3. Tradition du Prophète (Hadith).

misation comme si elle allait de soi. Il n'en demeure pas moins que si leurs dirigeants font preuve d'une vraie volonté de les promouvoir, la plupart continuent à accepter leurs rôles traditionnels et les valeurs de l'islam comme facteurs structurants de la famille. En effet, leur avancement, manifestation la plus visible des mutations profondes de la société émirienne, génère et alimente des tensions. Leur promotion constitue, pour les éléments les plus conservateurs de la société, l'une des causes aggravantes de la transformation identitaire qu'elles sont justement censées juguler. Dès lors, il semble plus que jamais primordial de chercher dans le passé à justifier le rôle qui leur a été accordé afin d'en confirmer l'évidence.

II

L'IMPORTANCE DES « *ROLE MODELS* »

La voix de Sara Al Quwaini s'élève dans le ciel d'un Dubaï qui brille de mille feux. Ce soir les Émirats célèbrent leur 39e anniversaire au pied de la toute nouvelle *Burj Khalifa*, la plus haute tour du monde[1]. Son visage apparaît sur d'immenses écrans disposés de façon à ce que le public n'en perde pas une miette. Sara est la pionnière des chanteuses d'opéra du Golfe et c'est aussi la première fois qu'elle s'aventure à se produire dans son propre pays. D'habitude on l'invite à Londres ou à Paris. Tout le pays la regarde tandis qu'elle se demande comment elle a pu se retrouver là, à entonner un air écrit pour elle en l'honneur de son président Sheikh Khalifa[2], au pied de la tour qui porte désormais son nom. Un air qu'elle a répété encore et encore afin de réussir à sauter les octaves allant des plus aiguës de ses capacités aux plus graves. Ensuite, il est prévu qu'elle interprète un air d'opéra incorporé au spectacle sur les conseils de sa mère qui l'a convaincue : « *Les gens doivent savoir ce que tu es capable de faire.* » Elle essaye d'oublier sa laryngite qui affecte son intensité, son *abaya*, la robe traditionnelle émirienne, et sa *sheila*, couvrant sa chevelure et revêtue pour l'occasion car elle refuse généralement de donner l'impression d'être la première soprano voilée. Elle se conditionne pour ne pas se sentir écrasée entre le film retraçant l'épopée nationale qui vient d'être diffusé et le spectacle qui s'ensuivra. La vraie star ce

1. Inaugurée le 4 janvier 2010, elle mesure 829,80 mètres. *Burj* veut dire « tour » en arabe.
2. Sheikh Khalifa bin Zayed Al Nahyan, émir d'Abou Dhabi, fils de Sheikh Zayed bin Sultan Al Nahyan, fondateur des Émirats arabes unis.

soir, c'est la *Burj Khalifa*, inaugurée quelques mois plus tôt. Elle se parera des couleurs du drapeau émirien une fois la performance de Sara terminée. Lorsque la musique démarre, la jeune femme oublie tous ses tracas et se focalise sur son art. Une discipline méconnue et souvent mal interprétée car, selon les vieux dogmes conservateurs, se mettre en scène n'est pas considéré comme un comportement décent, se montrer publiquement est mal vu et les amalgames ont la vie dure. « *Ce n'est pas une voie ordinaire pour les femmes dans cette région du monde* », confie-t-elle. Ni piano, ni violon pour lui servir d'interface, son instrument à elle, c'est sa voix. Elle est seule sur scène : c'est ce qui en dérange certains. Alors ce qu'elle espère, c'est qu'on l'oublie, elle, la femme, et qu'on entende sa voix qui monte comme un cri dans la nuit lumineuse de Dubaï.

« *Je me souviens des applaudissements avant la fin de l'air et de leur force. Je me suis dit : "Ce sont sûrement des expatriés. Les Émiriens doivent penser que c'est bizarre."* » Mais en descendant de scène, tous les policiers en charge de la sécurité se lèvent pour l'applaudir. De nombreuses femmes viennent la féliciter et la bombarder de questions. Enfin, une femme en *niqab*, – voile intégral – s'avance vers elle. « *J'ai pensé : "Allez-y, dites-moi ce que vous me reprochez." J'attendais qu'elle me juge : "Comment oses-tu te mettre en scène de cette façon ? Ce n'est pas un comportement pour une fille convenable…" C'était ignorant et réducteur de ma part. Je n'entendais que sa voix derrière le tissu. Elle devait avoir la cinquantaine. Elle m'a félicitée en me disant qu'elle n'avait jamais entendu quelque chose de similaire et m'a dit combien elle était fière.* » Sara découvre à chaque concert que d'autres femmes s'intéressent à la musique, se réunissent pour jouer, et qu'elle transmet son goût pour la musique. Sans le vouloir, elle sert de modèle. Après avoir fini ses études de chimie, elle a poursuivi sa vocation de cantatrice tout en continuant son master en relations internationales. Elle termine son doctorat sur les droits des femmes au Moyen-Orient. « *Certaines personnes pensent que je défends les droits de la femme par le biais de mes activités y compris comme cantatrice. C'est un peu dramatique ! Lorsque quelqu'un est attiré par une discipline qui n'est pas la norme, cela pose question, suscite des réactions, des opinions. Mais c'est très bien dans une société qui se développe. Il est important que des gens jouent ce rôle* », conclut-elle.

Des symboles du possible

De façon générale, les femmes arabes occupant des postes à responsabilité concèdent que l'environnement régional est considérablement plus éprouvant que dans les pays développés et ce, même si leur gouvernement favorise leur ascension sociale. « *Chaque jour est un nouveau défi pour les femmes du monde arabe. On se dit quotidiennement que c'est soit une victoire, soit une défaite. Prouver ce que l'on vaut et surmonter les difficultés est une problématique mondiale mais pour nous, le défi est encore plus grand* », témoigne Diana Hamade Al Ghurair, avocate au barreau de Dubaï à la tête de sa propre étude International Advocate Legal Services. S'il semble aujourd'hui logique et naturel que les Émiriennes soient présentes dans tous les domaines où la société s'est développée, chaque pas en avant reste chèrement payé. Les Émirats arabes unis ont beau se targuer de compter le nombre le plus élevé de femmes leaders et expertes du monde arabe (17), leur présence n'est pas toujours une évidence. « *Vous pouvez transformer une société en termes de planning urbain ou d'infrastructure en un an, mais changer la culture prend du temps* », constate Sheikha Lubna bint Khalid Al Qasimi, ministre du Commerce international[1]. Cette pionnière a marqué les esprits en devenant la première ministre émirienne. Nommée en novembre 2004, elle

1. *Arab Women, Leadership Outlook 2009-2011, Understanding Women Leadership in the Arab World, 1st Edition*, rapport du Dubai Women Establishment et de PriceWaterCooper, 2011.

compte parmi les 100 femmes les plus puissantes du Moyen-Orient selon le classement du magazine américain *Forbes*. Elle agit comme une dynamo sur la jeune génération et toutes celles qui, de près ou de loin, travaillent dans la fonction publique. Sheikha Lubna est régulièrement citée en exemple. Elle est la preuve que les femmes peuvent atteindre les plus hauts degrés de la hiérarchie. Comme si sa seule présence leur communiquait fierté et courage pour affronter les obstacles et les challenges. « *2006 a été l'âge d'or des femmes : Sheikha Lubna est devenue ministre. Les femmes des Émirats ont passé un stade. Elles ont toujours eu leur indépendance mais, là, c'était officiel* », se souvient Ameera Binkaram, présidente du Business Women Council de Sharjah.

Les femmes qui réussissent dans leur secteur ont donc un rôle : celui de porte-drapeau. Leur succès contribue à changer l'environnement des suivantes. « *Entre 1995 et 2004, il n'y avait pas d'ambulancière. J'ai encouragé des femmes à rejoindre ce service : nous en avons plus de 35. J'en suis fière, surtout quand elles me disent qu'elles veulent suivre mes pas. Je me sens unique* », témoigne Jamila Al Zaabi, chef du service d'urgences de Dubaï. Il s'agit pour elles d'une partie importante de leur rôle de novatrices. Il est de leur devoir d'aider les femmes des générations futures à suivre leurs pas. Comme le souligne la juge Ebtessam Al Badwawi : « *J'étais soucieuse au départ car le gouvernement attendait de moi que je sois un exemple pour la prochaine génération de juges. Le résultat est que, aujourd'hui, nous sommes trois à la cour de Dubaï et d'autres sont en chemin.* » Les exemples de pionnières sont désormais légion. « *Elles sont tellement nombreuses : la première pilote, la première juge… Tous ces moments nous rendent fières et signifient que nous sommes présentes. Lorsque l'une d'entre nous y parvient,* hallas, *elle est déjà dépassée : les autres arrivent. Celle qui enfreint la règle ouvre la porte pour les autres* », analyse

Fatima Al Jaber, membre de direction du Groupe familial Al Jaber, qui fut aussi la première ingénieure dans la construction.

Leur rôle est d'autant plus important que les Émirats arabes unis n'ont pas réellement de société civile. Tout regroupement à vocation politique ou associative est interdit. Diana Hamade Al Ghurair, avocate émirienne spécialisée en séparation, garde d'enfants et héritage, dont de nombreuses jeunes filles suivent l'exemple, confie : « *Les femmes doivent mettre les bouchées doubles pour obtenir ce qu'elles veulent dans le monde arabe. On étouffe leurs prérogatives. Personne ne veut les prendre en compte. On ferme les yeux sur elles. Ce qu'il faut faire est simple et clair : mouvements sociaux et intégration de la société civile amélioreront le statut des femmes. La société civile a un grand rôle à jouer. Mais elle n'est pas développée dans cette région.* Dans ce contexte, l'avocate se réjouit de leur servir de modèle. *Elles m'ont vue faire, elles ont lu mes articles. Elles pensent que l'on peut changer les choses. C'est incroyable.* »

En parlant publiquement des difficultés qu'elles ont rencontrées, en admettant que cela n'a pas toujours été facile, les femmes ayant accédé aux postes les plus hauts donnent de l'espoir à la nouvelle génération. Elles deviennent des symboles du possible. Leur seule présence dans leur secteur donne une impulsion.

Il est aussi primordial de se soutenir. Jameela Al Muhairi, en charge du Bureau des inspections des écoles privées de Dubaï, en témoigne : « *J'ai participé à une réunion de femmes leaders et j'ai été impressionnée par l'utilité de ce genre de rencontres. Nous pouvons influencer et encourager les jeunes filles à s'inspirer de nos parcours et devenir de futurs chefs. Nous nous entraidons, nous discutons de nos rôles de modèles et des obstacles que les filles rencontrent encore. Nous comparons nos différentes approches.* » Elles prennent à cœur ce rôle de mentor. Comme Hala Badri, vice-présidente exécutive du département de la communication chez DU, second opérateur du pays, elle aussi sur la liste de *Forbes*, élevée dans l'idée qu'elle devait servir d'exemple à ses propres frères. « *De nombreuses femmes dans mon cercle ont atteint ce niveau et c'est un exploit pour un pays qui a 40 ans. Elles ont déjà été valorisées par le gouvernement, leurs pairs ou leurs collègues. Mais je veux travailler avec celles qui sortent de l'université ou qui y sont encore. Ce qui leur manque c'est un* coach *ou un mentor qui les conseille et leur fasse part de leur expérience en tant que femme, mère, sœur* », explique-t-elle. Malheureusement, encore trop peu de femmes jouent ce rôle de relais et d'aucuns déplorent le manque de solidarité entre elles.

Comme Sara Al Quwaini, ces femmes accomplies, en bousculant les codes, sont, enfin, des ambassadrices du changement. Nayla Al Khaja, audacieuse réalisatrice locale, en est l'illustration. Au cœur de ses préocupations : sensibiliser les jeunes et servir d'exemple. En travaillant de longues heures, tard le soir, en évoluant dans un environnement mixte, en se mettant en scène, en portant à l'écran des sujets tabous, elle s'est faite l'avocate du changement. « *Les prix, c'est bien*, dit la jeune réalisatrice, *mais le mieux, c'est quand je reçois un mail d'une fille de 16 ans qui me dit qu'elle veut suivre mes pas, se servir de moi pour convaincre sa famille. Là, j'ai réussi. Cela sert à la prochaine génération. Servir d'exemple est très important pour moi. Me montrer sous un jour positif pour influencer les autres.* »

De royales ambassadrices du changement

L'une est la nièce de l'émir de Dubaï, Sheikha Lateefa bint Maktoum Al Maktoum. L'autre est la fille de l'émir de Sharjah, Sheikha Hoor bint Sultan Al Qasimi. L'une et l'autre sont des exemples de l'énergie et de la passion qui anime les membres de leurs familles à développer leur pays. Sheikha Lateefa, 30 ans, artiste photographe confirmée, a monté Tashkeel, un centre culturel à disposition des artistes résidents à Dubaï. Sheikha Hoor, 25 ans, dirige la Biennale de Sharjah, fleuron de l'art contemporain, faisant de sa ville l'une des capitales culturelles montantes du monde arabe. Différentes dans l'approche et dans le style – la première, couverte et réservée, impose une certaine distance qui sied aux personnes de son rang ; la seconde, tête nue, coupe asymétrique, lunettes en écailles un brin masculines, est instantanément chaleureuse –, toutes deux ont pourtant en commun l'envie d'être à la hauteur de leur héritage.

« *Mon père*[1] *m'appelait* sabah al khair, *"bonjour" en arabe, car j'étais celle qui le réveillait* », se souvient Sheikha Lateefa. Des souvenirs tendres de levers au petit jour, pour voir le soleil apparaître et ses changements de lumière, qui continuent de l'inspirer dans son travail. « *Un perroquet vert nous réveillait chaque matin et se joignait à nous pour le petit déjeuner. Ce moment nous équilibrait pour le reste de la journée* », confie la princesse. Comme l'enfant qui courait ôter les chaussures de son père dès son arrivée, on sent chez la jeune femme un profond respect pour la famille et les valeurs traditionnelles. Elle hérite de son clan l'inclination à penser qu'il faut « *rendre à la société* », que la vie ne se conçoit pas sans but supérieur. Sheikha Lateefa a opté pour l'art, choix qu'elle qualifie d'« *égoïste* » – son père l'a soutenue dans chacune de ses décisions –, mais « *mettre des studios à disposition des artistes, c'est enrichir leur travail* » : un lieu de partage de techniques et d'idées, d'énergie artistique et de liberté. Sheikha Lateefa a créé un environnement mixte. « *Je ne veux pas offenser ma culture mais la pousser vers un mode de vie plus contemporain* », résume-t-elle. Elle imagine un grand studio commun en *open space*. Elle, qui a grandi dans un pensionnat pour jeunes filles, la Latifa School for Girls, comme la plupart de ses contemporaines du « monde » émirien, sait combien se retrouver subitement dans un environ-

1. Alors émir de Dubaï.

nement mixte peut être déstabilisant. Les hommes ont peu à peu fait leur apparition à Tashkeel : « *Une évolution.* » Jamais provocatrice, Sheikha Lateefa repousse les frontières et s'impose comme discipline de vivre sur sa ligne d'inconfort. « *Je teste toujours mes idées sur ma mère* », véritable baromètre de ce qui est toléré.

Sheikha Hoor a grandi avec la Biennale, la foire du livre de Sharjah et une foule d'activités culturelles. Son père a fait du chef-lieu de son émirat une capitale culturelle et islamique. Alors, quand la jeune fille l'accompagne à Berlin avant de commencer son master à la Royal Academy de Londres, elle saute sur l'occasion pour découvrir *Documenta 11*. C'est le choc. Il est temps que sa Biennale prenne, elle aussi, son envol tout en pertinence et en engagement avec son public. Sheikha Hoor n'hésite pas à exposer des artistes qui traitent de problématiques politiques et sociales comme Sara Abu Abdallah et sa *Saoudi Automobile* conduite par une femme, ou Ahmed Mater et sa *Room with a View* dénonçant le développement sauvage autour de La Mecque. « *Vous pouvez provoquer la discussion parce que vous montrez. Mais il ne faut pas offenser le public. Sinon vous échouez dans ce que vous tentez de faire* », estime la jeune directrice. Son père lui a transmis les valeurs travail et modestie. Elle y ajoute sa patte : originalité et forte personnalité. Et toujours cette volonté d'ouvrir les horizons : partager et rayonner.

Deux princesses accessibles qui se fondent dans leur environnement, se servant à bon escient de leur statut de cheikhas pour évoluer dans le monde moderne. Elles donnent ainsi le ton, maîtresses dans l'art d'ouvrir les frontières tout en respectant leurs traditions. Elles donnent un indice de ce qu'il est acceptable de faire, avec peut-être, grâce à leur statut, une légère longueur d'avance.

Le rôle des médias

Le paysage a complètement changé depuis les années 1980, lorsqu'aucune femme n'était représentée dans les médias. Aujourd'hui elles sont animatrices, présentatrices ou rédactrices en chef. On parle d'elles quotidiennement dans les journaux locaux et régionaux comme *Arabian Business* ou *Forbes Arabia*. On dépasse peu à peu les clichés de l'icône de beauté, de la victime sans défense ou de la professionnelle sans foi ni loi. Dernièrement, la série télé *Abla Noora* racontait même l'histoire d'une directrice d'école menant son institut vers le succès. Un personnage local, fort et charismatique, auquel les jeunes filles peuvent plus facilement s'identifier. Ce genre de programme est trop rare. Néanmoins ces femmes mises sur le devant de la scène médiatique contribuent à changer la façon dont elles sont perçues par la société. Les journalistes illustrent ces exemples positifs de femmes en position d'autorité. Spectacle ou vrai pouvoir? Les interviews, talk-shows et documentaires démontrent qu'elles sont de bons leaders, qu'elles peuvent influer sur les biais sociaux et contredire les clichés. Leur participation et leur représentation dans les médias locaux contribuent à améliorer la perception générale de leur rôle au sein de la société et de leur participation aux sphères économique et politique. Diplômées et professionnelles, elles ont un impact positif sur les femmes qui travaillent. De plus, elles abordent enfin les problèmes auxquels les femmes sont confrontées. D'une part, le fait même d'être en une normalise leur présence sur la scène publique. D'autre part, peu importent les raisons pour lesquelles elles y figurent, ce qui compte c'est qu'elles ont l'occasion de transmettre un message, comme si l'inspiration était plus importante que le modèle en soi. Muna Al Gurg, directrice des ventes du groupe familial du même nom, s'exprime régulièrement dans la presse et sur les réseaux sociaux. De nombreuses étudiantes qui la connaissent publiquement viennent ensuite lui demander conseil. « *Je donne mon avis ouvertement sur certains sujets comme les droits des femmes. J'aime voir les choses changer à travers mes articles. Je suis une femme qui en a fait l'expérience. Je peux me reconnaître dans de nombreux défis auxquels sont confrontées les femmes arabes. Je parle beaucoup de l'égalité dans le mariage par exemple. Mais je le fais de façon diplomatique. La culture peut me freiner aussi. Je dois faire attention à ce que je dis. Une personne équilibrée qui se fait l'avocate de changements positifs réussira à faire bouger les choses pour tout le monde.* » Cette femme d'affaires aguerrie a elle-même pour modèle sa sœur aînée Raja, directrice générale du groupe Al Gurg. Des icônes qui regrettent néanmoins que les médias s'emploient à toujours mettre les mêmes en avant plutôt qu'à dénicher celles qui œuvrent plus discrètement dans l'anonymat.

Portrait d'une figure de proue

Mona Al Marri est l'une des actrices les plus proéminentes du paysage médiatique émirien. À 37 ans, elle est nommée directrice de *Brand Dubai*, le Bureau média du gouvernement de la ville, en charge de la communication de Sheikh Mohammed et du prince héritier, Sheikh Hamdan. D'autre part, avec la fille de Sheikh Mohammed, Sheikha Manal, elle a reçu pour mandat le développement du *Dubai Women Establishment* (DWE), l'organisation gouvernementale chargée de promouvoir et soutenir les femmes au travail, dont elle est aujourd'hui présidente. Elle est aussi membre du conseil des *Young Arab Leaders* et fondatrice du *Press Club* de Dubaï. Mona compte parmi les trente femmes les plus influentes du monde arabe dans le secteur gouvernemental, selon *Forbes Arabia* 2013. À la tête de *Brand Dubai*, elle est au cœur de la stratégie de *nation branding*, ou de relations publiques du pays : offrir un maximum de publicité à Dubaï et contribuer à construire une image positive d'une cité au développement économique durable, soucieuse de progrès social. Forte de la confiance de Sheikh Mohammed, elle a remporté le pari de redorer l'image d'une ville dont la réputation s'était considérablement écornée après la crise de 2008. « *J'ai de la chance. J'ai saisi l'opportunité. Les gens les laissent trop souvent passer. Ils ne prennent pas assez de risques. Dans tous les cas, je relève le défi. J'ai cru en moi et les gens ont cru en ce que je faisais : ma famille, mon mari, nos dirigeants. J'ai arrêté de travailler durant deux ans lorsque j'ai eu mes filles et malgré mon absence, Sheikh Mohammed a continué de me faire confiance* », explique la cadette d'une fratrie de douze dont la mère est analphabète. « *Cela a façonné ma personnalité. Dans les familles nombreuses, vous devez faire vos preuves. J'avais tellement de sœurs. Maintenant je suis la célébrité, celle que tout le monde connaît. Mais j'ai dû prouver que je pouvais arriver là.* »

Mona Al Marri est bel et bien devenue un symbole de l'émancipation des femmes. « *Je me souviens de sa première apparition sur* Dubai TV. *Vous n'imaginez pas l'effet que cela a eu sur notre génération*, confie une de ses proches. *Elle était là, sur le devant de la scène, jeune, sans voile.* » L'intéressée s'en souvient très bien : « *J'avais 20 ans. C'était en 1996. Je n'ai même pas demandé la permission à mes parents. Pourquoi aurais-je dû demander l'autorisation ? C'était mon travail. Je ne me donnais pas en spectacle. D'ailleurs mon père m'a dit qu'il m'avait vue à la télé. Il était fier. Il avait remarqué que je n'arrêtais pas de bouger mes pieds. Oui, j'avais quand même le trac !* » raconte la jeune femme – qui concède ne pas être timide pour un sou et se plaire à parler en public, ce qui n'est pas commun chez les Émiriennes. Elle est ainsi la première de sa génération à passer à l'écran. Une génération qui n'a pas eu la chance d'être indépendante et exposée à d'autres cultures, même si grâce à ses études au Haut Collège de technologie de Dubaï, elle parle anglais, un *must* pour travailler dans les médias. Des médias qui ont donc contribué à la propulser vers l'avant et au cœur desquels elle œuvre aujourd'hui à l'autonomisation de ses pairs.

Sa présence sur le devant de la scène n'est pourtant pas du goût de tout le monde. Si son père la pousse à réussir, son frère aîné n'apprécie pas de la voir bousculer ainsi les codes. Il se fait du souci pour sa réputation et celle de son clan. Mona Al Marri travaille dans un environnement mixte, souvent tard le soir, alors qu'il est de coutume que les filles rentrent à la maison en début d'après-midi. Son nom apparaît régulièrement dans les journaux. « *J'ai eu un conflit avec mon frère. Voilà ce qu'il m'a dit : "En tant qu'homme, je dois te poser la question : Penses-tu vraiment te marier ? Parce que moi, je ne pourrais jamais t'imaginer comme épouse. Tu es trop forte pour les hommes. Je sais comment pensent les hommes dans ce pays. Tu es franche. Tu veux devenir quelqu'un. Comme tu es très exposée, il te faut décider si tu prends cette direction ou si tu veux t'installer et fonder une famille." Je lui ai répondu que ni lui ni moi décidions de ce genre de choses et que peut-être je trouverai une personnalité comme la mienne, que les hommes comme lui n'apprécient pas. C'était une discussion intéressante. Nous avions tous deux raison. Dans ma carrière, je trouve des gens comme mon frère. De telles mentalités existent encore aujourd'hui. Mais d'un autre côté, il y a des hommes qui croient que les femmes peuvent réussir.* » Mona a six frères et relève le défi de prouver qu'une fille peut, elle aussi, réussir. Aujourd'hui, son frère aîné est fier de son parcours, tient-elle à préciser, tout comme l'est son mari. Mais au départ c'est bien Sheikh Mohammed qui lui a fait confiance. « *Il croit aux femmes, à leur rôle. Il fait confiance à celles avec qui il travaille. Avoir un tel dirigeant qui comprend les femmes et les met en avant est une grande chance* », concède-t-elle.

« *Nous sommes très résistantes en raison des challenges que nous devons relever dans nos vies quotidiennes à la maison et dans la société. Les choses changent mais cela a toujours été ainsi. Dans les familles locales, on préfère les garçons. C'est naturel, c'est la tradition familiale. Les filles sont bichonnées et les garçons mis à contribution. Les filles ne se sentent pas indépendantes. Il y a toujours quelqu'un pour faire les choses à leur place. Pour moi c'était le défi. Pourquoi ne pouvais-je pas les faire moi-même ?* » Mais si la jeune femme ambitieuse et respectée a voulu prouver qu'elle pouvait faire aussi bien que ses frères, loin d'elle l'idée de remettre en question ces rôles attribués : « *Traditionnellement, les parents donnent à l'aîné des garçons le rôle de responsable de la famille, de ses sœurs, ce qui est une bonne chose. Culturellement, religieusement, l'homme est responsable. Il est le chef de famille comme père ou comme frère. Mon frère aîné a endossé ce rôle après la mort de mon père. Je suis mariée mais il nous réunit tous les vendredis dans la maison de famille. Cela fait partie de la culture qui nous unit.* »

III

DES FEMMES POUR « BÂTIR LA NATION »

Quelle ne fut pas la surprise de Jamila Al Zaabi de voir débarquer chez elle celui qu'elle n'aurait jamais espéré rencontrer un jour : Sheikh Mohammed en personne. L'émir de Dubaï se tient bel et bien devant elle, dans la cour de sa maison. Il vient témoigner sa gratitude à cette première femme ambulancière du pays pour son courage exemplaire au lendemain d'un terrible incendie qui a ravagé le quartier industriel d'Al Quoz, en ce début du mois d'avril 2008. « *Les ambulanciers et moi avions travaillé dix-huit heures d'affilée avec la brigade du feu, les secours, les polices de Dubaï et d'Abou Dhabi. Je récupérais chez moi lorsque j'ai reçu un coup de fil. "Jamila, es-tu à la maison ? Tu vas bien ?"* Alhamdullilah, *j'allais bien. "Un comité veut venir te voir." Le téléphone a sonné une seconde fois pour me dire qu'ils étaient en route et une troisième fois pour me dire qu'ils étaient devant ma porte. Quel genre de comité cela pouvait bien être pour appeler trois fois ? Je me suis couverte pour les faire entrer et je l'ai vu. J'ai eu un choc : Sheikh Mohammed était devant moi,* se souvient Jamila Al Zaabi en pleurant. *Il m'a parlé comme l'aurait fait un père, un frère ou un fils.* » Le Premier ministre des Émirats arabes unis souhaite rencontrer la directrice des opérations d'urgence de la ville pour lui dire combien son pays est fier d'elle. Elle existe. Il est au courant de ses exploits. Sans qu'elle le sache, il la connaît depuis longtemps et suit sa carrière. Il mentionne des détails d'accidents qu'elle avait oubliés. Il a vu son nom dans la liste du personnel des ambulances de l'émirat, la seule femme, et il espère que ce n'est qu'un début. Jamila Al Zaabi est promue capitaine et reçoit un prix d'excellence.

L'héritage d'un visionnaire

Jamila Al Zaabi est certainement une personnalité d'exception mais les femmes qui ont accédé aux postes de décision sont unanimes : ce sont leurs dirigeants qui les ont sélectionnées et ont encouragé leur ascension au sommet. S'il fallait en tout cas un père et/ou un mari disposé à accepter qu'elles s'y hissent, elles n'y seraient jamais parvenues sans un gouvernement qui ait la volonté politique de les mettre en avant. Elles reviennent invariablement sur le rôle primordial qu'a joué Sheikh Zayed, fondateur et ex-président du pays[1]. « *Quand Sheikh Zayed a dit qu'il voulait construire une armée pour les Émirats arabes unis, un homme assis dans le majlis a dit : "Mais Votre Altesse, notre population est très petite." Sheikh Zayed a alors répondu : "Qui a dit qu'il ne s'agissait que d'hommes ? Il y a aussi des femmes dans ce pays"* », relate Mona Al Bahar, députée au Conseil national fédéral. Et il tint parole puisque Khawla Bint Al Azwar, la première école militaire pour femmes de la région, ouvrit ses portes vingt ans plus tard. « *C'était un signal que les femmes pouvaient être actives dans tous les secteurs dirigés par des hommes, y compris l'armée. Il envoyait un message : nous pouvions non seulement travailler dans l'éducation et la santé mais aussi dans tous les domaines considérés comme masculins. C'était très fort. Quand la société l'acceptera, les femmes seront admises partout* », ajoute la membre du parlement. Un moment dans l'histoire dont se souviennent aussi les filles de la jeune génération de Majd Mohammed Humaid Majid Alowais, 19 ans, cadette et future pilote d'Etihad, la compagnie d'aviation d'Abou Dhabi. « *Quand Sheikh Zayed a dit que son peuple était son plus*

1. Sheikh Zayed bin Sultan Al Nahyan.

gros investissement, il parlait des hommes et des femmes. Les femmes ont toujours été incluses depuis la création du pays. »

L'émir avait compris que le pays aurait besoin de la moitié de la population locale pour bâtir sa nation. Une stratégie qui prit d'autant plus de sens à mesure que le pays accueillait des étrangers et que la population locale devenait la minorité. Ils comptent pour 19 % à Abou Dhabi et 11 % à Dubaï. « *Sheikh Zayed avait une mère forte, Sheikha Salma bint Butti. Lorsqu'il était enfant, elle l'a littéralement sauvé des griffes des membres de son propre clan en proie aux rivalités féodales. Les tribus se disputaient le pouvoir et à l'âge de 7 ans, il était déjà en danger de mort. Elle l'a emmené en mer afin de le protéger* », rapporte Khawla Lootah, membre du conseil d'administration du Dubai Business Women Council. *Il était l'un des rares leaders de la région à vraiment soutenir les femmes. Pour lui, elles ne représentaient pas seulement la moitié de la société en charge d'élever les nouvelles générations. En leur donnant accès à un système éducatif performant et incontestable, elles deviendraient de futures citoyennes.* » De l'avis général, Sheikh Zayed fut un « *leader d'exception* » qui gouverna le pays comme un patriarche dispensant honneurs et revenus pétroliers. Il fut le premier des émirs à promouvoir les femmes.

Avant de fédérer les Émirats actuels, Sheikh Zayed fut d'abord gouverneur de la région Est d'Abou Dhabi, basé dans la ville d'Al Ain. La découverte du premier puits de pétrole de cet émirat en 1960 et l'exploitation des gisements deux ans plus tard accrut encore la frustration de la population envers son frère aîné, l'émir Sheikh Shakhbut bin Sultan Al Nahyan, qui fut finalement déposé. Sheikh Zayed fonda les Émirats arabes unis suite à d'âpres négociations avec les six autres dirigeants des États de la Trêve. Il en devint le président de 1971 jusqu'à sa mort, le 2 novembre 2004. Sheikh Zayed était considéré comme un dirigeant relativement libéral accordant la liberté de la presse – censée tout de même pratiquer l'autocensure et s'abstenir de critiquer, entre autres, la famille régnante –, la liberté de culte et la liberté de façon générale accordée aux travailleurs occidentaux, ce qui lui valut quelques haussements de sourcils de la part de ses voisins conservateurs. Il privilégia toujours le dialogue et la coopération, que ce soit avec les autres pays du Golfe, l'Iran ou les Britanniques.

La légende était née. Le pays et ses femmes pleurèrent celui qui fit de son désert une oasis de verdure et un miracle contemporain ; celui qui s'était employé à faire fructifier les revenus du pétrole pour bâtir des hôpitaux, des écoles et des universités en gardant toujours à l'esprit que « *le rôle d'une femme n'est jamais moindre que celui d'un homme* » ; celui qui fit inscrire dans la première Constitution du pays la possibilité pour les femmes de prendre part au développement de la société dans tous les domaines. Une Constitution qui était pour la première fois officiellement garante de leur égalité avec les hommes. Si ces droits avaient toujours existé, leur inscription dans les lois fondamentales du pays leur donnait une autre caisse de résonance. Ainsi les Émiriennes pouvaient bénéficier – en théorie du moins – du même statut légal, du même droit à l'éducation et de la même justice sociale que les hommes et pratiquer la profession de leur choix. De plus, en accord avec les principes de l'Islam sur lesquels elle se fonde, cette Constitution garantissait leur droit à l'héritage. Nous verrons plus loin comment ces principes sont effectivement mis en pratique.

Du haut vers le bas

Pour intégrer ces changements en faveur des femmes dans une société traditionnelle, il était essentiel de développer une approche du haut vers le bas. « *Nous vivons dans une société tribale qui a gardé cette mentalité clanique où les gens continuent à vivre ensemble et obéissent au chef de famille. Si vous avez de la chance, le chef de la tribu est ouvert et progressif. Ce qui est notre cas à Dubaï avec Sheikh Mohammed, notre modèle ultime, qui dit des choses très positives sur les femmes et promeut leur présence à tous les niveaux. Sa fille ne se voile pas, ni sa seconde épouse, la princesse Haya. C'est un choix. Et il les laisse faire. Et c'est donc un exemple pour les autres. C'est une façon de dire : "Vous devriez commencer à penser un peu différemment." C'est notre leadership. Il sert d'exemple. Sheikh Mohammed parle tout le temps de la place donnée aux femmes et aux jeunes* », explique Muna Al Gurg, directrice des ventes du groupe Easa Saleh Al Gurg. Les Al Maktoum sont, en effet, réputés pour leur audace et leur clairvoyance et Sheikh Mohammed est leur inlassable représentant. Ses filles sont éduquées, cosmopolites, sportives, cavalières – l'une d'elles est même championne d'arts martiaux – et audacieuses. « *Les enfants de Sheikh Mohammed sont une telle source d'inspiration* », confirme le docteur Amal Al Shunnar, gynécologue spécialiste de la fertilité. « *L'ambition est là. C'est la raison pour laquelle beaucoup de gens ont changé. S'il ne l'avait pas fait, je ne sais pas où l'on en serait* », ajoute Muna Al Gurg.

Un apprentissage par l'exemple qui remonte, une fois de plus, à l'époque de Sheikh Zayed. Maryam Lootah, professeure de Sciences politiques à l'université des E.A.U. d'Al Ain, se souvient des années 1970 quand certaines familles n'acceptaient pas que leurs filles aillent à l'école. Sheikh Zayed a alors publiquement déclaré qu'il était en faveur de l'éducation des filles et du travail des femmes. Sheikh Rashid Al Maktoum, le père de Sheikh Mohammed, alors émir de Dubaï, a, lui, annoncé qu'il enverrait sa propre fille sur les bancs de l'école. « *Et quand un émir fait quelque chose, les gens suivent. Il incarne un idéal. Ainsi les gens ont commencé à envoyer leurs filles à l'école.* » Les femmes ont été ainsi propulsées vers d'autres secteurs d'activité. Elles sont devenues enseignantes puis médecins et ont commencé à constituer des associations… Et elles disent aujourd'hui que rien ne les arrête. « *Elles sont partout : avocates, pilotes de course, ingénieures, chefs d'entreprise, directrices de communication… Partout. Ça, c'est l'approche par l'exemple* », conclut Maryam Lootah.

Un système vertueux

Cette politique de soutien envers les femmes agit comme un système vertueux qui s'auto-alimente. Elles sont mises sur le devant de la scène ; on parle d'elles dans les médias, démontrant publiquement leurs compétences ; d'autres sont encouragées à suivre leur exemple ; les plus conservateurs ne peuvent que constater leurs exploits. Certains observateurs de la société émirienne font toutefois remarquer qu'il faut garder en tête que l'exemple peut être une forme d'enfermement ou servir d'alibi. Seules les plus obstinées vont au bout. Elles ont néanmoins le mérite d'exister. À la tête des médias d'Abou Dhabi siège une femme, Noura Al Kaabi, et à la direction du département de l'information de Dubaï[1], trône, on l'a vu, une autre femme, Mona Al Marri. « *Elle est directe, n'hésite pas à donner son avis. S'il y a dix hommes dans la salle, elle ne se laisse pas démonter. Si cette confiance en nos capacités ne nous a pas toujours été transmise par nos familles qui ont d'autres critères, nos dirigeants et le système éducatif ont été très constructifs* », souligne Hala Badri, vice-présidente exécutive du département marketing et communication de DU. Lorsque Jameela Al Muhairi rejoint le ministère de l'Éducation au milieu des années 1980, le secteur compte 99 % d'hommes locaux ou expatriés. Ce fut un véritable défi que de persuader ses collègues qu'elle avait des choses à leur apporter. Encore fallait-il se faire entendre. Parce qu'elle était passionnée et surtout parce que les membres hauts placés du ministère

1. Ministère de l'Information de l'émirat de Dubaï.

croyaient en son potentiel, Jameela Al Muhairi s'est peu à peu rendue indispensable : « *Lorsque je fais des propositions devant le Conseil exécutif dans différents domaines de l'éducation, je me sens un membre à part entière. Je peux présenter mes idées et les défendre vis-à-vis de la direction. D'être assise là aujourd'hui avec d'autres femmes me procure un sentiment de grande fierté... Lorsque vous entendez votre chef – Sheikh Mohammed – dire devant un parterre de 3 000 dirigeants d'entreprises venus de tous les Émirats que les hommes devraient être vigilants et travailler dur car nous risquons de prendre leur place, vous savez que tout est possible pour les femmes de ce pays.* » Certes, Jameela Al Muhairi n'était pas en charge des questions militaires et d'aucuns pourraient aisément minimiser une ascension dans le domaine de l'éducation, « naturellement » réservé aux femmes. Il n'empêche qu'elle incarne une tendance. Les femmes accèdent à tous les secteurs.

Les femmes sont dès lors animées d'une authentique volonté de servir leur pays. Elles donnent le sentiment de vouloir en faire plus : s'investir dans le domaine professionnel mais aussi remporter des médailles, s'impliquer dans des œuvres de charité, être pionnières dans des secteurs encore peu investis par les Émiriens. Cette motivation est unanime chez les femmes interrogées lors de cette enquête. « *Nos dirigeants nous disent en personne qu'ils sont fiers de ce que nous faisons. C'est pour cette raison que je veux réussir et servir mon pays. Je veux réaliser mon rêve et obtenir les plus hautes distinctions non par ego mais parce que notre gouvernement nous a donné cette chance* », explique Ameena Hassan Darwish, 33 ans, caporal du département de protection des VIP de Dubaï, qui se targue d'être l'une des premières policières motorisées du monde arabe. On entend le même refrain chez toutes ses collègues. « *Je suis fière d'être citoyenne des Émirats arabes unis et de servir mon pays, de rendre du mieux possible le soutien qui m'a été donné par nos dirigeants. Je respecte leur confiance en moi à devenir la première femme juge dans l'histoire de Dubaï,* explique Ebtessam Al Badwawi. *Il ne faut pas sous-estimer les efforts du gouvernement pour développer les effectifs féminins dans le monde professionnel : en commençant par leur donner les mêmes droits que les hommes dans l'éducation et le travail. Cela a finalement contribué à la diversité des compétences et des connaissances des femmes dans presque tous les domaines.* »

S'agit-il d'un discours convenu des femmes sur les femmes ? En partie. Mais il existe une volonté réelle de préserver des acquis dans une région qui n'évolue pas aussi vite que les Émirats arabes unis, loin de là, et où les droits des femmes rétrécissent comme peau de chagrin depuis le Printemps arabe. Un discours qui sonne comme une détermination à asseoir ces avantages. Les événements récents mettent particulièrement en relief la discrimination positive en faveur des citoyennes émiriennes et la bonne gouvernance de leurs émirs. « *Ce qui s'est passé ici est incroyable. En tant qu'avocate des droits de l'homme ayant lutté contre la violence domestique, quand je regarde simultanément ce qui se passe en Libye et aux Émirats arabes unis, je vois à quel point le modèle émirien est admirable. Quand est née la Fédération en 1971, Kadhafi renversait le roi, faisant le choix de ne rien distribuer à son peuple. Aujourd'hui, 6 millions de Libyens ont subi l'oppression, la guerre et la prison politique. Les Émirats n'ont pas connu tout cela. La Libye aurait pu faire la même chose. Il faut être reconnaissant envers Sheikh Zayed et Sheikh Rashid. Ils avaient cette vision. Je suis vraiment impressionnée* », commente Sharla Musabeh, fondatrice de City of Hope, un abri pour femmes à Dubaï, qu'on ne peut suspecter de relayer le discours officiel. Elle a en effet fait les frais d'une campagne de diffamation et a dû quitter le pays après avoir secouru de jeunes Émiriennes victimes de violence domestique.

Une certaine lecture du *Coran*

L'islam lui-même, dont se sont inspirés les dirigeants pour adopter les lois du pays, donne une certaine impulsion aux femmes en termes de réussite. « *Notre religion a donné aux femmes un rôle éminent dans la société à de nombreux égards. On n'attendait pas seulement qu'elles respectent les vertus religieuses. Il leur a été accordé une reconnaissance holistique. Quelle autre religion dit que le paradis, le but ultime de chaque être humain et l'ambition la plus haute de tout croyant, se trouve sous le pied de la femme ? Cela signifie que, en tant que fils ou fille, vous devez faire votre possible pour satisfaire et respecter votre mère. De plus, dans l'histoire, l'islam a explicitement représenté la femme en guerrière. L'une des plus célèbres est Khawla bint Al Azwar, qui était la confidente du Prophète. Un modèle. Elle se battait vaillamment avec les hommes. D'autre part, la première épouse du Prophète, Khadija bint Khuwaylid, était femme d'affaires. Elle faisait du commerce. Tandis qu'une autre d'entre elles dirigeait des cercles littéraires dans l'un des souks les plus réputés. En remontant dans l'histoire, on voit quelle place était donnée aux femmes par l'islam et toutes les fausses interprétations politiques qui proviennent d'un manque de connaissances* », plaide Khawla Lootah, membre du conseil d'administration du Dubai Business Women Council. « *Vous seriez surprise de la tolérance de notre religion à notre égard. Elle n'interdit à personne de faire quoi que ce soit. Notre système juridique ne pose aucun problème pour les femmes. C'est la culture qui doit changer* », ajoute Muna Al Gurg. La grande majorité des Émiriennes interviewées expliquent volontiers que l'islam leur est favorable, c'est son interprétation erronée qui freine leur promotion.

Des relais féminins

Parallèlement à cette volonté politique, les Émiriennes commencèrent à constituer des associations. En 1968, le premier groupement de femmes à Dubaï est fondé par Hessa Lootah, première spécialiste en communication de masse du pays et directrice de Dubai TV, et sa partenaire Aicha Captain. « *Les gens éduqués les ont soutenues. Ils conduisaient leurs épouses et leurs filles dans ces associations. Dans les années 1970, toute la société se sentait concernée* », se souvient quant à elle l'entrepreneuse Maryam Lootah. Ces associations féminines contribuèrent à promouvoir la culture, les activités intellectuelles et manuelles, le sport, et à aider les femmes à vendre le produit de leurs créations ainsi qu'à apprendre des langues étrangères, leur ouvrant l'accès à la vie professionnelle.

Le 27 août 1975 constitue sans doute le véritable tournant dans le parcours des Émiriennes vers leur indépendance. Sheikha Fatma bint Mubarak Al Ketbi, la femme de Sheikh Zayed, fonda l'Union générale des femmes, une organisation chargée de les promouvoir. Deux ans plus tôt, elle avait déjà été à l'origine de la première initiative en leur faveur à Abou Dhabi. Elle en eut l'idée en 1966 lorsque, d'Al Ain, elle dut suivre Sheikh Zayed nommé gouverneur de la capitale. Illettrée – elle venait d'une famille bédouine aux valeurs religieuses et conservatrices d'Al Ain –, elle entreprit de commencer l'étude du *Coran*, de la *Sunna*, de l'histoire, des langues et des sciences humaines. Elle lança dès lors une campagne nationale contre l'analphabétisme, « *le pire des ennemis* », et souligna l'importance de l'éducation, vrai levier du changement. Elle décida de fonder pour la première fois une société de femmes et ouvrit un *majlis* afin de rencontrer celles d'Abou Dhabi et de les encourager dans leur mission envers la nation.

L'Union générale des femmes était en quelque sorte une extension de la vision de son époux d'« *une société moderne basée sur des traditions arabe et musulmane* ». Après la création des Émirats arabes unis, il fallait inciter la moitié de la population locale à travailler. Les femmes étaient celles qui élèveraient les nouvelles générations chargées de transformer le rêve d'un État moderne en réalité. La première dame réunit donc toutes les organisations existantes en les fédérant, les soutenant moralement et matériellement. Sa priorité fut d'abord de promouvoir l'éducation des filles. Puis, peu à peu, l'Union générale des femmes fit office de porte-parole de leurs espérances et de leurs aspirations et devint « *le représentant légitime de la femme* ».

Maryam Al Roomi, actuelle ministre des Affaires sociales, se souvient : « *J'admire Sheikha Fatma. Elle n'est pas allée à l'école mais elle a œuvré très fort à la valorisation de la place des femmes, avant même la création du pays. Elle a ouvert des associations et des classes pour les femmes partout dans les Émirats, même dans les endroits les plus reculés. Ce n'était pas facile car si les gens de la côte étaient ouverts sur le monde, les Bédouins de l'intérieur du pays, du désert, isolés l'étaient beaucoup moins. Elle se faisait déjà l'avocate de femmes ministres auprès de Sheikh Zayed, il y a trente ans.* »

L'Union générale des femmes fut un acteur majeur de leur autonomisation, promouvant leur participation sociale et politique, s'occupant de problématiques liées à l'enfance, la maternité ou la famille en général. Sheikha Fatma permit aux Émiriennes d'être en phase avec leur époque, de faire partie de la société moderne sans creuser le fossé entre les sexes. Elle a contribué à leur avancement dans l'éducation, la santé, l'économie et la politique et a accru leur participation dans les processus de décision, soulignant leur rôle au niveau local, régional et international. Elle a favorisé leurs échanges avec d'autres femmes arabes, européennes ou américaines, une ouverture primordiale.

Dans son sillage, d'autres institutions virent le jour. En 1982, Sheikha Jawaher Al Qasimi, l'épouse de l'émir de Sharjah, décida de créer un lieu sûr et privé où les femmes pourraient se réunir, pratiquer du sport ou des activités traditionnelles : le Sharjah

Ladies Club (SLC). Son idée fit des petits : des « Ladies club » ont fleuri dans tous les Émirats. On peut mentionner d'autres organismes comme le Conseil suprême pour la mère et l'enfant créé en 2003, la Fondation pour le développement de la famille ou le Dubai Women Establishment (DWE) initié par Sheikha Manal bint Mohammed bin Rashid Al Maktoum, la fille de Sheikh Mohammed, en 2006. Lorsque cette dernière soumet à son père l'idée d'un bureau gouvernemental pour les femmes, l'émir de Dubaï demande immédiatement au Conseil exécutif de voter la loi légitimant son action en leur faveur dans le secteur public, puis privé. Le DWE est ainsi à l'origine des garderies pour enfants dans les départements du gouvernement ou de la parité dans les conseils gouvernementaux et semi-gouvernementaux.

Mais attention, le fond wahhabite n'a pas disparu pour autant de la société émirienne : les femmes évoluent encore dans un entre-soi, au sein d'associations ou de clubs non mixtes. Si Sheikha Fatma devint à la fois symbole et chef de file de l'autonomisation des femmes, œuvrant pour l'égalité et la parité, elle n'ignorait pas les devoirs traditionnellement dévolus à leur genre. Elle veillait en effet à ce que les femmes restent toujours fidèles aux enseignements de l'islam et aux coutumes et traditions locales. Sheikh Zayed et elle n'eurent de cesse de rappeler que le premier devoir d'une femme était avant tout sa responsabilité envers son mari et ses enfants. « *Nous n'aurions jamais pu réaliser ce que nous avons accompli si la moitié de notre société, les femmes, était désœuvrée. Le travail est un devoir que la femme doit accomplir pour le bien de son pays, pour que nous poursuivions la marche vers le progrès… Mais elle ne doit pas oublier son rôle essentiel, servir sa famille et élever la nouvelle génération sur de bonnes bases pour que l'on conserve notre identité et le patrimoine de nos ancêtres* », rappelait la « *Mère de la Nation* » au magazine *Al Ahram* en 2003.

L'émancipation des femmes reste donc toute relative dans une société régie par les traditions et la charia. Les revendications de ces dernières ne s'expriment que dans un cadre défini et autorisé par les hommes.

La monarchie héréditaire des cheikhs

Afin de mesurer la place faite aux femmes aux Émirats arabes unis, il est important de s'arrêter brièvement sur le fonctionnement des arcanes politiques. Le pouvoir fédéral se partage à l'heure actuelle entre un président invariablement issu de la famille Al Nahyan d'Abou Dhabi et un Premier ministre tout aussi invariablement issu de la famille Al Maktoum de Dubaï. Il ne s'agit donc non pas d'une élection mais d'une désignation dont sont exclues les femmes. Cependant, « *grâce aux mariages, (ces dernières) jouent un rôle essentiel dans la consolidation – ou à l'inverse dans la fragilisation – de certains hommes qui prétendent à la succession. Cet exercice est à haut risque car le choix d'une épouse hors du clan, conjugué à l'ambition d'un fils qui voit le pouvoir s'éloigner, peut conduire à un assassinat politique… Si la stabilité du pays n'a pas été ébranlée depuis 1971, c'est principalement parce que les querelles de succession ont été évitées.* »[1] La succession de façon générale se fait au sein des familles régnantes et le pouvoir reste entre les mains d'une élite à légitimité tribale et familiale.

Le Conseil suprême, la plus haute autorité du pays est, quant à lui, constitué des 7 émirs du pays avec 2 voix prépondérantes pour Dubaï et Abou Dhabi. Vient ensuite le Conseil des ministres, l'organe d'exécution, qui est aussi le lieu où l'on discute la plupart des lois de la Fédération. Il est constitué de 22 membres, dont 4 femmes (17 %) : une à la Coopération internationale, une aux Affaires sociales et 2 ministres d'État. C'est le lieu de décision du pouvoir législatif. Le Conseil national fédéral (CNF),

1. *Géopolitique de Dubaï et des Émirats arabes unis*, William Guéraiche, *op. cit.*

assemblée parlementaire à valeur consultative, est composé de 40 membres : 4 par émirat, sauf Dubaï et Abou Dhabi qui ont droit respectivement à 8 membres. Depuis 2006, la moitié est élue au suffrage indirect.

Il faut souligner que la participation féminine a été encouragée par le président Sheikh Khalifa malgré une « *forte résistance sociale* » : 1 189 femmes se sont inscrites dans les collèges électoraux (18 %) ; une seule a été élue et 8 autres désignées, portant la féminisation du conseil à 22,5 %. Cette faiblesse du vote des femmes s'est vue confirmée lors du second processus électoral en 2011 quand une seule d'entre elles, Sheikha Eisa Ganem Al Arri, de l'émirat d'Oumm Al Qaïwaïn, fut élue. Il faut noter que le mode de désignation compense cette faiblesse de la représentation féminine et souligne le décalage entre la politique paritaire affichée du pouvoir et les réticences de la société. Le 22 janvier 2013, le docteur Amal Al Qubaisi fut même nommée présidente par intérim du CNF, la plus haute fonction jamais atteinte par une femme dans les pays du Golfe. Dans le classement des pays arabes, les Émirats arabes unis se placent juste derrière l'Irak avec 25 % de députées. Le Yémen en a 0,3 %. La moyenne est à 9,5 % dans la région du Golfe alors que dans le reste du monde, la proportion de femmes parlementaires avoisine les 17 %. En Europe, on l'évalue à 31 % et en France à 26,8 %. La politique des cheikhs peut donc paraître audacieuse au sein d'une société si conservatrice.

Si cette élection au suffrage indirect représente une étape décisive, elle n'est pourtant qu'une timide avancée. « *La démocratie est une conception étrangère à la culture locale* », souligne Maryam Lootah, professeure de Sciences politiques à l'université des E.A.U. Le pouvoir émirien craint en effet la démocratie. « *Nous avons notre propre légitimité politique et nous y croyons,* confirme-t-elle. *La démocratie n'est pas obligatoirement le meilleur système. Je ne crois pas aux élections car c'est un outil qui ne garantit pas que le peuple a des droits. Le CNF n'est qu'un organe consultatif, néanmoins ses décisions aident les Émiriens dans tous les domaines : santé, éducation, services sociaux, emploi, etc. La chose la plus importante est que, avec ce système politique, nous avons l'impression que nos besoins sont comblés par le gouvernement dans un laps de temps court.* » Le pouvoir voit d'un mauvais œil le multipartisme et relève les faiblesses des démocraties occidentales, préférant valoriser la culture traditionnelle arabe de la consultation (*shura*). Il se méfie des contestations influencées par le Printemps arabe qui a déstabilisé un certain nombre de ses voisins. Ainsi, ce suffrage a pour unique objectif d'améliorer la gouvernance et ne doit en rien fragiliser la stabilité du pays ni le respect des valeurs traditionnelles. Aux Émirats arabes unis, les partis politiques ne sont pas autorisés. Les candidats ne représentent qu'eux-mêmes et n'ont pas de programmes.

Il existe une sorte de contrat social entre la population et la famille régnante, basé sur la bonne gouvernance des émirs et la mise en place d'un État providence. Le sujet de thèse de Maryam Lootah portait justement sur la stabilité politique aux Émirats arabes unis et la relation entre les émirs et la société. « *Une bonne relation est le principal facteur de stabilité du pays,* explique-t-elle. *Dès sa création, notre gouvernement a développé une relation forte avec son peuple. La qualité de vie est élevée et la plupart des gens sont satisfaits en comparaison avec d'autres pays. Les relations entre le gouvernement et le peuple sont très bonnes. Les étrangers qui vivent ici sont aussi satisfaits.* » Ses propos sont confirmés par une enquête effectuée en 2011-2012 par l'une des principales organisations de sondages ad hoc, TNS MENA. Même s'il faut toujours relativiser ces résultats dans un environnement où il ne fait pas bon proférer de paroles dissidentes, ces derniers rendent tout de même compte assez justement du ressenti non seulement des nationaux mais des étrangers aux Émirats arabes unis et ne sont donc pas totalement dénués d'intérêt. Les Émiriens expriment un degré de satisfaction globale élevé par rapport à la qualité d'ensemble de leur vie : 91 % des répondants sur un échantillon représentatif de 5 000 citoyens, issus de chacun des 7 Émirats, s'estiment soit satisfaits, soit très satisfaits[1]. À titre de comparaison, l'indice de satisfaction en France pour la même période était de 67 %. L'exubérance avec laquelle on célèbre la Fête nationale le 2 décembre montre d'ailleurs à quel point les Émiriens sont fiers de leur jeune nation riche et célèbre.

Il faut envisager les Émirats arabes unis comme partie intégrante du monde arabe traditionnel dont les structures tribales sont pérennes. Dans cette tradition, la consultation prime. C'est aux *majlis,* réservés aux chefs de famille de la tribu, que les sujets peuvent donner leur avis sur des questions et que des voix extérieures se font entendre. « *Les émirs savent quels sont les besoins du peuple à travers le système tribal et les* majlis. *C'est simple mais il y a beaucoup de règles. Tous les chefs des grandes tribus, les intellectuels, les membres du CNF, les médias et même le peuple, parfois, ont l'occasion de les rencontrer et de discuter de leurs besoins. La plupart du temps, nos dirigeants répondent aux besoins du peuple* », assure Maryam Lootah. Inutile de dire que les femmes en sont absentes. Nous avons vu plus haut dans quelles structures elles évoluent entre elles. Il ne s'agit pas non plus d'une forme de démocratie directe car le cheikh a toujours le dernier mot. Même si les décisions sont prises en conciliation avec un petit groupe de personnes à la tête d'immenses patrimoines et d'entreprises semipubliques capables d'orienter le développement économique, il ne partage pas son autorité. Pour autant il compose avant de trancher et nuance son autoritarisme au profit de la communauté en étant perméable aux avis divergents et aux conseils des anciens.

La relation au cheikh reste primordiale et le réseau autour de sa famille, fait d'allégeances réciproques et de rapports de subordina-

1. WAM, agence de presse des E.A.U.

tion, est prioritaire et garant de la paix sociale. Il faut comprendre la famille comme la base des sous-ensembles, comme le clan à l'intérieur d'une tribu. « *Il existe un contrat social implicite, une sorte d'économie de la relation qu'on appelle* wasta, *ou personne capable de médiation ou d'intercession... Si l'on voulait être péjoratif, dans nos cultures démocratiques on parlerait de copinage. Les Émiriens ont priorité. Et les Émiriennes aussi, en tout cas sur les étrangers* », précise William Guéraiche, professeur d'histoire à l'université américaine de Dubaï. Ceux qui ont enduré la rudesse des temps passés auraient, d'une certaine manière, mérités les avantages liés à la rente pétrolière, jouissant d'un statut supérieur. Il s'agit aussi d'une question de prestige qui ne saurait être achetée et qui constitue la clé de l'accès au pouvoir. Contrairement à l'apparence homogène que semblent donner les « *locaux* », la société émirienne est stratifiée et connaît des divisions profondes. En regardant de plus près, les Émiriens ne sont pas tous riches, puissants et promus.

Ainsi le système renforce le rôle des élites dans l'encadrement de la société et assure aux moins nantis une assistance. Les locaux ont accès gratuitement au service public, à l'éducation et à la santé. Et « *force est de reconnaître que les Émiriens, dans leur quasi-totalité, soutiennent leurs leaders. L'acceptation du système n'est pas seulement liée à la mise en place d'un État providence dont tous les citoyens bénéficient, les Émiriens font corps avec leurs cheikhs locaux tout autant qu'avec les représentants de la fédération. Les critiques formulées par le Conseil national fédéral, par exemple, portent plus sur la forme que sur le fond de la gouvernance. Dans le même ordre d'idées, les voix discordantes qui se sont élevées depuis 2011 sont l'exception qui confirme la règle*[1]. » On fait référence ici à l'affaire des « UAE 5 ». Le 9 mars 2011, Nasser bin Ghaith, chargé de cours à la Sorbonne d'Abou Dhabi, et un groupe de 133 intellec-

1. *Géopolitique de Dubaï et des Émirats arabes unis*, William Guéraiche, *op. cit.*

tuels signent une pétition pour demander l'organisation d'élections au suffrage universel et un vrai pouvoir législatif au Conseil national fédéral. Cinq d'entre eux sont arrêtés et emprisonnés pour troubles à l'ordre public, conformément à l'article 176 du Code pénal. Ils sont remis en liberté à la faveur d'une grâce présidentielle. On trouve les détails de l'affaire sur les sites d'Amnesty International, Human Rights Watch ou Arabic Network for Human Rights Information. Depuis 2011, compte tenu du contexte régional, les autorités ont accentué les actions à l'encontre des militants. La liberté d'opinion, d'expression, de réunion et d'association est très encadrée et les critiques du pouvoir sont passibles de lourdes peines de prison.

Comment comprendre le « *Women Empowerment* » ?

On entend sans cesse parler de « *women empowerment* » dans la presse locale et dans de nombreuses études sur les femmes arabes. Mais comment comprendre cette notion dans le contexte évoqué précédemment ? Il n'est pas aisé de trouver un mot en français qui corresponde précisément à ce que ce concept recouvre. Le terme de « promotion » est trop connoté. On peut éventuellement parler de « délégation à la promotion des femmes » mais il est plus généralement accepté d'utiliser la formule d'« autonomisation » déjà mentionnée. Alors comment interpréter la volonté manifeste d'autonomiser les Émiriennes ? Quel est le poids réel de ces femmes ayant réussi à se hisser aux postes importants ? Sont-ils réellement stratégiques ? Celles qui occupent les postes de décision sont-elles vraiment les avocates des droits des femmes ? Le peuvent-elles ? De quels soutiens bénéficient-elles au sommet de l'État ? Quels relais ont-elles ?

En se penchant sur les motivations du pouvoir à mettre les femmes en avant, surgissent de nouvelles considérations quant à leur autonomisation réelle. Ce choix de faire appel aux femmes était une question de *realpolitik*. Il s'agirait avant tout de pragmatisme dans un pays où la démographie l'impose : avec 8 millions d'étrangers et 1 million de locaux dont 487 000 femmes [1], il est en effet fondamental de s'adapter à la réalité et ce, en dépit de la nature de la société arabe. « *La culture arabe est conservatrice par essence*, explique un observateur de la société émirienne préférant conserver l'anonymat. *Il s'agit moins de promouvoir les femmes que de faire avancer le pays, de rendre le développement des Émirats arabes unis viable. On a besoin des femmes mais pas forcément pour des questions d'égalité.* » Le discours de promotion des femmes serait né de cet opportunisme. Pour autant, petit à petit les femmes pénètrent tous les secteurs et en gravissent tous les échelons. Depuis la nomination de Sheikha Lubna Al Qasimi au Cabinet comme ministre, elles sont bien présentes au pouvoir, comme on l'a vu, avec 9 députées, 4 ministres et 4 ambassadrices, un taux record parmi les pays arabes. Et selon le Forum économique mondial, si en 2012 les Émirats arabes unis étaient encore 107ᵉ sur 135 dans la participation des femmes à la vie économique et publique, le fossé entre les genres est bien comblé puisque l'indice d'écart entre les sexes a grimpé à 0,639 cette même année (1 équivalant à l'égalité homme/femme).

Qu'en disent celles qui sont à des postes clés ? Pour la ministre des Affaires sociales Maryam Al Roomi, « *la question des femmes n'est pas un problème* ». Trente ans qu'elle travaille pour le ministère et qu'elle participe à l'élaboration des lois en tant que seule femme membre du Cabinet législatif [2]. « *Les femmes font partie du processus de décision. J'en suis la preuve. Je suis dans le comité législatif et c'est l'organisme le plus haut, l'antichambre des décisions politiques. Nous avons des ministres, des députées, des ambassa-*

1. Selon le Bureau des statistiques des Émirats arabes unis, le pays compterait 8 264 070 habitants dont 947 997 Émiriens.
2. Haut comité ministériel de législation (niveau fédéral) constitué de 7 ministres dirigés par le ministre de la Justice.

drices. Avant nous, il y avait des professeures d'université qui donnaient leur avis sur les lois. Les conseils d'administration sont désormais obligés de compter des femmes en leur sein, que ce soit dans l'armée, dans les chambres de commerce, dans tous les domaines qui ne sont traditionnellement pas liés aux femmes, plaide-t-elle. *Je le dis du fond du cœur, je n'ai jamais ressenti que je n'étais pas l'égale des hommes. Il n'y a pas de discrimination du tout.* » La ministre balaie d'un revers de main toute entrave d'ordre social et culturel passible d'empiéter sur l'avenir professionnel des jeunes épouses ou des mères. Pourtant, si les 400 étudiantes de sa promotion ont trouvé du travail en sortant de l'université, toutes sont ensuite devenues femmes au foyer après s'être mariées et avoir eu des enfants. « *C'est dans la nature des femmes, cela n'a rien à voir avec la culture et la société. S'il existe des restrictions, elles sont très limitées. Vous pouvez avoir un mari ouvert d'esprit ou pas, n'importe où. C'est une question d'être humain, pas de culture* », explique-t-elle. Après avoir investi la fonction publique, on trouve désormais des femmes entrepreneurs, certaines occupant même des postes de direction dans des secteurs traditionnellement réservés aux hommes. Bref, il est de plus en plus « normal » de voir des femmes dans l'environnement professionnel. Dans un tout autre domaine, qui sera développé dans un chapitre consacré aux droits des femmes, le discours de Me Ebtessam Al Badwawi, l'une des trois juges de sexe féminin de Dubaï et la première à avoir été nommée, fait écho à celui de la ministre. Pour elle, « *il n'y a aucune raison pour les femmes de se battre pour leurs droits même si les Émirats arabes unis continuent à actualiser les lois dès qu'il le faut* ». Ainsi, lorsqu'est abordée la discrimination des femmes dans certains domaines comme la succession, elle la justifie du fait que l'homme est chef de famille. « *La loi donne deux fois plus de droits aux hommes qu'aux femmes dans ce domaine car un homme est le seul responsable des dépenses du foyer. De plus, toutes les femmes sont sous sa protection, que ce soit sa mère, ses sœurs, sa femme, ses filles… Cela ne veut pas dire que les femmes ont moins de droits mais plus de respect, puisque l'homme est attaché à les servir.* » Une approche conservatrice du partage des rôles entre les sexes que ne défendent pas les femmes en faveur de l'égalité. « *Les femmes ont tous les droits : de parler, d'exprimer leurs idées et de jouir de leur liberté.* » Mais « *sans offenser leur entourage et en accord avec les codes et l'éthique de notre culture* ». La juge respecte ainsi à la lettre la ligne directrice tracée par Sheikh Zayed. Autonomisation, oui, mais à condition de ne pas compromettre leur rôle essentiel qui est de servir leur famille, leur clan, leur pays : responsabiliser les femmes sans troubler le cœur de l'héritage et de la culture traditionnelle arabe.

Les femmes ayant atteint des postes clés au sein des cénacles politico-judiciaires peuvent ainsi être appréhendées comme des garde-fous contre celles qui s'aviseraient d'outrepasser le cadre dans lequel il est attendu qu'elles évoluent. « *La notion de genre est ici essentielle. Les femmes aux postes clés se comportent comme un homme ou de la façon même dont les hommes jugent convenable que les femmes se comportent* », commente un observateur de la vie émirienne préférant conserver l'anonymat. En gardiennes du temple, les plus conservatrices veilleraient au respect d'un équilibre fondamental. Les plus vives avocates de l'autonomisation déplorent d'ailleurs que celles qui sont en position de faire avancer leur cause ne remplissent pas leur rôle de relais et que, au lieu de s'offusquer de certaines normes issues d'un héritage culturel, social et religieux, s'en font les défenseuses. Mais c'est bien parce qu'elles sont les garantes des valeurs familiales traditionnelles et sociales en vigueur, qu'elles ont accédé à ces positions stratégiques. Leur discours officiel est conforme aux attentes de l'idéologie dominante tandis que leur accès à toutes les strates du pouvoir politique, économique et judiciaire apporte la preuve de la volonté affichée de promouvoir les femmes. Le mode de sélection des candidates aux postes de décision se fait dans le terreau de l'élite émirienne, réputation oblige, pour qui il serait mal vu de bousculer les codes. « *On fabrique un discours de promotion en prenant bien soin de choisir celles qui occupent l'espace public et de ne pas laisser les plus libérales s'exprimer* », analyse l'une d'entre elles, qui préfère rester anonyme. « *Certaines se permettent même de dire des choses qui seraient inacceptables dans la bouche d'un homme, comme de démentir toute forme de discrimination.* » Dans cet ordre d'idée, une universitaire tient par exemple le discours suivant : « *Les filles doivent conserver un équilibre entre leur héritage et des influences plus globales. Elles doivent comprendre les droits que leur donnent leur religion et leur culture, et les préserver. Nos valeurs locales pourraient mieux leur convenir que des droits de l'homme importés. L'islam a donné des droits aux femmes depuis des siècles. Des droits qui font de nous des êtres humains et non des animaux régis par nos instincts. Les hommes ont le droit de fréquenter plusieurs femmes : voulons-nous vraiment ce même droit ?* » Pour cette intellectuelle, « *garantir aux femmes les mêmes droits qu'aux hommes peut même* [les] *faire régresser en termes d'évolution* ». De tels propos font bondir celles qui plaident pour l'égalité des droits. « *Si ces femmes ne veulent pas de certains droits, qu'elles ne les exercent pas mais qu'elles laissent les autres en disposer*, confie l'une d'elles pour qui ces femmes deviennent un outil contre leur propre cause. *Les femmes ne sont pas passives mais des agents de changement. Elles contribuent tout autant que les hommes au maintien ou non de certaines règles.* »

Ainsi faut-il comprendre la notion d'*empowerment* à l'aune de l'ambiguïté entre deux influences que sont la culture arabe d'un côté et un mode de vie occidental de l'autre. En gardant à l'esprit que les habitants des Émirats arabes unis, « *bien qu'étant dotés d'un État moderne, ne sont pas pour autant entrés ipso facto dans l'ère de la modernité*[1] ». La structure de la société reste à la fois patriarcale et patrilinéaire. Hommes et femmes vivent dans des sphères séparées, les femmes elles-mêmes contribuant à renforcer les stéréotypes dont elles sont victimes en les répétant. Pour certains observateurs, on serait même à l'opposé de l'émancipation : dans l'affirmation des rôles sociaux. Le fils aîné reste la figure prédominante, celui qui reprendra les rennes. On fait la différence entre un fils et une fille qui restera la plupart du temps dans un environnement exclusivement féminin jusqu'à son entrée à l'université. Elles intègrent également l'idée que, quand bien même elles feront des études et possiblement carrière, cette dernière sera presque toujours stoppée pour honorer les responsabilités familiales et domestiques qui reposent sur elles. Elles ne sont pas une menace pour l'ordre social tant qu'elles intègrent leur rôle traditionnel. Plus généralement, si les femmes contribuent à la formation de la société civile, c'est par le biais d'associations non mixtes et de groupes placés sous la tutelle de l'État. « *Ces associations féminines sont des organisations gouvernementales qui agissent comme guide pour les femmes et protègent leurs droits. Mais malheureusement elles ne sont pas actives dans la rédaction des lois* », reconnaît Me Diana Hamade Al Ghurair, avocate au barreau de Dubaï. « *Notre société civile n'est pas assez forte. Nous essayons donc, à travers l'Union générale des femmes et différentes organisations, de faire changer les choses en notre faveur. Maintenant elles sont plus présentes au niveau des prises de décision. Mais il s'agit de créer un dialogue. Il faut pouvoir parler aux preneurs de décision car ils sont les seuls à pouvoir opérer les changements* », admet Fatima Al Jaber. Si les Émiriennes s'accordent généralement à dire que pas mal de jalons ont été posés, il faut encore les encourager et développer une culture de la solidarité entre elles. Certaines admettent que c'est aux femmes

1. *Géopolitique de Dubaï et des Émirats arabes unis*, William Guéraiche, *op. cit.*

même de se remettre en question. « *C'est à nous de parler de notre rôle dans les médias, de briser les stéréotypes associés aux femmes arabes. C'est ce que nous essayons de faire à travers les conseils, les clubs et nos modèles* », conclut Fatima Al Jaber. Enfin, les changements doivent se faire au sein même du noyau familial. « *Il est important d'éduquer les enfants depuis tout petit à respecter les femmes. Nous oublions qu'ils seront nos futurs décideurs* », déclarait Mona Tavassoli, fondatrice de Mom Souq, un bazar en ligne, lors d'un événement organisé par l'ONG suisse Womanity Foundation, le 26 février 2014.

IV

L'ÉDUCATION COMME ÉTINCELLE

L'analphabétisme touchait 85 % des femmes lorsque naquit l'Union en 1971. Mais, encouragées par les efforts des autorités, les filles eurent accès à l'éducation. Pour Sheikha Fatma, l'enseignement était primordial pour leur permettre de jouer leur rôle dans la famille et la société. « *Si la mère qui fabrique les générations n'est pas consciente de ce qui se passe autour d'elle, elle n'aura pas d'avenir* », disait l'épouse de Sheikh Zayed. Il était essentiel que les futurs Émiriens soient élevés par des mères qui sachent lire et écrire, d'autant que les pères fondateurs étaient, comme on l'a vu, soucieux de préserver la culture, les valeurs, le patrimoine, l'identité et les racines propres aux Émirats. Le président affirmait : « *Avec une éducation solide, elles formeront nos futurs citoyens.* »

Ainsi des *madrasas*, fréquentées jusqu'à la fin des années 1950, elles prirent le chemin de l'école. Plus question d'un apprentissage uniquement basé sur le *Coran*, les principes de l'islam et l'arabe. Désormais, elles apprendraient les mathématiques, les sciences et l'histoire. C'est le gouvernement du Koweït qui finança d'abord le système éducatif officiel en envoyant maîtres et livres. En 1954, ouvrit Al-Zahra, la première école pour filles à Sharjah. Quatre ans plus tard, Dubaï en inaugura deux : Khawla bint Al Azwar à Bur Dubaï, et Al Khansa à Deira. Celle d'Abou Dhabi n'ouvrit qu'en 1996. Ainsi naquit une génération de femmes éduquées. Et comme le pays ne comptait pas encore d'université, certaines continuèrent leurs études supérieures au Koweït, en

Égypte puis aux États-Unis. La première génération à goûter au changement prit son envol. « *J'ai fait mon master en sciences politiques à l'université du Caire. Mon regard et mon esprit se sont ouverts. C'était toute une expérience humaine. Je me suis développée culturellement, socialement et humainement* », raconte Mona Al Bahar, députée au CNF.

Mais le vrai démarrage eut lieu en 1976 : « *C'était le plus beau moment de l'histoire du pays, le début pour les femmes*, raconte Maryam Al Roomi, ministre des Affaires sociales. *La première université des E.A.U. a ouvert à Al Ain. Ce fut une véritable brèche.* » Les filles dont les parents refusaient qu'elles partent seules à l'étranger, les mères qui voulaient poursuivre leurs études, celles qui travaillaient et souhaitaient compléter leur formation, eurent désormais accès à presque toutes les facultés et à tous les diplômes. De façon générale, les jeunes auparavant envoyés à l'étranger pour acquérir les connaissances qui permettraient de bâtir la Fédération pourraient peu à peu le faire de chez eux. Des établissements d'enseignement supérieur virent le jour. Quatre Hauts Collèges de technologie ouvrirent leurs portes en 1988, les premiers à proposer un enseignement en anglais, ce qui fut aussi une grande étape dans la politique d'éducation[1]. « *Je faisais partie de la cinquième promotion du Haut Collège de technologie de Dubaï. Avant il y avait l'université à Al Ain, mais les matières étaient enseignées en arabe. C'était le début d'une génération éduquée localement mais parlant un bon anglais. D'ailleurs, je venais d'une école publique et mon anglais était faible* », se souvient Mona Al Marri, à la tête de *Brand Dubai*. Peu à peu, le pays importe même des branches d'universités internationales, accroissant encore le niveau d'études de toutes celles qui ne pouvaient quitter le pays. Si ces universités privées sont encore médiocres en comparaison de leurs consœurs américaines, australiennes ou japonaises, elles

1. Le pays en compte désormais 16, répartis dans tous les Émirats.

abritent parfois d'excellents étudiants et étudiantes. Un pari gagnant-gagnant pour les femmes.

Résultat, les Émirats arabes unis sont devenus un des pays leaders en matière d'accès à l'éducation des filles : leur taux d'alphabétisation a été totalement inversé, atteignant les 91 %. Selon le rapport 2007 des objectifs du Millénaire pour le développement des Nations unies, 77 % des Émiriennes continuent leurs études à la fin du secondaire. De 1990 à 2004, leur nombre a doublé par rapport aux garçons. Selon les dernières statistiques du ministère de l'Éducation, elles sont 22 % à obtenir des bourses pour étudier à l'étranger. Les Émiriennes ont excellé par rapport à leurs frères. Elles sont 46 % à continuer leurs études après la licence et les universités publiques comptent 72 % d'étudiantes, le taux le plus haut au monde [1]. Elles sont trois fois plus présentes à l'université que leurs frères, même s'il convient de relativiser ce ratio en rappelant que 50 % d'entre eux servent dans l'armée et la police. « *Une grande communauté bédouine est éduquée dans l'idée qu'il faut servir le pays* », rappelle l'avocate Diana Hamade Al Ghurair.

De plus, si dans le monde arabe en général, trois quarts des étudiants sont des femmes, les Émiriennes se distinguent par les matières choisies. En effet, ailleurs dans la région elles font parfois des parcours « prédestinés » avec l'aval de leur futur mari et dans un souci de conciliation avec leurs obligations familiales. Les Émiriennes, elles, ne se dirigent plus vers les matières traditionnelles comme l'éducation et la santé. Selon les dernières statistiques de 2014, 70 % d'entre elles choisissent les sciences, l'ingénierie, la technique ou les maths : une complète inversion des genres. Cette présence dans les études supérieures, prérequis au succès professionnel, fonctionne aussi comme marchepied vers l'emploi. Elles

1. Musée de la femme, Dubaï. Un excellent résultat à relativiser, le niveau des universités publiques étant moins bon que les établissements privés.

sont dans l'administration, dans l'enseignement supérieur et pénètrent peu à peu le système privé. Ainsi, c'est toute la dynamique sociale qui s'en trouve améliorée, le taux de réussite amenant à l'autonomisation des femmes et à plus d'égalité des sexes. Elles sont plus présentes sur le marché du travail et leur revenu a un impact direct sur le foyer, la santé et la nutrition des enfants, le choix de leur mode de reproduction, leur participation dans la société civile et politique, la prise de conscience de leurs droits et de leurs exercices, ainsi que sur le développement général de la société. « *L'éducation et les affaires sociales sont la priorité de notre gouvernement et parmi les budgets les plus élevés* », soutient Jameela Al Muhairi, à la tête du Bureau des inspections des écoles privées de Dubaï. Selon elle, le gouvernement des Émirats arabes unis aurait affecté 2 milliards de dollars à l'éducation en 2009 en salaires, infrastructures et initiatives stratégiques, principalement dans l'enseignement primaire et secondaire.

Des améliorations possibles

Bien sûr, il reste encore des secteurs à améliorer. Même si le curriculum scolaire est le même pour les filles et les garçons, certaines images continuent, tout comme en Europe, à refléter les responsabilités domestiques associées aux femmes. « *Par exemple, les livres d'école contiennent des représentations de femmes cuisinant alors que les hommes sont souvent au bureau ou regardent la télévision quand ils sont à la maison. Les étudiants retiennent ces images et endossent ces rôles en fonction… Les mentalités doivent changer et la meilleure façon est de façonner ces perceptions chez les enfants très tôt* », explique le docteur Fatima Al Shamsi, secrétaire générale de l'université des E.A.U.[1]. Certaines aimeraient aussi que le droit des femmes et de l'enfant soit inclus au programme.

---

1. *Arab Women, Leadership Outlook 2009-2011, Understanding Women Leadership in the Arab World, 1st Edition, op. cit.*

On présume encore trop souvent que les femmes finiront par travailler dans l'éducation ou dans un environnement à connotation féminine. « *Ces stéréotypes doivent changer* », ajoute le docteur Fatima Al Shamsi. Les femmes doivent dépasser les barrières culturelles et sociales qui les empêchent de s'exposer, être mieux informées des opportunités sur le marché du travail et encouragées à monter leur propre affaire. Ce qui nécessite davantage de mentors, de relais d'orientation et de formation.

Des programmes sont également mis en place dans les universités pour aider les filles à s'intégrer dans un environnement mixte. Aux Émirats arabes unis, les structures de la socialisation entraînent une ségrégation précoce. Or la mixité est essentielle pour permettre une réelle prise de conscience. Il est encore mal vu de discuter avec un homme qui n'est pas de sa famille. On ne reste pas seule dans une pièce avec un membre du sexe opposé. « *Certaines ne sont pas habituées à s'asseoir à côté de garçons. Elles sont intimidées et ne peuvent s'exprimer librement* », observe une universitaire désirant conserver l'anonymat. Elles sont parrainées par des étudiantes plus âgées afin d'être mieux acceptées. Grâce au sport, au bénévolat et à des voyages à l'étranger, elles se familiarisent avec la mixité en général. Sheikha Lateefa bint Maktoum Al Maktoum en a fait l'expérience : « *C'est bizarre car vous passez d'un endroit où il n'y a que des filles et subitement, vous entrez à l'université et vous avez des professeurs masculins. Même le ton de voix d'un homme enseignant m'a paru étrange de prime abord.* » Et les garçons ne leur facilitent pas toujours la tâche, comme le raconte Shareefa Albloushi, copilote chez Etihad : « *Ils n'acceptent pas qu'on puisse être pilotes. On s'assoit devant et on ne leur parle pas. Quand on fait des présentations, ils se moquent de nous et nous posent des questions difficiles pour nous tester.* » Un défi en plus pour ces étudiantes qui doivent aussi affronter les a priori de certains professeurs qui n'acceptent pas qu'elles puissent obtenir de meilleurs résultats que les garçons. « *C'est un problème dans notre université mais nous les ignorons et faisons de notre mieux pour leur prouver le contraire* », affirme la jeune pilote.

Reste celles qui n'ont pas l'autorisation d'étudier à l'étranger : elles déplorent ne pas faire l'expérience de l'indépendance et baigner dans une culture étrangère loin de leurs parents. « *Ce n'est pas la même chose quand vous quittez le pays*, témoigne le docteur Houriya Kazim, première femme chirurgien du pays. *Vous apprenez l'indépendance, à vous débrouiller pour tout. Je ne parle pas seulement des études mais de toute la vie sur le campus. Je me suis retrouvée seule au milieu de nulle part et le McDonald's, ça va un moment… J'ai appris à tout faire.* » Sheikha Bodour bint Sultan Al Qasimi, l'une des filles de l'émir de Sharjah, a étudié l'anthropologie à Cambridge : « *Cela a été un grand choc culturel. J'avais 18 ans et le pays n'était pas aussi cosmopolite qu'aujourd'hui. Il n'y avait pas autant d'étrangers ici. Il a fallu que je m'adapte à un nouveau pays, une autre culture, mais c'était la meilleure expérience de ma vie. Cela m'a façonnée en tant que personne.* » Les étudiantes reviennent généralement prêtes à contribuer à « l'effort national » et heureuses de retrouver leurs familles.

« *Tout a l'air rose de l'extérieur, pourtant les femmes sont quotidiennement confrontées aux contraintes culturelles. Elles sont tout le temps en train de s'expliquer, de se justifier. Elles ne peuvent pas juste annoncer qu'elles partent pour une université ailleurs* », raconte Muna Al Gurg, dont le père a toujours favorisé les études. Certains parents cèdent en se disant que leur fille étudiera quoi qu'il arrive. Ce fut le cas de Maryam Lootah, professeure de sciences politiques, qui, à la fin des années 1970, est l'une des premières à envoyer sa candidature à l'université du Caire sans rien dire à ses parents. Son père comprend qu'elle s'y rendra avec ou sans leur accord. D'autres utilisent des moyens plus détournés, comme Nayla Al Khaja, première cinéaste locale à la tête de sa propre maison de production, D-Seven. Elle fait ses études au Women's College de Dubaï car c'était « *ça ou la maison* ». « *Je n'avais jamais pu étudier à l'étranger en raison de mon sexe. Mes parents ne voulaient pas que je voyage seule sans un mari ou un oncle* », confie-t-elle. Pour eux, le mariage est un prérequis pour étudier à l'étranger. Elle commence sa vie professionnelle en animant une émission radio mais elle est attirée par le cinéma. Alors pour s'assurer un visa de sortie, elle décide de faire un mariage blanc. « *Je me suis mariée pour étudier à l'étranger. J'ai proposé à un garçon de ma classe, qui n'avait pas assez de moyens, de m'épouser et en échange de commencer à financer nos études à tous deux grâce à la vente de ma voiture. Après avoir joué le jeu auprès de nos familles, il m'a emmenée à Toronto en sachant qu'il n'était qu'un visa pour mon éducation. Six jours plus tard, il a obtenu un job au sein de la police de Dubaï et il est rentré.* » Ils divorcent et restent bons amis, ce qui est une chance. La carrière de Nayla Al Khaja commence donc sur un différend avec ses parents, doublé du fait qu'elle opte pour un domaine controversé où les femmes ne sont pas encore présentes. « *Mes parents étaient très inquiets car à ce moment-là, j'étais la première dans ce secteur. C'était un peu comme la première femme au volant dans les années 1960 : tout le monde a les yeux tournés vers vous ! J'étais sans cesse exposée et notre société est très tribale. Tout tourne autour de la réputation de la famille. Ils avaient beaucoup de craintes.* » Laisser partir leurs filles à l'étranger, c'est bien évidemment, pour les plus conservateurs, s'exposer au risque qu'elles réalisent combien leur société d'origine est conservatrice. Nayla Al Khaja traite dans ses films de sujets audacieux comme la maltraitance des enfants, le viol ou la pédophilie, thème de son long-métrage *Arabana*. « *Ce film aura permis de payer des études à l'actrice principale. Je suis très engagée dans l'éducation des femmes parce que j'ai failli en être privée. On ne devrait pas empêcher les filles d'étudier. Elles ne devraient pas se retrouver comme moi dans des situations où elles doivent se marier pour avoir accès à l'éducation. C'est injuste.* » Même s'il s'agissait d'exceptions, certains membres de sa communauté ont réagi de façon très négative à son propos. « *On m'a conseillé de quitter le pays et ne plus jamais revenir parce que je faisais du tort avec mes films* », raconte Nayla Al Khaja qui continue tout de même de traiter de questions taboues, comme le flirt secret des jeunes filles dans son film *Once*. Elle essaie de donner confiance aux jeunes qui choisissent une carrière artistique : « *Je visite des écoles pour aider et encourager les enfants à trouver leur voie.* »

Ebtisam Abdulaziz, l'une des artistes les plus en vue des Émirats, s'est contentée d'étudier les mathématiques, une matière qui imprègne d'ailleurs toute son œuvre, dans un autre émirat que le sien. Elle parle pourtant d'un envol primordial : « *En tant que fille élevée dans une famille arabe, partir soudain seule à l'université m'a aidée à devenir plus indépendante, détachée. Nos familles ont beaucoup de règles. Vous dépendez de votre père. Les garçons ont beaucoup plus de pouvoir et de liberté. Alors, commencer l'université, rencontrer des gens, échanger avec d'autres filles, ne pas rentrer le soir à la maison, être seule, c'est la vraie vie tout à coup. Vous devez compter sur vous-mêmes, apprendre à vous connaître et découvrir la liberté dont nous avons tous besoin.* » Exposée partout dans le monde, elle est choisie pour inaugurer le premier pavillon national de la 53e Biennale de Venise. Enfant déjà, elle dessinait, lisait des magazines d'art ramenés de l'étranger par son père. Mais si ses parents étaient prêts à accepter une artiste amateur dans la famille, il n'était pas question d'en faire une carrière. Après avoir obtenu sa licence en 1999, elle s'impose et obtient de son père de suivre un cours à la Fine Art Society de Sharjah. Son travail sera exposé. Puis « *mon père a dit* "Hallas" [ça suffit], *maintenant tu rentres à la maison !* » L'accès à l'éducation, et même aux études supérieures, ne signifie pas pour autant indépendance totale. Il était temps de réintégrer son rôle de fille et si possible de future épouse. Peu d'étudiantes ont l'intention d'utiliser leur bagage universitaire pour faire une carrière active[1]. Les filles n'étudieraient pas par goût du savoir mais parce que les familles voient l'éducation comme la touche de vernis final, en accord avec l'islam et les attentes culturelles. Ebtisam Abdulaziz, quant à elle, n'a pas peur d'enfreindre les règles et de dépasser les frontières. Encore célibataire à 36 ans, elle a bâti une carrière internationale. Pourtant elle se demande sans cesse comment réaliser ses rêves sans contrarier son entourage. « *Un de nos soucis est de savoir ce que nous avons le droit de faire ou de ne pas faire. Quelles sont nos frontières ? La liberté est parfois un problème. Je ne peux toujours pas voyager sans mon père, c'est sa décision. Peu importe mon âge.* » Alors, quand il l'accompagne pour sa performance dans la cité des Doges et qu'elle le voit sourire, elle a gagné la bataille. « *Il a compris à quel point c'était sérieux. Lorsqu'il m'a entendue expliquer ma démarche, il a été surpris mais il a bien réagi. Il devait probablement se demander comment une femme arabe et musulmane osait faire cela, mais il n'a rien dit.* »

L'importance du soutien parental

On le comprend, un facteur déterminant dans l'accès des filles aux études supérieures est le soutien de leurs parents. « *Le plus grand challenge est à la maison. Le seul challenge que les femmes ont à relever ici, c'est d'obtenir l'aval de leur famille. J'ai poussé de façon subtile, petit à petit, pour obtenir ce que je voulais. C'est comme cela que ça a marché* », résume Maria Al Qasim, employée de Dubai Cares, la plus grande organisation caritative des Émirats arabes unis. La grande majorité des femmes arabes professionnellement

1. « Culture, Gender and the Influence of Social Change amongst Emirati Families in the United Arab Emirates », Sara Ashencaen Crabtree, *Journal of Comparative Studies*, vol. 38, n° 4, 2007.

accomplies citent leurs parents comme influence la plus positive dans l'avancement de leur carrière. La plupart de celles qui ont brillamment réussi racontent qu'elles ont eu des parents qui croyaient à l'éducation de leurs filles et sur laquelle ils n'auraient jamais transigé. C'est un énorme atout que de n'avoir pas à se battre pour étudier. Pour certaines professions il faut encore quitter le pays pour se spécialiser et obtenir leur assentiment. Ce fut le cas de nombreuses étudiantes en médecine, comme le docteur Houriya Kazim. Mais dans cette famille de médecins, il n'était même pas question de ne pas faire d'études : « *étudier était une évidence.* » Son grand-père, homme d'affaires *self made man*, avait un boutre qui naviguait entre l'Inde et l'Iran sur lequel il embarqua toute la famille afin qu'ils étudient à Bombay. Ainsi le père du docteur Houriya Kazim, encouragé par sa mère, eut l'opportunité de faire des études de médecine après avoir fini son collège. « *Je ne savais pas qu'on avait le choix, que ce n'était pas une obligation d'aller à l'université. J'ai eu de la chance. Lorsque je rencontre d'autres femmes locales je suis surprise par les combats qu'elles ont à mener. J'en rencontre qui doivent lutter pour avoir accès à une éducation ou pour étudier à l'étranger. Encore aujourd'hui* », explique-t-elle. Le docteur Houriya Kazim, elle, fera sa médecine à Dublin dans les années 1970 sur les conseils de son généraliste irlandais, avant de terminer sa spécialisation au Canada et au Texas. Il a fallu persuader sa mère qui, à l'époque, avait peur des bombes de l'IRA mais dont le mantra était que « *le non ne fait pas partie des possibles. La personne que l'on devient dépend en grande partie de ceux qui vous éduquent et je n'ai jamais été confrontée à une impossibilité de faire quoi que ce soit.* » La jeune fille prometteuse obtient une bourse du gouvernement. Personne ne l'empêche de devenir chirurgien, – « *un métier traditionnellement masculin et qui le reste* » – ni ne lui conseille de devenir gynécologue ou pédiatre, des disciplines plus « féminines ». Mais le docteur Houriya Kazim vient, il est vrai, d'une famille libérale, dont les parents ont eux-mêmes étudié à l'étranger où elle a d'ailleurs passé son enfance. Aujourd'hui, elle exerce son métier en blouse blanche sans voile, et a épousé un Américain.

Fatima Sharaf a un parcours plus traditionnel. Pourtant, son père lui transmet le sens des affaires et l'envoie étudier la linguistique à l'université King Saoud en Arabie saoudite à l'âge de 17 ans. Drapée dans une *abaya* brodée, recouverte d'une *sheila*, elle explique comment elle a rejoint le groupe familial en 1985 – 5 000 employés et 60 entreprises – alors qu'il ouvrait son premier magasin. « *Mon père m'a appris le commerce. J'ai commencé au bas de l'échelle. Je n'avais aucune expérience et il tenait à ce que je parte de la base. Enfant, nos vacances scolaires n'en ont jamais été. Nous passions un mois en stage.* » Aujourd'hui, elle a ouvert, entre autres, le Hello Kitty Spa, un salon de beauté pour petites filles.

C'est souvent la maman qui convainc et comprend les enjeux de sa fille pour l'avenir. Lamya Al Darmaki, la vingtaine, a étudié l'ingénierie informatique à l'université des Émirats arabes unis mais auparavant elle fréquentait le lycée Chouifat, une école mixte. « *C'était quelque chose d'aller dans une école mixte ! Ma mère a insisté car elle disait que l'éducation passe avant tout. Elle voulait que je fréquente la meilleure école et elle s'est battue pour notre éducation… Nous sommes six sœurs et aujourd'hui nous travaillons toutes* », témoigne la jeune femme. Des mères dont le soutien est quelque fois indispensable. « *Quand j'ai dit à mon père officier de police que je voulais entrer dans l'armée, il m'a dit : "N'en rêve même pas." Quand je suis revenue à la charge pour lui annoncer que je voulais devenir pilote de ligne, il m'a dit : "Fais d'abord des études et on verra." Mais ma mère architecte m'a promis qu'elle ferait de son mieux pour me soutenir. J'ai ainsi pu prouver à mon père que je pouvais le faire* », explique Shareefa Albloushi, 27 ans, junior co-pilote chez Etihad. Les mères souvent analphabètes croient d'autant plus à l'éducation de leurs filles.

Docteur M., une inspiration pour ses filles[1]

Elles ont étudié ensemble, mère et filles, autour de la table familiale. Shamsa se souvient : « *Nous faisions tous nos devoirs. Ma mère en bout de table écrivant sa thèse. Elle travaillait, étudiait et s'occupait de nous. Tout ça en même temps. Et elle a eu son doctorat ! C'est grâce à elle que nous essayons tous de réussir du mieux que nous le pouvons.* » Shamsa, la vingtaine, travaille pour une fédération sportive internationale en Europe. Elle est la première Émirienne professionnelle dans son domaine. Sa sœur aînée, Maryam, la trentaine, est devenue la première femme spécialiste de sa discipline médicale aux Émirats arabes unis. Directrice d'une importante fondation à Dubaï, elle monte des opérations dans différents pays en voie de développement pour lutter contre certaines maladies. Deux réussites exemplaires. Leur mère a non seulement inspiré ses cinq enfants – dont trois filles – mais aussi de nombreuses générations d'étudiantes. Membre de la direction d'une université réputée du pays, docteur M. y exerce depuis quinze ans. « *Je pourrais arrêter de travailler mais je tiens à être un modèle pour la prochaine génération. Ma seule présence ici au centre des étudiants rassure les filles. Elles me voient et pensent : "Voilà le docteur M., elle est Émirienne. Elle a réussi. Pourquoi ne le pourrions-nous pas ?"* » Le docteur M. est toujours animée par cette volonté de prouver à son entourage que les femmes sont capables. Une détermination ancrée dès l'enfance, quand elle comprend que, en dépit de ses bons résultats scolaires, son père ne lui accordera pas les mêmes droits que ses frères. Il lui interdit d'étudier à l'étranger. « *Nous avons été élevées à penser qu'en tant*

1. Pour des raisons de confidentialité, les noms et les professions des protagonistes de cette section ont été changés, Dr. M. ayant ultérieurement demandé à ce que son identité soit retirée de ce projet. Elle aurait été chaudement invitée à le faire par son « conseiller familial ».

que femmes nous étions des citoyennes de seconde catégorie, que les hommes sont censés subvenir à nos besoins. Mon père voulait que je termine mes études secondaires et que soit je travaille, soit je reste à la maison à attendre qu'un homme m'épouse! [elle rit] *C'est là que tout a commencé. Je devais prouver que nous pouvions réussir comme les hommes.* » Par respect pour son père et sa communauté, elle se tourne vers un domaine qui l'attire mais ne suscite pas la controverse : l'éducation. Lorsqu'elle rencontre son mari, avant de s'engager, elle s'assure qu'il acceptera ses velléités de faire des études. Le docteur M. a un but : obtenir une licence. Ainsi elle élèvera ses enfants tout en cheminant jusqu'au doctorat. « *Cela n'a pas été facile du tout. J'ai dû beaucoup travailler pour convaincre les gens. Ils ne comprenaient pas pourquoi je me donnais un tel tracas alors que j'avais un mari, un revenu et que le gouvernement m'aidait. Ils ne comprenaient pas que c'était mon rêve. Ils ne comprenaient pas que je voulais prouver que l'on est capables, que nous pouvons rendre à notre pays comme les hommes.* Alhamdulillah, *de nos jours nous ne ressentons plus cela. Ce n'est plus comme avant. Mais nous n'avons pas encore atteint le niveau que nous souhaitons. Il y a encore des hommes qui regardent les femmes en* abaya *et* sheila *comme si elles valaient moins qu'eux.* »

À travers son engagement, le docteur M. a réussi à donner confiance à la génération suivante. L'un de ses étudiants est venu à bout de l'Everest, a-t-elle découvert dans le journal ce matin. Sa fille Shamsa se singularise dans un domaine plutôt masculin. Le docteur M. était enceinte d'elle lorsque, en plein examen, le travail a commencé. La jeune fille a longtemps cru que sa mère lui racontait cette anecdote pour la motiver. Avec une mère pareille, Shamsa n'avait d'autre choix que de devenir une étudiante hors pair. Elle a d'ailleurs été la seule de sa promotion à être sélectionnée pour travailler au sein de la fédération qui a sponsorisé ses études. Les locaux sont d'abord surpris de voir une femme dans sa discipline sportive[1], puis sceptiques. « *Des gens pensent encore que certains métiers ne peuvent être accomplis par des femmes. Mais nous travaillons à changer cela* », confirme sa mère. Quoi qu'il en soit, Shamsa ne se laisse pas déstabiliser et leur prouve qu'elle sait de quoi elle parle. « *Il faut juste prouver que vous pouvez faire mieux qu'eux,* raconte-t-elle. *Je tiens mon ambition de ma mère. Elle a relevé des défis pour réaliser sa carrière et j'en ai bien moins qu'elle. Si elle a réussi, je n'ai aucune excuse pour ne pas y arriver.* » Le docteur M. a donné à ses filles l'occasion de se sentir aussi utiles à leur pays que les hommes en les laissant étudier en Europe. C'est bien ce qu'elle veut pour elles : l'égalité de traitement et les mêmes opportunités de travail et de carrière. « *Nous représentons la moitié de cette communauté. Si l'on ne nous donne pas l'opportunité de faire l'autre moitié du travail, nous ne réussirons pas aussi bien. Je considère que les femmes constituent aussi la moitié du pouvoir.* »

1. Non révélée pour cause de confidentialité.

V

DEVENIR FEMME : LE TEMPS DE LA MODESTIE

« *"Regarde-toi... Tu as des formes, lâcha-t-il. Partout!" Il leva ses bras vers le ciel.*

"Tu n'es plus une fille; tu es une femme. Ces formes sont là pour te rappeler qu'il te faut arrêter de courir et sauter, te ralentir et te domestiquer. Alors commence à te comporter en femme."

"Et si je suis une femme, qu'est ce que cela veut dire? Que va-t-il se passer maintenant?" »

Pour la jeune Noora, héroïne du roman de l'auteur émirienne Maha Gargash, *The Sand Fish*[1], cela veut dire qu'il est grand temps de se couvrir, de recevoir la visite des entremetteuses et de songer à épouser un homme que ses parents trouveront satisfaisant.

Aux Émirats arabes unis, les filles sont officiellement majeures à 18 ans, mais deviennent des femmes au moment de la puberté. C'est le moment de devenir « *modestes et humbles* », de dissimuler les nouvelles courbes de leurs corps sous une *abaya*, et leurs cheveux sous une *sheila*. L'*abaya* est la forme traditionnelle de la robe islamique. Ample et de couleur noire, elle recouvre les habits, ne dévoilant que les mains. Plutôt châle jusque dans les années 1960, elle est devenue manteau, une coupe plus pratique pour bouger et travailler. On la porte simple ou brodée. Certaines femmes l'agrémentent d'un *niqab*, un voile couvrant tout le visage sauf les yeux, dont le port est interdit dans la

1. *The Sand Fish, a Novel from Dubai*, Harper, New York, 2009.

fonction publique. Mais le plus souvent les femmes lui préfèrent la *sheila*, un foulard noir léger en crêpe servant à camoufler la chevelure. Suffisamment fine pour pouvoir observer mais opaque pour ne pas être vue, elle se porte plus ou moins serrée selon les coutumes et croyances de la famille et la volonté de la jeune fille. « *Si vous la portez pour des raisons religieuses, elle est complètement couvrante. Lorsque vous la portez un peu relâchée, ça devient de la mode. Le concept est d'être couverte, se montrer modeste et pratique* », explique Manal bin Ismail, guide culturel au Sheikh Mohammed Center for Cultural Understanding (SMCCU). Un geste dont le curseur se situe entre tradition, culture et religion. Aux Émirats arabes unis, ces notions sont étroitement imbriquées. La société et la culture sont en effet basées sur l'islam et tous les Émiriens sont musulmans[1]. Selon l'islam, la modestie doit s'illustrer dans l'habillement et dans un discours non provoquant. Dans les lieux de culte, il est obligatoire de se couvrir les cheveux dans un but d'égalité et de simplicité. « *Vous pouvez ainsi vous concentrer sur vos prières et non sur votre apparence. Vous ne distinguez plus les riches des pauvres. Ça, c'est la mosquée. Et pour le reste, c'est votre choix* », estime Manal bin Ismail, qui précise que l'islam n'a jamais imposé aux femmes de se couvrir mains ou pieds. Certaines refusent d'ailleurs de porter la sheila car le *Coran* ne leur impose que de se vêtir de façon modeste mais pas d'être couvertes. Le docteur Hourya Kazim, première chirurgienne émirienne, a fait le choix de s'habiller à l'occidentale. « *Me couvrir est encombrant pour moi : je travaille avec du sang et des tripes.* » Elle reçoit parfois des commentaires de femmes très pratiquantes. « *Mais dans notre religion vous ne pouvez forcer personne. On dit d'ailleurs qu'on "embrasse" l'islam. Personne ne peut vous obliger à vous convertir et personne ne peut vous obliger à vous couvrir* », rappelle-t-elle. Le docteur Amal Al Shunnar, gynécologue obsté-

1. Le sunnisme est pratiqué à 85 %.

tricienne, ajoute : « *De nos jours les gens ne portent pas de jugement. Chacun respecte la décision de l'autre concernant sa façon de vivre : si elles assistent à une fête ou pas, si elles se couvrent ou pas. Personnellement je ne porte pas d'*abaya *et de* sheila. *Mais lorsque je rends visite à la famille de ma mère, je le fais par respect pour eux.* » Une Émirienne, qu'il faut voir comme un cas isolé et souhaitant rester anonyme, explique qu'elle a décidé de ne plus porter de voile tant que son mari la tromperait. « *Si je ne suis pas honorée comme épouse, je n'ai pas à me plier à mes devoirs d'épouse !* » s'exclame-t-elle. Safa Taryam a fait le choix de l'entre-deux : « *Je porte notre* abaya *et* sheila *traditionnelles mais on voit mes cheveux. C'est un costume culturel. Je ne suis pas prête à me voiler à 100 %. Cela a toujours été un choix personnel. Le voile complet vient d'un sentiment religieux et je ne suis pas encore prête à prendre cette décision.* » Au sein d'une même famille, les filles font ainsi des choix différents. Chez Fatima Habib, dermatologue, on compte quatre sœurs et autant de variétés de comportement : elle ne porte ni l'une ni l'autre, l'une de ses sœurs porte le *hijab* pour des raisons religieuses, une autre ne porte que l'*abaya* et la dernière porte les deux. Les Émiriennes sont donc loin de ressentir la suffocation décrite par la princesse saoudienne de Jean Sasson dont « *le voile fit d'elle une non-personne*[1] ». Elles portent volontiers leur *sheila* lâche et l'on voit régulièrement des mèches de cheveux s'en échapper. Deux études récentes ont tout de même fait le lien entre manque de vitamine D et port du voile intégral[2]. Plus de 80 % des résidents de Dubaï souffriraient d'une déficience malgré un soleil omniprésent toute l'année selon les chercheurs du Dubaï Hospital. Trois quarts des patients de cette étude étaient Émiriens et 85 % Arabes en général.

La plupart des Émiriennes qui portent l'*abaya* et la *sheila* le font souvent par tradition plus que pour des motifs religieux, et

1. Sasson Jean, *Princess : A True Story of Life Behind the Veil in Saoudi Arabia*, Transworld, 1955.
2. *Seven Days*, quotidien national, 9 mars 2014.

pour se démarquer des étrangères. Véritable étendard national, l'*abaya* est un reflet de l'affirmation identitaire dans une société multiculturelle où l'on s'entend à préserver sa différence, comme une lutte contre la mondialisation et, paradoxalement, tendant vers une culture de l'uniformisation, les Émiriens portant presque unanimement l'habit traditionnel. Les hommes portent la *dish-dasha* ou *gandoora*, une ample robe blanche et sur la tête un *keffieh*, foulard blanc, retenu par un *agal*, une lourde corde tressée de cuir noire. *Abaya* et *dish-dasha* peuvent être entendues comme des mises en scène de l'identité. Le costume national montre aux étrangers la fierté d'être Émirien. Les Émiriennes s'identifient ainsi dans l'espace public. Reconnaissables entre toutes, donnant l'impression de marcher comme en lévitation au-dessus du sol, leur *abaya* glissant derrière elle sur le marbre des *malls*. Elles se sentent ainsi Émiriennes, un statut pas toujours facile. « *On nous juge. On dit de nous que nous sommes hautaines, paresseuses, trop gâtées et qu'"on se la joue"* », confiait cette jeune étudiante à la chercheuse Jane Bristol-Rhys[1]. Au moins cet « uniforme » leur donne-il priorité sur les étrangers et un statut social à part. Comme leurs grands-mères ne sauraient enlever leur *burga*, symbolisant la grâce, la force et la fierté du faucon, elles se sentent plus vulnérables sans leur *abaya.* D'ailleurs la plupart l'agrémentent d'énormes lunettes de soleil comme pour égaler l'autorité que la *burga* conférait à leurs ainées. « *Les femmes la portent parce que c'est à la mode. Pour montrer qu'elles sont Émiriennes et également pour se couvrir. Nous avons aussi été élevées avec, alors c'est confortable pour nous. Regardez ma grand-mère, elle porte la* burga, *même dans la maison. Je lui dis qu'elle peut la retirer mais elle ne se sent pas à l'aise sans* », ajoute Manal bin Ismail. Ainsi, *abaya*, *sheila* ou *burga* sont des effets traditionnels faisant partie intégrante de la culture locale. Ces tenues, loin de les isoler, les unissent, les

1. *Emirati Women, Generation of Change*, Jane Bristol-Rhys, *op. cit.*

fédèrent. Sans elles, les femmes se sentiraient dénaturées. Qu'importe si l'*abaya* n'était pas portée aussi souvent dans le temps, car les femmes étaient rarement dans la vie publique. Qu'importe si la *dish-dasha* n'était pas aussi immaculée mais plutôt beige, brune ou noire, des couleurs moins salissantes, plus adaptées au mode de vie d'alors. « *Cela fait partie de notre éducation. Nous avons vu nos mères porter le voile. Nous le portons avec des imprimés magnifiques. C'est inscrit dans l'esthétisme arabe. C'est comme cela que l'on se doit d'apparaître* », explique Ilham Abbas, fondatrice du site de mode ElIlhaam.com. La styliste fait entre autres référence à la *jalabba*, la robe traditionnelle colorée revêtue dans la maison.

La plupart des œuvres de Maisoon Al Saleh, jeune artiste prometteuse, traitent de la culture et de l'héritage du pays. Voile et *abaya* sont délibérément intégrés dans son travail. Elle n'hésite pas à plonger en eaux profondes pour réaliser sa vidéo de l'épave du *Dara* – surnommé « *Le Titanic de Khalij* », qui coula au large de Ras Al Khaimah au début du xxe –, symptomatique des conditions de vie de l'époque et du ressenti des pêcheurs de perles. Elle fait toujours bien attention de ne pas montrer la partie supérieure de son corps. Elle a coupé les images d'elle travaillant sous l'eau, visage nu et cheveux lâchés, avant de les poster sur des sites publics comme YouTube.

« *Les femmes n'ont jamais envisagé le voile comme un obstacle les empêchant de faire des choses. L'histoire de cette région y est pour quelque chose. Les Émiriens sont extraordinaires dans la rapidité à laquelle ils s'adaptent et la flexibilité dont ils font preuve. Je ne connais pas d'autres exemples de peuples d'accord pour accepter toutes ces idées nouvelles tout en essayant de conserver leur culture et leur héritage. Et l'habillement a beaucoup à voir avec ça. C'est une vraie fierté : c'est notre* abaya *et cela ne ressemble pas au reste* », explique Sara Al Quwaini qui refuse justement d'être cataloguée

« première chanteuse voilée ». Elle voudrait que le public oublie l'*abaya* et la *sheila* et ne remarque plus que le chant. « *Mais nous n'en sommes pas encore là. Cela n'a rien à voir avec le vêtement. Cela dépend de la personne qui vous regarde et de sa mentalité. Ce qui est insupportable est qu'il s'agit d'une limite imposée par une société dominée par les hommes* », considère la soprano qui est aussi spécialiste des droits des femmes moyen-orientales.

Il ne faut pas minimiser la pression sociale. Il est tout de même malvenu de ne pas respecter les us et coutumes, de se démarquer ou de faire honte. L'habit est aussi, bien sûr, symbole de séparation entre les sexes : les femmes en noir, les hommes en blanc. « *On sait que c'est une mauvaise interprétation du* Coran *qui nous demande seulement d'être modestes. On sait que c'est une diversion culturelle mais on ne veut pas être exclues de nos familles* », confie une Émirienne souhaitant conserver l'anonymat. Par peur des commérages, on adopte le comportement attendu. D'ailleurs les femmes évitent même la piscine entre elles pour ne pas être sujettes aux potins. On s'abstient de tout agissement qui pourrait donner lieu à mauvaise interprétation. Porter l'*abaya* et la *sheila* permet de se faire plus facilement accepter dans la société, d'éviter de « faire des vagues ». C'est ce que conseille par exemple le docteur Husnia Gargash, gynécologue – qui ne s'est jamais couverte – à ses filles : porter une *abaya* évite de se démarquer, surtout lorsqu'on est issu d'un couple mixte. Fatima Sharaf, en charge des ventes du groupe familial qui stylise elle-même ses *abayas*, résume parfaitement la problématique : « *Cela facilite la vie. Vous n'avez pas besoin de réfléchir à ce que vous allez porter. Et cela fait partie de notre identité, de notre religion. Cela permet aussi de rester modeste. Du point de vue de la perspective masculine, c'est une marque de respect vis-à-vis de la famille. Pour moi c'est aussi une manière de ne pas me soucier de ce que les gens pensent de moi. Dans ma famille, nous sommes assez conservateurs. À la puberté, vous portez votre* sheila *et votre* abaya *et durant les fêtes, nous ne nous asseyons pas ensemble. C'est ainsi.* »

Pour certaines femmes comme Khawla Lootah, membre du conseil d'administration du Business Women Council de Dubaï, le débat autour du voile a cependant des accents agaçants. « *Il s'agit de stéréotypes véhiculés par les médias occidentaux et les politiques. Ils se concentrent sur la façade. Il ne faut pas s'arrêter au voile.* » Les femmes éduquées de sa génération le portaient d'ailleurs beaucoup moins que la suivante. Dans les années 1970, les femmes la revêtaient, mais « *ce n'était pas tant une polémique. Les premières femmes dans les médias ne la portaient même pas* », témoigne Ilham Abbas. Elles étaient influencées par les films indiens, égyptiens et occidentaux. Le débat sur le voile semble même un peu suranné vu d'ici, comme si les Émiriennes avaient fait le tour de la question et fini par y trouver leur compte. Elles disent « *adorer* » leur *abaya* et leur *sheila* qu'elles customisent à l'envi, peu importe ce qu'en disent les hommes. Elles individualisent ainsi un habit initialement conçu pour éviter orgueil et vanité. Elles dépassent à leur manière ce qui peut être vu comme un signe de conformisme. D'ailleurs, certaines la détournent tellement – *abaya* en résille ou ultra-cintrée – qu'on est bien loin de son but initial. Surtout quand elles laissent entrevoir des tenues moulantes, des talons vertigineux et un maquillage loin d'être discret. Des audaces que les éléments conservateurs de la société ne manquent pas de réprouver, au même titre que le spectacle de tenues légères des étrangers et les gestes amoureux en public. Deux Émiriennes, Hanane Al Rayyes et Asma Al Muheiri, ont ainsi lancé une campagne sur Internet contre les attitudes « *répugnantes* » des femmes occidentales auxquelles elles demandent « *un peu de décence* ». Elles font référence aux tenues trop courtes déconseillées dans les lieux publics. Un cri d'alarme contre des comportements jugés inacceptables dans une société musulmane.

Il faut rappeler ici que les Émirats arabes unis réprouvent tout comportement jugé « ostentatoire ». En 2010, un couple britannique s'est même vu condamné à un mois de prison ferme pour un baiser sur la bouche en public. « *On entend beaucoup de commentaires sur la perte de nos droits du fait que nous sommes voilées. Mais c'est un signe religieux et les femmes décident ou non de l'être* », soutient Lamya Al Darmaki, fondatrice de l'ONG Touch of Hope. Les Émiriennes n'appréhendent pas la question du voile comme un combat dont le but serait de s'en débarrasser. Elles évoquent un geste simple et pratique leur évitant, lorsque cela les arrange, d'avoir à réfléchir à ce qu'elles porteront en dessous. « *Ce qui compte n'est pas ce que vous portez, ni de quoi vous avez l'air, mais vos actes* », conclut Manal bin Ismail.

Détournement d'*abaya*

Artiste excentrique au grand cœur et au style déjanté, Abeer Al Suwaidi a ouvert sa boutique, Ush, « nid » en arabe, en 2009. Un nom tout à fait approprié pour un *showroom* qui abrite les collections de designers locales ainsi que la sienne. Elle aime Alexander Mc Queen, Vivienne Westwood ou Yohji Yamamoto et son *abaya* bien sûr. De nombreuses Émiriennes se sont ainsi essayées ces dernières années à jongler avec ce symbole de la tradition, réalisant de véritables prouesses et rivalisant d'ingéniosité pour en faire un habit moderne, au grand dam des gardiens du temple. Dubaï a ainsi vu fleurir pléthore de boutiques sur ses avenues les plus chics. Pour Abeer Al Suwaidi qui revendique un style, disons, punk-rock, emmenant en tout cas l'*abaya* traditionnelle hors des sentiers battus, il s'agit même d'une prise de position. « *Je voulais faire des expériences avec notre robe traditionnelle et l'exposer à différentes influences d'une façon un peu branchée. C'était angoissant car il s'agit d'un des éléments les plus précieux de notre culture. Je voulais faire une petite entorse à la version classique et exprimer ce que je pensais devoir être une* abaya. *Je ne savais pas comment les gens réagiraient.* » La styliste ne s'en départirait pour rien au monde. « *Je l'aime. En tant qu'Émirienne, c'est mon patrimoine. Pour moi, l'*abaya *est une fierté et la porter une preuve immédiate de mon identité.* » Abeer Al Suwaidi commence par utiliser le cuir et des accessoires comme des ceintures ou des corsets magnifiant le corps. Son arrière-boutique devient laboratoire et les femmes semblent réagir de façon positive. En revanche, certains maris sont furibonds. La « *skinny abaya* », en référence au jeans *skinny*[1], lance la marque mais pas sans en fâcher quelques-uns. « *Nous avons eu quelques situations amusantes. Les femmes qui mettent mes vêtements les portent bel et bien comme une prise de position. Puissantes, fortes, courageuses, elles ont quelque chose à dire. Même si vous êtes silencieuse, que vous ne dites rien, vous l'exprimez en portant mes* abayas. » Aujourd'hui, elle a des clientes émiriennes de tous âges mais aussi des étrangères d'Oman, du Qatar, d'Arabie saoudite et même des Yéménites et des Européennes musulmanes qui ne la portent traditionnellement pas. Ouvrir des horizons au costume traditionnel et l'exposer aux influences étrangères étaient une démarche tout à la fois incontournable et osée. On se méfie de la transformation sociale. Il n'est pas question d'adopter le même comportement que les étrangers. Métamorphoser sans bousculer, la frontière est ténue. Abeer Al Suwaidi convient qu'elle peut paraître « *trop expressive, trop excentrique et trop tape-à-l'œil* », autant de qualificatifs peu appréciés par les éléments conservateurs « *comme un oncle ici ou là* » qui ne manque pas de la mettre en garde. « *"Fais attention : l'*abaya *est au cœur de notre culture et de notre religion. Ne vas pas trop loin, respecte." Voilà ce qu'ils me disent.* » Pour porter ses *abayas*, il faut être prête. Prête à revêtir des matières innovatrices comme le velours, le coton ou le jersey mais aussi plus excentriques, voire osées comme des pics,

1. Près du corps et serré en bas.

du métal ou des harnais. « *Ça, c'est la Abeer qui se révèle! C'est moi. C'est vraiment quelque chose que je voulais exprimer. Ces tempéraments existent même en portant l'*abaya *: des filles rock avec de fortes personnalités. Pour mon deuxième défilé, j'ai fait une collection Bob Marley, très différente puisqu'elle était reggae. Chaque fois que je dessine une collection, c'est une prolongation de ma personnalité.* » L'artiste semble aussi mettre à jour celles de ses congénères dont on n'imagine pas de tels tempéraments. Et l'on serait presque étonné de découvrir l'évidence : « *Bien sûr que nous sommes comme vous!* s'exclame une cliente. *Notre* abaya *ne doit pas être une barrière. Nous sommes des femmes avec les mêmes problèmes, les mêmes joies, les mêmes peines.* » Les Émiriennes ont les moyens de s'offrir ce « *total look* » dont elles raffolent. « *Nous souffrons pour être belles. Sur le marché européen, les femmes veulent des choses plus légères, confortables. Nous sommes prêtes à souffrir : les pics, les ceintures, les talons aiguilles, le maquillage. On prend la mode au sérieux! Des pieds à la tête. Le sac est assorti aux chaussures* », s'amuse la styliste tout en arborant des *stilettos* rose fluo. Abeer Al Suwaidi a bien l'art de faire bouger les lignes sans en avoir l'air.

Le sport voilée

Pour les jeunes filles, la pratique du sport est aussi sujet à controverse ou, tout au moins, ce n'est pas une évidence. De même que faire le choix de se voiler ou pas, de porter l'*abaya* de telle ou telle façon, opter pour une discipline sportive ne se fait pas au hasard. Si le Coran les encourage à pratiquer le sport, les femmes se voient encore confrontées à des résistances culturelles. « *Avant 2005, les hommes et la société n'acceptaient même pas que les femmes fassent du sport. Seules quelques exceptions étaient tolérées* », rappelle Nada Abdul Rasaq Askar, directrice du département des Sports du Ladies Club de Sharjah. Faire du sport féminin une évidence n'est pas facile. C'est Sheikha Jawaher Al Qasimi, l'épouse de l'émir de Sharjah qui, la première, a l'idée d'un club uniquement consacré aux femmes. En effet, la pratique en est tolérée mais seulement entre elles dans des lieux distincts, éloignés ou protégés des regards des hommes afin de ne pas aller à l'encontre de la charia. Le club commence avec trois activités : le volley-ball, le basket-ball et le tennis de table, et enchaîne avec la formation d'une équipe féminine de volley-ball en 1993. Une première dans les pays du Golfe. Un tournoi est même organisé sur la région quatre ans plus tard. Puis des championnats entre pays arabes, sorte de jeux Olympiques régionaux pour cinq sports, sont lancés. L'ambition est d'arriver à une dizaine de disciplines en compétition ainsi que de participer aux tournois internationaux. Pour la première fois, deux Émiriennes ont participé aux jeux Olympiques de Londres en 2012, au prix d'une réinterprétation des règles olympiques et notamment de l'article 50 de la Charte qui n'autorise aucune sorte de démonstration ou de propagande politique, religieuse ou raciale. Mais le voile s'est peu à peu imposé aux J.O., le *hijab* faisant pour la première fois son apparition en 1996 avec l'Iranienne Lyda Fariman à la carabine. À Pékin, en 2008, quatorze délégations défilent voilées lors de la cérémonie d'ouverture. La Fifa, elle aussi, lâche du lest, autorisant le port du voile lors de ses rencontres.

Si les athlètes couvertes sont le signe d'un timide essor, elles font monter au créneau ceux qui se battent contre la stigmatisation du corps féminin. Pourtant aux Émirats arabes unis, on se réjouit de cet assouplissement car le pays ne se fait plus remarquer par l'absence de candidatures féminines. Localement, cette entorse au règlement olympique leur permet de faire avancer la cause de leurs sportives. Même si les choses ont beaucoup évolué, si le gouvernement soutient les sportives et que le pays a vu fleurir des comités, des départements et un même soutien académique en faveur des femmes dans le sport à Dubaï, Abou Dhabi ou Sharjah, « *il faut encore plus de soutien de la part des hommes et des médias* », confie Nada Askar. « *Il faudra aussi travailler à changer la culture en faveur des femmes aux Émirats, à ce que la société approuve leur présence dans le sport.* » Les femmes se heurtent toujours à des contraintes telles que jouer dans un environnement strictement séparé, ne pas apparaître dans les magazines ou à la télévision en habits de sport, se montrer en conformité avec la culture et l'islam. Leur tenue sportive doit être « adaptée » : *hijab*, longues manches, longues jupes, etc. Les filles s'accommodent donc de vêtements qui les handicapent dans leurs mouvements. Mariam, championne de volley, 20 ans, avoue qu'il est plus facile pour les garçons de pratiquer un sport car « *ils n'ont pas besoin de porter un voile. Nous n'avons pas cette liberté. Et nous ne jouons pas aussi bien avec. Bien sûr, que nous suffoquons dessous. Il fait chaud.* » Entre elles, les sportives jouent en T-shirt et bandana. Mais lorsque les matchs sont retransmis à la télé, elles se couvrent. Elles ne remettent pas pour autant en cause le port du voile. « *Ce qui ne nous semble pas compréhensible aujourd'hui prendra son sens à l'avenir. Jeune, on ne comprend pas toujours ce qui est bon pour nous* », conclut Mariam. Nada Askar note cependant des changements, certaines familles acceptant que leurs filles jouent sans *hijab*. « *Lors de chaque tournoi, nous demandons la permission des parents. Certains acceptent. Le dernier tournoi des pays arabes était couvert par les médias. C'était même en direct !* » se réjouit-elle. Les déplacements à l'étranger pour les championnats sont aussi source d'inquiétude, mais de plus en plus de filles participent à des compétitions où les hommes sont présents. « *Les familles savent que nous prenons soin de leurs filles.* »

Reste des sports que les filles ne peuvent pratiquer comme la natation, maillot de bain oblige. La gymnastique et le tennis peuvent poser problème en raison des tenues moulantes et des minijupes. « *C'est quelque chose que nous ne pouvons pas changer. Cela prendra un peu de temps mais je crois que cela finira par être toléré. Bientôt nous aurons une équipe de tennis féminine. Les filles y jouent déjà en amateur* », assure Nada Askar. N'empêche, une fois qu'elles se marient, la plupart arrêtent de s'entraîner. « *C'est une erreur. Je leur dis qu'il s'agit d'elles et pas de leur mari. Mais cela fait partie de notre culture et c'est quelque chose que nous devons changer. Je viens moi-même de me fiancer et avant de m'engager, j'ai dit à mon futur mari : "Voilà qui je suis. Je voyage, je travaille. Je ne changerai jamais ma vie. Pour toi je ferai n'importe quoi mais j'espère que nous pouvons tous deux accepter nos futures vies." Je souhaite que les membres de notre société commencent à penser ainsi. Les rapports hommes-femmes sont encore très traditionnels.* »

Graines de championnes

Moza a commencé le tir à l'arc à l'âge de 11 ans. Dans son école Alzuhour à Sharjah, ils distribuaient de la documentation sur cette discipline. « *"Tiens c'est nouveau", me suis-je dit, je vais essayer. Le Prophète – que la paix soit avec Lui – nous dit d'enseigner la natation, le tir à l'arc et l'équitation à nos enfants. Donc c'est aussi une façon de vivre selon nos traditions.* » Le tir à l'arc n'est pas encore aussi développé que le football, le volley-ball, l'équitation ou le tir à la carabine, mais des équipes et des écoles voient le jour. Jusqu'à peu, la seule équipe était au Ladies Club de Sharjah et le pays ne compte qu'une douzaine d'archers. Moza semble réunir toutes les qualités requises pour y exceller : concentration, calme et force. Et il faut bien les trois pour tendre l'arc. « *J'ai commencé au niveau 18, le plus faible, maintenant je suis à 38, le maximum,* s'enorgueillit-elle. *Je suis la meilleure du pays.* » Moza a participé pour la première fois à une compétition réunissant les pays d'Asie à Irkousk, en Russie, en 2012. « *Nous sommes arrivés neuvième. Ma mère m'a accompagnée. Mes parents sont très fiers. Je veux devenir professionnelle et être connue à l'étranger. Ma mère ne pouvait pas faire de sport à son époque et elle est heureuse que moi, je puisse.* » Moza a un nouveau but : participer aux jeux Olympiques de 2016 au Brésil. Gymnastique, poids, Moza s'entraîne trois fois par semaine minimum avec Amira Nada, sa coach qui fut la première championne arabe de la discipline. Pour ce qui est de son avenir, Moza espère étudier l'architecture à l'université américaine de Sharjah et continuer à exercer sa passion. « *J'espère que je pourrai continuer lorsque je me marierai parce que certains époux n'aiment pas que leurs femmes pratiquent un sport. Ils veulent qu'elles restent à la maison.* » Elle ne s'imagine pas contredire son futur époux.

Voilées et en survêtement, Mariam et Hannah, 19 et 18 ans, n'en restent pas moins féminines. Elles sont respectivement *spike number 2* et *setter* en première section de volley-ball. Cela fait cinq ans qu'elles pratiquent ce sport et ont décroché quelques médailles ainsi que des victoires pour l'équipe nationale junior des Émirats arabes unis dont elles font partie : seconde place au tournoi réunissant les pays du Golfe en 2011 ainsi que première place au tournoi des pays arabes. Mariam a voulu marcher dans les traces de son père, commandant dans l'armée de l'air, qui jouait déjà au volley. Le club de Sharjah lui en a donné l'opportunité. « *Ici, nous n'avons pas encore beaucoup de qualifications sportives et pas d'autres endroits où les exercer. Nous sommes musulmanes et cela nous met à l'aise de pouvoir faire du sport entre femmes.* » Hannah faisait partie des sportives de Waset Model School, son école à Sharjah. Natation, gymnastique, basketball, ping-pong, elle a hésité, avant de littéralement se passionner pour le volley-ball. La jeune fille, qui souhaite part ailleurs intégrer l'université de Sharjah en génie électrique, parle avec passion des maths, de la physique et… du volley-ball. « *J'aime ce sport parce qu'il s'agit d'équipe plus que d'individu. Il faut vraiment faire*

Ilham Abbas a créé sa propre marque de mode en ligne. Elle connaît bien les codes de la beauté féminine arabe mais refuse tout stéréotype lié à son sexe.

Dr Houriya Kazim est la première femme chirurgien des E.A.U., une profession traditionnellement masculine. Chez elle, il était impensable de ne pas étudier. Elle travaille sans *abaya* ni *sheila* qu'elle considère peu compatibles avec sa profession. À la ville, elle ne les porte pas non plus.

Nayla Al Khaja, première cinéaste et productrice des E.A.U., attaque des sujets tabous. En tournage pour son film *Malal* en 2010 qui traite de la problématique des mariages arrangés.

Ebtessam Al Badwawi est la première femme juge de Dubaï. Une mission qu'elle occupe avec le plus grand respect pour son gouvernement.

Maryam Al Roomi, la ministre des Affaires sociales, dans son bureau.

Mona Al Bahar, membre du Conseil national fédéral, active dans la défense des droits de la famille.

Ces adjudants de la police de Dubaï sont les ambassadrices des femmes dans la fonction publique. Elles conduisent des Ferrari FF.

Shareefa, Sara et Majd, respectivement pilotes et étudiantes en aéronautique pour Etihad, ont investi un domaine où l'on ne s'attend pas à trouver des femmes.

© Collection privée Sara Al Quwaini

Sara Al Quwaini, première soprano professionnelle des pays du Golfe, fait sa thèse de doctorat sur les droits des femmes au Moyen-Orient.

Mona Al Marri, en charge du département de la communication de Dubaï, a fait sensation sur les femmes de sa génération en étant la première à apparaître à la télévision si jeune.

Maisoon Al Saleh, jeune artiste émirienne, travaille sur la culture et l'héritage des E.A.U. Elle réalise notamment des vidéos sous l'eau où elle veille à ne jamais montrer la partie supérieure de son corps.

Jamila Al Zaabi, première femme ambulancière, en charge des opérations d'urgence, a fait une carrière remarquée par Sheikh Mohammed Al Maktoum, émir de Dubaï.

Abeer Al Suwaidi, styliste excentrique et propriétaire d'un showroom, est le porte-voix d'un style qui se joue des codes traditionnels.

Moza, championne de tir à l'arc, a commencé ce sport à 11 ans et espère qu'elle pourra continuer une fois mariée.

Shaikha Jasem Al Suwaidi, première femme photographe des E.A.U., assise dans le *majlis* réservé aux hommes.

Œuvre du Dr Rafia Ghubash, le musée de la femme de Dubaï, ouvert en 2013, rend hommage à « celles qui ont contribué au succès du pays ».

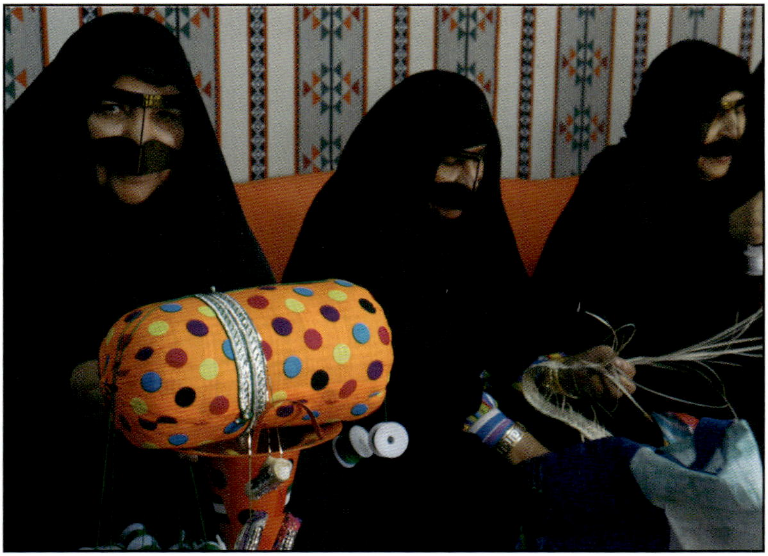

Les femmes se retrouvent au centre de Julfar dans l'émirat de Ras al-Khaimah pour réaliser leur artisanat et préserver un lien social.

Dr Husnia Gargash a ouvert le premier centre de procréation médicalement assistée des E.A.U.

© Collection privée Diana Hamade Al Ghurair

Pionnière, Me Diana Hamade Al Ghurair, avocate au barreau de Dubaï, n'hésite pas à dire tout haut que le droit est encore discriminatoire envers les femmes.

© Collection privée Muna Al Gurg

Muna Al Gurg, en charge des ventes au détail du groupe familial Al Gurg et vice-présidente des Young Arab Leaders, défend les quotas pour faire entrer plus de femmes dans le secteur privé.

Safa Taryam est la première Émirienne à travailler pour la Fifa. Le football est sa passion et les hommes ne peuvent que s'incliner devant ses compétences…

Les photos sont de l'auteure,
sauf mention contraire.

confiance à ses partenaires, vous dépendez d'eux. Et il y a beaucoup de stratégie et de réflexion. Et ce club est comme une famille. Ma mère est ma plus grande fan. » Et son père ? « *Il a peur que je voyage seule ou que je rentre tard. Et il n'apprécie pas que je sorte beaucoup.* » Dans la famille, une de ses quatre sœurs a pourtant pratiqué le basket-ball avant d'arrêter pour se consacrer à ses études de médecine dentaire. L'un de ses six frères est un athlète : il pratique la boxe, le *cage fighting*, et porte les couleurs Redbull. « *Mais, à cause de nos traditions, c'est plus facile de pratiquer le sport pour les garçons. Ils peuvent aller où ils veulent quand ils veulent, jouer partout à tout moment.* » Les sportives souhaiteraient pouvoir se déplacer librement à l'étranger. Mariam a déjà participé à des compétitions internationales au Koweït ou en Égypte car sa famille est ouverte d'esprit « *mais pour certaines filles ce peut être un problème* ». Quoi qu'il en soit, elles sont conscientes des progrès accomplis. « *Nos mères étaient mariées à 16 ans et leur famille ne les auraient pas laissées pratiquer un sport. Les choses évoluent. Je me marierai après avoir terminé mes études universitaires. Ma famille choisira des candidats mais je prendrai la décision finale* », affirme Mariam. Joueront-elles aussi souvent et aussi intensément, elles ne peuvent le garantir, mais le volley-ball restera dans leur vie, en amateur ou en tout cas « *pour rester en forme* ». Pour le moment, Mariam est étudiante à la Zayed University de Dubai et pense à une carrière dans les relations internationales ou la politique. Elle caresse tout de même un rêve lointain : « *devenir pro de volley* ». *InchAllah*. Elle est motivée puisqu'elle s'entraîne quatre à cinq jours par semaine en temps normal, et jusqu'à six jours durant les compétitions. « *Nous avons aussi des camps d'entraînement où nous nous entraînons deux fois par jour et sommes soumises à des règles strictes : extinction des feux à 22 heures, lever aux aurores, 12 heures en camp. Ils nous confisquent nos portables pour être sûr qu'on dorme !* » plaisante Hannah.

Yasmin Abdul Rahman est la championne attitrée de tir à la carabine à air comprimé du pays. Du haut de ses 16 ans, cette adolescente affiche la détermination propre aux athlètes de sa catégorie. Aujourd'hui elle est déçue car elle n'est arrivée qu'en deuxième position de la compétition organisée en interne par le club dont elle est membre. « *Ce n'est pas un sentiment agréable de finir deuxième. Mais on ne peut pas toujours être la première. C'est une petite compétition,* minimise-t-elle. *Il vaut mieux être en tête lors des matchs importants.* » La jeune fille a beau dédramatiser cette petite défaite, son visage affiche une moue renfrognée. Elle qui, quelques minutes plus tôt, virevoltait au milieu de ses comparses toutes voilées, les laissant ébourriffer ses cheveux auburn coupés en brosse en leur lançant des boutades pour les faire rire, semble accuser le coup. La jeune Émirienne a trois ambitions : pratiquer le tir en professionnelle, se qualifier pour les J.O. de 2016 et devenir ingénieure en pétrole. On la sent qui bouillonne. Et pourtant, le tir demande concentration, discipline, force, équilibre et… patience. Elle reconnaît qu'elle a de la peine à se contenir. « *Le tir m'aide,* admet-elle, *avant j'étais encore plus impatiente.* » Serait-ce son côté russe hérité de sa mère ? Cette mère grâce à qui, justement, elle a commencé à pratiquer le tir deux ans plus tôt. « *Elle a lu dans un article qu'ils cherchaient des filles pour pratiquer le tir à Abou Dhabi et m'a demandé pourquoi je n'essaierais pas… On a trouvé ce club – il y en a deux aux Émirats, l'autre est à Al Ain. Et voilà.* » Yasmin va droit au but comme lorsqu'elle tire. Ses réponses fusent, courtes et efficaces. Son père, originaire de Dubaï, ne s'est pas du tout opposé à son choix. « *Il pense que chacun doit faire ce qui lui plaît.* » Chez Yasmin, les deux cultures, russe et émirienne, cohabitent ; les deux religions, orthodoxe et musulmane, coexistent sans problème. Tout comme elle évolue sans voile. « *Je n'en porte pas et n'en porterai pas.* » Dubaï est la ville de Yasmin et elle est fière d'en représenter les couleurs.

Elle est arrivée troisième aux jeux Arabes en mars 2012 et première aux jeux du Golfe en novembre de la même année. Des résultats qui ont un prix. En plus de fréquenter l'école Amna bint Wahab de Dubaï, elle n'hésite pas à faire trente minutes de route pour venir s'exercer quatre heures tous les deux jours à Sharjah. Des filles championnes de tir au pistolet et à la carabine, un sport traditionnellement réservé aux hommes, ce n'est pas encore quelque chose de tout à fait naturel dans la région, même si l'administration les soutient. Yasmin est ses compagnons d'armes contribuent tous les jours à inspirer de nouvelles candidates à ce sport, leur prouvant qu'elles n'en feront pas moins de bonnes épouses et de bonnes mères.

Le mariage pour horizon

À l'apparition des premières règles, voici venu le temps d'être pudique mais aussi « féminine ». « *La beauté est un aspect crucial de la vie des Émiriennes et quelque chose qui les réjouit. Un jour je me suis rendue chez ma tante et elle m'a demandé où étaient mes bracelets. Je lui ai dit que je ne les portais pas. Elle m'a demandé quelle était donc la différence entre mes mains et celles d'un homme. C'est là que j'ai eu la conscience que j'étais en âge d'être féminine* », raconte la styliste Ilham Abbas. Tels sont les petits indices qui indiquent que la jeune fille est devenue femme. Et cette dernière de se demander, ou à d'autres de se le demander pour elle, ce qu'il adviendra de son avenir affectif. Les temps ont changé : bien sûr les filles ne sont plus inspectées comme des morceaux de chair fraîche avant d'être données à des inconnus qui deviendront leur mari. Les mariages arrangés sont toujours la norme, mais selon les familles on prend plus ou moins en compte l'avis de la jeune femme. Voici comme les choses pouvaient se passer il y a encore quelques années et que décrit l'écrivain locale Maha Gargash :

On donna à Noora[1] « *les instructions pour faire un mari heureux. Cuisiner, nettoyer tout en ayant l'air belle et sentir bon : essence de rose derrière les oreilles, habits et corps parfumés à l'encens. Et si tu deviens capricieuse et gâtée, ton mari peut te jeter dehors. Dehors ! Et alors tu n'aurais aucun endroit où aller.* » Tel est le sort de Noora : devenir la troisième épouse d'un marchand de perles fortuné qui a plus de deux fois son âge et accepter son destin car aucun autre choix ne s'offre à elle. Refuser ? Couvrir son père de honte, attiser ses foudres, déshonorer sa famille et finir misérable et maudite ? Noora n'a d'autre issue que de se soumettre. Elle est apprêtée sept jours durant, baignée, les yeux soulignés de *khol*, le corps et les cheveux parfumés à l'huile de jasmin, la peau adoucie par les gommages au *ood*, à l'ambre et au musc, les paumes des mains et la plante des pieds tatoués au henné. Prête à rencontrer celui qui fera son destin, le visage désormais enfermé dans une *burga* qui réduit son champ de vision comme un avant-goût de la vie qu'elle mènera désormais. La petite fille qui courait les dunes découvre avec horreur ce vieux mari, riche et intraitable. « *Tout est arrangé. C'est fait… Tu es sienne à présent.* » Et « *tout espoir s'évanouit* ».

L'âge légal du mariage aux Émirats arabes unis est aujourd'hui de 18 ans pour les hommes et les femmes. Un père, agissant comme tuteur légal, peut demander autorisation au juge de déroger à cette règle et marier sa fille avant. Selon l'article 30 du code sur le Statut personnel, une femme doit avoir, à tout âge, l'accord de son tuteur, généralement son père, pour se marier. Le juge peut y contrevenir s'il estime les raisons du tuteur non valables. Dans certains cas, les filles sont mariées dès 17 ans lorsqu'elles sortent du lycée. En 2001, l'Unicef, dans son rapport sur le mariage précoce, évaluait que 55 % des Émiriennes âgées de moins de 20 ans étaient déjà mariées. À l'heure actuelle, selon les

1. Personnage et passage du livre *The Sand Fish, A Novel from Dubai*, Maha Gargash, *op. cit.*

statistiques officielles, elles sont épouses à 23-24 ans en moyenne. Les seuls à encore marier leurs filles dès 14 ans sont les populations tribales des montagnes de Ras Al Khaimah, les *Bidouns* d'Iran et les *Balouch* du Pakistan.

Il existe autant de comportements par rapport au mariage que de familles et de cultures. Dans certains cas ils sont arrangés. « *C'est ce que nous préférons,* admet Manal bin Ismail, guide au Sheikh Mohammed Center for Cultural Understanding (SMCCU). *Mais la fille peut refuser sinon il s'agirait d'un mariage forcé.* » Certaines familles choisissent des garçons pour leurs filles. Il arrive que des parents fassent le souhait que leurs filles soient promises à leurs cousins dès leur plus tendre enfance. « *C'est souvent un cousin au second degré. C'est une pratique courante dans tout le monde arabe. Il est rare de trouver une fille qui n'a pas épousé un cousin* », explique Sharlah Musabeh, fondatrice de l'abri City of Hope. 20 % des Émiriens s'épouseraient encore entre cousins germains et 32 % entre cousins au second degré. Une étude menée par l'université des E.A.U. d'Al Ain a récemment montré que 53 % des Émiriens avaient des taux anormaux de globules rouges. Une autre recherche sur les mariages intrafamiliaux (Health Authorty Abu Dhabi) a montré qu'ils contribueraient à certaines maladies en lien avec la cosanguinité. Le mariage est encore régi par des considérations pragmatiques : il est primordial de perpétuer le clan, la tribu, d'avoir les mêmes valeurs, la même éducation et le même style de vie. « *Les femmes doivent rester dans la norme : se marier dans leur communauté. C'est encore un grand tabou de penser à se marier à l'extérieur. Toutes ces choses existent encore* », concède Muna Al Gurg, directrice des ventes du Groupe Easa Saleh Al Gurg. « *Ces mariages ne sont pas sains et pourtant les gens sont surpris quand je dis que je ne veux pas que mes enfants épousent quelqu'un de la famille* », confirme le docteur Husnia Gargash, gynécologue.

Mais « *les gens commencent à comprendre ou accepter des choses en dehors de ce qui est attendu* », tempère le docteur Buthainah Al Shunnar, chirurgienne plastique, qui s'est mariée à 32 ans avec un étranger rencontré lors d'une fête. Même si les parents souhaitent une alliance, les filles ont de plus en plus leur mot à dire. « *Ma fille a déjà refusé trois candidats. C'est elle qui décidera* », explique Me Hussain Al Jaziri, avocat et président du comité de l'Alliance française de Dubaï. « *Nous restons traditionnels mais ce n'est plus un accord prédéterminé* », explique Safa Taryam qui travaille pour la Fifa. La différence majeure réside dans le fait que les filles ne connaissaient pas leur mari avant la cérémonie. Aujourd'hui, ils communiquent et se connaissent bien avant de s'épouser. Certaines mères se retrouvent au *majlis* pour discuter des possibilités de mariages de leurs aînés. « *Une mère expliquera que sa fille vient de terminer ses études, qu'elle sait cuisiner et une autre mère dira que son fils a un bon poste et qu'ils devraient se rencontrer* », décrit Manal bin Ismail. Il arrive que les futurs époux se rencontrent par le biais de parents communs ou qu'ils se fréquentent car ils étudient ou travaillent ensemble. « *De nos jours, il est plus fréquent de rencontrer son futur époux à l'université ou au travail. Le jeune homme se procure le numéro des parents de la jeune fille et sa famille les contactera* », ajoute la guide. Ces nouvelles possibilités de rencontres augmentent le nombre de mariages choisis ou d'amour. En règle générale, après quelques rencontres, la jeune femme en parle à sa mère, qui se charge d'obtenir l'assentiment du père, pour que le jeune homme puisse faire sa demande. « *De nos jours, les filles connaissent leur mari avant la cérémonie. Ils se rencontrent, parlent, s'envoient des e-mails, des textos. Elles se réjouissent plus qu'elles n'ont peur* », confirme le docteur Amal Al Shunnar.

Mais le cadre reste tout de même traditionnel. Lamya Al Darmaki, fondatrice de l'ONG Touch of Hope, précise : « *Le garçon confie à ses parents qu'il souhaite se marier. S'il a une fille en tête, ses parents rendront visite à sa famille, lui feront une proposition et ils pourront se marier. S'il n'a personne en tête, ses parents lui proposeront une candidate.* » La culture veut qu'un garçon fasse sa demande par l'intermédiaire de sa famille. C'est une question d'honneur. Elle poursuit : « *Nous disons toujours que si le garçon est suffisamment bien, il viendra de lui-même. S'il ne passe pas la porte pour me demander, alors non... Dans les sociétés occidentales, vous attendez que le garçon vous offre la bague. Ici, nous attendons qu'il vienne chez nous.* » Dans la famille de Lamya, les filles ont voix au chapitre et savent qu'elles ne seront pas obligées d'épouser un garçon si telle n'est pas leur volonté. Une fille ne pourra cependant pas se marier sans l'assentiment de ses parents. C'est encore la norme. Quant au garçon, il pourra faire la demande lui-même si ses parents désapprouvent son choix.

Certaines familles très conservatrices ne présentent les époux qu'au jour du mariage. « *Parfois, la fille n'a vu le garçon qu'en photo. Elle le rencontre le jour des noces uniquement. Cela existe encore et pas seulement dans les zones rurales. Des familles très connues font ça. Cela fait partie de notre culture et n'a rien à voir avec la religion* », explique Lamya Al Darmaki qui ne désapprouve pas forcément. Dans les familles régnantes, les alliances sont généralement prévues en leur sein. Les mariages sont planifiés et les cheikhas n'ont pas grand-chose à redire. « *Si c'était injuste, je ne pense pas qu'autant de familles y auraient survécu depuis le temps. Ces familles sont très liées,* assure Fatima Habib, dermatologue, non voilée, qui ne voit pas non plus d'un mauvais œil les mariages arrangés. *J'ai vu beaucoup de mariages arrangés et de mariages d'amour et je ne crois pas que le taux de divorce soit tellement différent. Honnêtement, les mariages de nos parents marchaient bien mieux que les nôtres ! Je ne parle évidemment pas de femmes mûres qui sont capables de trouver un partenaire adéquat mais pour les jeunes filles, si les parents choisissent quelqu'un du même milieu, de la même culture et du même statut, il est plus probable qu'ils aient des choses en commun*[1]. » Elle réprouve néanmoins les mariages trop jeunes, avant 20 ans, qui sont un frein à l'éducation des filles.

D'une manière générale, les femmes rencontrées sont respectueuses de ces traditions et prônent le célibat avant le mariage malgré les risques de mésentente future. Pour elles, il ne s'agit pas d'une raison valable et d'une excuse pour enfreindre ce que religion et tradition leur dictent. « *Le mariage est une institution compliquée. Qu'il soit arrangé ou d'amour, c'est un pari. La pression sociale est inévitable* », explique le docteur Hala Kazim, conseillère conjugale. Mais il est de plus en plus un choix étudié. « *Nous étions hautement encouragées à opter pour des mariages arrangés comme il était de tradition. Mais les temps changent.* »

Si les parents sont d'accord, les futurs époux auront le droit de se voir sous surveillance. Culturellement et religieusement, il est impensable d'avoir une relation avant le mariage. C'est un risque qu'il faut à tout prix éviter. « *La culture change légèrement. Même au niveau des mariages arrangés, une période de cour et de flirt est tolérée dans la maison de la fille ou celle du garçon en présence d'un chaperon. Mais pour ce qui est des rendez-vous aux standards occidentaux, cela n'existe pas. Les choses se font dans les limites de notre culture et de notre religion* », assure Safa Taryam. Un certain degré de liberté est admis avec un chaperon si le jeune homme a fait sa demande mais un rendez-vous galant est hors de question. C'est religieusement interdit pour les garçons aussi. D'ailleurs, filles et fils, même s'ils fréquentent les mêmes lieux, sortent toujours séparément. Bien sûr, les choses ont évolué depuis une vingtaine d'années. « *Lorsque j'étais petite et que je sortais avec mes parents, on ne voyait jamais deux filles prendre un café, seules. Maintenant*

1. Selon l'Insee, en France, 56 % des couples ont le même niveau d'études. Les unions de couples sans caractéristiques communes (nationalité, lieu de naissance, âge, niveau d'étude ou catégorie socio-professionnelle) représentent moins de 1 % de l'ensemble des couples.

c'est accepté. Elles se baladent dans les malls, *fument la* shisha, *sortent. On n'aurait jamais fait ça* », raconte le docteur Buthainah Al Shunnar, chirurgienne plastique. On n'allait pas au café sans sa mère, son père ou son frère alors qu'elles sortent aujourd'hui en bandes et rentrent parfois à minuit du cinéma. « *Lorsqu'un groupe de filles se déplaçait en voiture, il n'était pas rare qu'elles soient escortées de quatre ou cinq voitures. On ne regardait pas dans le véhicule à côté de soi. C'était très conservateur* », raconte une Émirienne souhaitant rester anonyme.

À l'heure actuelle, les filles rencontrent des étudiants en ligne. Ils s'envoient des mails et des textos. Mais pas de petit copain et retour avant la tombée de la nuit : c'est la règle officielle. « *Ce sont des relations platoniques avec intention de mariage,* précise l'avocate des droits des femmes Sharlah Musabeh. *Il est hors de question d'avoir un petit ami avant le mariage. C'est indigne, à l'encontre des normes morales, péché et illégal.* » Les relations sexuelles hors mariage sont interdites même en privé et entre personnes consentantes. Elles sont considérées comme des infractions pénales. Les filles qui s'y risquent encourent des peines de prison ferme. À noter que les étrangers aussi sont soumis à certaines règles. En 2008, un couple britannique a été condamné à trois mois de prison pour avoir eu des relations sexuelles hors mariage. La sentence la plus lourde pour avoir eu ce type de comportements a jusqu'ici été de 16 mois de prison.

D'autre part, il est interdit d'habiter sous le même toit qu'une personne de sexe opposé qui n'est pas de la famille. Le concubinage peut être sanctionné d'une peine d'emprisonnement pouvant atteindre 3 ans, comme le rappelle le site conseils-aux-voyageurs du ministère des Affaires étrangères français. « *Ici une femme ne vit pas avec un homme à moins qu'ils soient mariés. Même si nous sommes exposés à la globalisation, c'est notre culture et donc les filles ne se torturent pas avec l'impossibilité de vivre avec un garçon. Elles l'ont toujours su : je me marie puis je vis avec mon mari. C'est aussi simple que ça. C'est une équation* », conclut le docteur Amal Al Shunnar. Jusqu'à leur mariage, les jeunes filles vivent chez leurs parents tout comme les *« vieilles filles »* et les femmes divorcées sont gardées par leurs pères, puis leurs frères. Si la loi ne leur interdit pas expressément de vivre seules, la culture est « *fermement contre* », selon l'avocate Diana Hamade Al Ghurair. « *L'islam encourage les femmes à se marier. Les femmes ne devraient pas vivre seules* », même si de plus en plus de jeunes ont leur appartement, principalement pour des raisons pratiques. Le mariage est essentiel pour l'individu et la société. Quel que soit leur succès dans les études ou professionnels, les célibataires sont considérées « *incomplètes* ». À 36 ans, l'artiste Ebtissam Abdulaziz a déjà fait une carrière fantastique mais n'est pas encore mariée. « *J'ai été trop occupée ou peut-être que les hommes ne voient pas les femmes actives d'un bon œil en tant qu'épouses. Et je suis trop intelligente : c'est un challenge pour les hommes arabes. De plus, les artistes ont très mauvaise réputation : ils sont plus fous, instables, ont d'étranges humeurs… J'essaie de trouver une explication !* » Laïla, une célibataire de 32 ans, à la sortie d'un débat sur le mariage, témoigne de sa difficulté de ne pas être mariée, même si l'une des conférencières, le docteur Hala Kazim, n'hésite plus à dire publiquement que les femmes ne devraient pas se sacrifier et que le mariage devrait être un choix. Celles qui ont privilégié leur statut de femme par rapport à celui de mère en souffrent quotidiennement. Laïla refuse qu'on choisisse pour elle mais elle en paye le prix fort. Tout comme Ebtissam Abdulaziz, elle n'a toutefois pas jeté l'éponge et cherche encore « *quelqu'un qui ne se mettra pas en travers de sa route ou l'empêchera de faire ce qu'elle désire* ».

Transgressions

Noora « *jeta un regard noir sur les risques qu'elle encourait… Si il y avait dérapage c'était toujours la femme qui supportait l'humi-*

liation… Elle était heureuse mais coupable. C'était lui qui avait osé la toucher ainsi, mais quelle honte de sa part d'avoir accepté[1]. »

Il arrive que l'imprévu s'immisce dans les plans des parents, que les choses dérapent. Un sujet totalement tabou. Personne ne se risque à en discuter ouvertement. On me signale que certaines de mes questions sont trop directes. Et pourtant, Nayla Al Khaja l'évoque dans son film, *Once*, qui traite du flirt des adolescentes émiriennes. « *Les rendez-vous galants – les* dates *– sont contraires à notre tradition. Mais quand les jeunes filles atteignent un certain âge, elles sont évidemment attirées par l'autre sexe car nous vivons ensemble. Il n'y a plus de ségrégation comme avant et c'est très tentant d'avoir un partenaire. Vous avez des émotions. Vous voyez vos copines expatriées fréquenter des garçons et vous voulez faire la même chose. Vous trouvez un moyen de communiquer avec le sexe opposé : le téléphone. Et cela amène à un rendez-vous. Voilà de quoi parle mon film : d'une fille qui se rend à une* date *qui tourne mal. C'est un film d'horreur.* » La réalisatrice ne cherche ni à décourager, ni à encourager, elle décrit simplement une réalité. Avoir une relation avec un garçon, c'est mentir, se cacher, se couvrir entièrement pour ne pas être reconnue, sauter dans un taxi, se rendre dans un *mall*, retrouver un type avec lequel vous avez à peine parlé au téléphone, inconnu de votre famille, pas forcément fiable. Bref, c'est dangereux. Et même lorsque ça ne l'est pas, c'est mettre en péril son avenir. Les jeunes hommes n'échappent pas à ces normes légales et culturelles prohibant les relations sexuelles avant le mariage.

Deux étudiantes émiriennes, Hafsa Al Mutawawa et Shamm Abu Nawas, ont elles aussi eu l'audace de traiter ce thème du contournement des normes dans leur moyen-métrage, *Shhh*. Quatre jeunes filles y sont mises en scène : Hind et son goût pour

1. *The Sand Fish, A Novel from Dubai*, Maha Gargash, *op. cit.*

les filles – l'homosexualité est strictement interdite[1]; Zanib qui fait appel à une entremetteuse pour se trouver un mari; Maitha qui retrouve un homme à l'insu de son entourage; Mahra qui fume, boit et couche en secret. « *Les jeunes adultes mettent en œuvre une multiplicité de stratégies qui jouent sur les possibilités, les caractéristiques et les ressources spécifiques des lieux pour contourner les normes. L'espace public est chargé de contraintes autant que de possibilités d'émancipation* », écrit la chercheuse Laure Assaf[2]. On peut distinguer deux types d'espaces. Ceux à légitimité mixte, reconnus, comme les cafés et les centres commerciaux où peuvent s'opérer des rencontres. On s'y échange éventuellement les numéros de téléphone sur papier ou via Bluetooth. Internet est devenu, on s'en doute, un outil privilégié de contournement des interdits repoussant les frontières physiques et de confidentialité. En principe, les jeunes femmes demandent la permission pour sortir de la maison afin de respecter l'honneur et la vertu de la famille. Mais paradoxalement peuvent se connecter au web sans autorisation. Le second type d'espace est appelé interstitiel ou liminaire[3] comme les parkings, les villas abandonnées ou les plages. La voiture a aussi une place centrale dans ce type de relations « amoureuses » car elle donne la possibilité d'échapper aux lieux fréquentés par les connaissances. On se déplace au-delà des frontières de sa ville et même à l'étranger. Des rencontres se font lors de vacances passées en famille dans les aéroports, les couloirs des hôtels ou les cafés. Les techniques de drague varient et l'on a régulièrement vent de nouvelles stratégies comme le tout dernier stratagème dit du « *pigeon* » : l'homme fait vrombir son moteur au feu rouge; si la femme est intéressée elle le fait vrombir à son

1. L'homosexualité féminine et masculine est interdite. Selon l'article 354 du Code pénal fédéral, la sodomie est même punie de mort mais les peines connues sont l'emprisonnement et l'extradition pour les étrangers.
2. *Espaces vécus et imaginés des rencontres amoureuses aux Émirats arabes unis*, EchoGéo, Revues.org, juillet 2013-septembre 2013.
3. Dénomination empruntée au chercheur Andrew Gardner.

tour comme un pigeon roucoule. Ils se retrouvent au feu d'après pour s'échanger leurs numéros. Fréquenter des membres du sexe opposé est socialement inacceptable sauf dans le cadre précis des études et du travail où cela est toléré. Autrement, les jeunes filles mettent en jeu leur réputation, risquant de compromettre leur avenir au sein du clan et de la société. Elles évitent d'ailleurs les espaces comme les hôtels associés aux rencontres libertines et à l'alcool, ou les boîtes de nuit vues comme des lieux possibles de prostitution. En ayant un flirt ou en se rendant à des rendez-vous amoureux, les jeunes filles prennent le risque de rompre leur devoir d'abstinence sexuelle. Sharlah Musabeh est venue en aide à certaines d'entre elles. « *Un jeune Émirien, ingénieur en informatique éduqué en Angleterre, m'a avoué que certains types font tout pour que la fille ne leur résiste pas. Ils leur jurent leur amour et leur promettent le mariage. Mais si elles cèdent, ils les laissent tomber. C'est sexiste et cruel mais c'est ainsi. La fille est finie. Ils n'en veulent plus. C'est le plus vieux jeu du monde* », raconte-t-elle. Après avoir eu le cœur brisé, leur virginité est contrôlée et elles sont rejetées par leurs parents. Les femmes sont les représentantes de la famille et transmettent l'honneur aux descendants. Si elles ont mauvaise réputation, elles entachent celle de leur clan. Ce sont les hommes qui décident quand l'honneur a été sali et quand les femmes doivent être punies. Il existe des expressions pour celles qui ont fauté : elle a pris « *la route pour Liwa* », le désert aux portes des Empty Quarters. On comprend qu'elle a fait quelque chose de répréhensible. Ou : elle est partie « *au fond du puits* ». Et si l'on ne parle plus de crimes d'honneur, ils n'appartiendraient pas complètement au passé[1]. « *Parfois, elles terminent même en hôpital psychiatrique. C'est toujours moins déshonorant qu'un procès public. J'ai été témoin de ça. Mais c'est très secret et caché* », révèle Sharlah Musabeh. Selon elle, les pratiques officiellement

1. *Emirati Women, Generations of Change*, Jane Bristol-Rhys, *op. cit.*

identifiées comme déviantes font l'objet de traitements institutionnels, psychiatriques ou judiciaires mais on préfère les deux premières formules pour ne pas salir la réputation de la famille. Si les comportements des jeunes filles changent, qu'elles goûtent un semblant de liberté, que les possibilités de dissimuler la perte de sa virginité existent, la culture reste très conservatrice : les apparences comptent. La fille ne doit pas fauter vis-à-vis de sa famille et des garçons de son clan. Une gynécologue souhaitant garder l'anonymat admet pourtant que les possibilités d'avoir des relations avant le mariage sont plus présentes de nos jours. « *Je vois de tout : des vierges, des femmes qui ont eu des relations sexuelles dont il faut reconstruire l'hymen, et d'autres qui ont évité la pénétration mais ont eu des rapports. Il y a un désir sexuel. Elles veulent faire l'amour et sont exposées. Elles ont des voitures. Il y a des types assis à la table d'à côté qui les draguent et leur balancent leur numéro de téléphone. Et l'un des gros problèmes ici, et c'est très triste, est que les filles n'ont pas le droit de leur donner rendez-vous dans des cafés. Elles pourraient y croiser une connaissance. Alors, elles les retrouvent dans des endroits très privés comme un hôtel ou une voiture. Et elles finissent par avoir des relations sexuelles alors qu'elles ne sont pas prêtes. Une fois que le mal est fait, les mères me les amènent et me demandent ce qu'il est possible de faire. C'est un énorme tabou. Tout le monde le sait mais la société n'est pas prête à en parler ouvertement.* »

Désespérée à Dubaï

« Lady Luxe et son amant tentent tant que bien que mal de s'unir dans l'habitacle confiné de la voiture. L'atmosphère est chargée de désir. En dépit de l'environnement risqué, ils se dévêtent précipitamment, augmentant encore l'envie de Lady Luxe… Soudain, face à elle, un visage la scrute à travers le pare-brise. Elle pousse un hurlement horrifié et essaye, comme elle le peut, de dissimuler sa poitrine

nue derrière sa robe, le cœur dans la gorge. "La porte est-elle verrouillée?" siffle-t-elle. Mais avant que [son amant] *ait le temps de presser le bouton, la porte passager s'ouvre en grand et Lady Luxe est arrachée hors de la voiture. Elle titube, incapable de se tenir debout, tentant de recouvrir de ses bras son corps dénudé, le sang coulant de son visage. Elle savait que ce jour arriverait mais elle ne pensait pas que ce serait de cette façon. Elle ne pensait jamais se sentir si vulnérable, si exposée, entre les mains de son impitoyable frère*[1]. »

Dans son premier roman, *Desperate in Dubai*, Ameera Al Hakawati, jeune écrivaine émirienne, raconte les pérégrinations de Lady Luxe, jeune femme issue d'une famille prestigieuse, rentrée de Londres après y avoir fait ses études. Afin d'assouvir ses envies de liberté et continuer ses escapades nocturnes, elle apprend à revêtir « *un masque de jeune fille sage* » pour éviter les commérages et garantir sa réputation, mais « *quand le chat est parti – son père –, elle joue. Sérieux.* » Lady Luxe refuse d'épouser un type qu'on aura choisi pour elle et une vie qu'elle n'aurait pas décidée. « *Est-ce trop demander ?* » C'est sans compter sur un frère redoutable qui finit par la prendre en flagrant délit de luxure et un père qui prendra des mesures à la hauteur de son forfait. « *Tu m'as déshonoré, dit-il enfin de sa voix glaciale et tranchante comme une lame de couteau. Je ne m'attendais pas à ce que ma fille, ma chair et mon sang, se comporte d'une façon aussi répugnante. […] Tu es de la famille X, tu viens d'une lignée dont n'importe qui serait fier, et pourtant tu t'es baladée dans mon pays, dans ma maison, te comportant comme une pute de bas étage. […] Je ne peux même pas imaginer combien de gens savent ce que ma fille faisait alors que j'avais le dos tourné. […] Combien mes voisins, ma famille, ma communauté m'ont pris en pitié et se sont moqués de moi. Mais cela t'importe-t-il ? Tu n'es plus la bienvenue dans ma maison ou dans*

1. Cette citation et les suivantes ont été tirées de la version anglaise du livre d'Ameera Al Hakawati et traduites par l'auteur de cet ouvrage.

ma famille. Ana mitbarri minnich… *Tu vas préparer tes affaires. Le chauffeur viendra te chercher et t'emmènera à l'aéroport et tu prendras un vol pour Londres. Tu ne recevras jamais un seul dirham de ton héritage et tu n'es pas la bienvenue à mes obsèques. Dehors.* » Ainsi parla son père.

Ecrivaine scandaleuse, Ameera Al Hakawati reste un mystère, préférant dissimuler son identité. Même si elle relate des faits connus de tous, ils restent tabous. Elle ne préfère pas affronter les critiques et attiser les suspicions et les inquiétudes de sa famille. « *Ma mère était contente et fière du livre, mais inquiète aussi de son aspect controversé. "Ne peux-tu pas raconter une histoire normale ? Pourquoi dois-tu faire ça ?" m'a-t-elle demandé. Eh bien ! c'est l'histoire que je veux raconter.* » Quant à son mari, heureux de son succès, « *en tant qu'homme arabe typique, il a ses limites. Il est content que le livre soit publié sous un pseudo. Sinon les gens diraient que j'écris sur des sujets douteux. Ils ne réalisent pas qu'on peut avoir de l'imagination et faire des recherches !* » En effet, derrière le pseudonyme se cache une jeune femme dans la vingtaine, humble et les pieds sur terre, malgré son succès inattendu en librairie. Ameera Al Hakawati ne ressemble pas à son personnage. Jeune mariée, elle est musulmane pratiquante, doux mélange entre Orient et Occident, au sens de l'humour tout britannique. Si Lady Luxe est un personnage de fiction, elle est inspirée d'événements dont la jeune femme a été témoin ou qu'on lui a rapportés. « *Ce genre d'expérience n'est pas rare chez les jeunes filles. Avant leur mariage, elles luttent. Elles sont exposées à tant d'autres cultures. Dubaï est un endroit très particulier. Certains expatriés peuvent trouver que c'est difficile et fermé d'esprit mais à certains égards, c'est très ouvert* », explique l'écrivain. Elle décrit un jeu dangereux qui a cours dans tous les pays arabes : « *Vous êtes confrontées à la globalisation. Vous regardez MTV, des films d'Hollywood, vous lisez des livres, découvrez d'autres cultures, côtoyez d'autres modes de vie.*

Ce tiraillement constant existe que vous soyez Émirienne, Syrienne, Libanaise, Indienne, Pakistanaise… La plupart des cultures traditionnelles sont confrontées à ces problématiques. » Son blog a été bloqué plusieurs fois et son livre retiré de la vente temporairement « *alors que l'on trouve des livres comme* Cinquante Nuances de Grey *dans les rayons* ». Oui, mais ils ne traitent pas de femmes émiriennes. « *Il y a tellement d'hypocrisie et à tant de niveaux. Certaines personnes se parent de vêtements religieux mais leur cœur est totalement différent. Je suis tout à fait contre ça. Je crois qu'on ne devrait pas être trahi par l'apparence. Je comprends que certaines personnes n'ont pas le choix. Mais donner cette fausse image de soi-même… Notre Prophète a montré que certains tabous, comme d'épouser un homme plus jeune ou travailler, doivent tomber. Au nom du progrès, on abandonne aussi de bons côtés de la religion.* » Si la jeune femme ne se voit pas en avocate des droits des femmes, elle a certainement contribué à libérer la parole. « *En tant que femme vous ne voulez pas être réprimée. Tout être humain, quel que soit son sexe, devrait avoir le droit de faire ce qu'il juge être bon : croire en Dieu, étudier… Cela va prendre encore du temps avant que les gens se fassent une autre idée de la liberté et de la modernité : ce qui est accepté et ce qui ne l'est pas.* » Question difficile en effet que celle de l'évolution de la société. Si la jeune femme réprouve la dissimulation de certains comportements au nom de normes sociales et culturelles, elle fait partie de celles qui défendent une conception très ethnocentrique des droits des femmes. « *Les femmes ont des droits mais pas les mêmes que les hommes. Elles ont leurs propres droits et c'est bien. Quand on se marie, notre argent nous appartient complètement. Nos maris n'ont aucun droit là-dessus. Alors que c'est leur devoir de payer le loyer. C'est formidable !* » se réjouit l'écrivaine sans nul doute privilégiée. « *Celles qui défendent les droits des femmes peuvent penser que ce n'est pas correct, que les épouses devraient contribuer à égalité avec leur mari.*

Et pourtant je veux conserver ce droit. Je trouverais dégradant de payer la moitié. Donc ma définition de la modernité est peut-être différente en raison de mes origines, de ma culture et de ma religion. Je pense que nous sommes égaux, mais nous avons des responsabilités différentes. Et personnellement, j'aime ça. J'aime le fait de travailler car je veux travailler mais je ne suis pas obsédée par ma carrière car un homme prend soin de moi. C'est gagnant-gagnant. Je ne veux pas être l'homme de la relation. Je ne veux pas de ce poids sur moi. » Ameera Al Hakawati trouve aussi émancipant de pouvoir choisir de se couvrir ou non : « *Je me lève et suis prête en vingt minutes. Toutes mes abayas sont là, dans la penderie, je n'ai qu'à en prendre une. Pas besoin de la repasser. Je mets n'importe quoi dessous. Je me sens libre. Je trouve ça génial.* » Génial parce que, concède-t-elle, elle a grandi dans une famille qui lui a laissé le choix : celui de se voiler ou non, celui d'étudier, celui de travailler et celui de se marier avec l'homme qu'elle aime. Sinon, dit-elle, elle se « *battrait sûrement avec rage pour "ses" droits.* »

VI

RELATIONS AMOUREUSES

Qu'il est loin le temps où le père de Wahid le gardait de fréquenter des filles et de s'embarquer dans des histoires compliquées ! Qu'il est le loin le temps où la mère de Dana interdisait à sa fille d'être vue avec des garçons avant son mariage ! Si Dana avait droit aux études, il serait de son devoir de tenir une maison. Sheikh Zayed lui-même ne disait-il pas que la « *priorité (d'une femme) doit être son foyer qui est son royaume, et sa responsabilité première d'être une épouse et une mère. Cela doit passer avant tout dans sa vie.* » Wahid et Dana se sont rencontrés grâce à leurs parents. Le père de Wahid est un cousin éloigné de la mère de la jeune fille. Leurs familles respectent les traditions et croient aux mariages arrangés. Ils viennent tous deux de tribus prestigieuses liées à la famille royale de Ras Al Kaimah et d'Al Ain mais restent très discrets. La tante de Dana entend dire que la mère de Wahid cherche une candidate pour son fils. Sa mère veut que Dana se marie : à 30 ans il est temps, même si c'est devenu courant chez les filles de sa génération de rester célibataire plus tard. Après avoir étudié au Haut Collège de technologie d'Al Ain, Dana change plusieurs fois de travail, s'intéresse à la photographie et monte même une petite ONG. Conservatrice et croyante, elle n'en est pas moins curieuse et ambitieuse. Médecin installé à Sharjah, Wahid, lui, est trop occupé par sa profession. Il charge donc sa mère de lui trouver une « femme bien ». Tous deux veulent choisir un candidat mais qui satisfasse aussi leurs parents. C'est chose faite. Les familles se connaissent de réputation mais il faut encore se rencontrer et s'assurer de leur sincérité. Wahid et Dana appartiennent bien entendu à la même branche sunnite de l'islam, ainsi ils pourront partager leur foi et élever leurs enfants dans la même tradition. Tous deux croient au destin et à ce que Dieu a planifié pour eux. La mère de Dana lui confirme que la famille de Wahid est à la hauteur. Il serait malvenu d'épouser un homme au-dessous de sa condition sociale. Ce qui compte, ce sont les origines, *osoul*, et tous deux viennent de clans renommés, 100 % émiriens. Mais Dana veut être sûre qu'ils s'entendront aussi intellectuellement. Les sœurs de Wahid lui rendent plusieurs fois visite en ambassadrices de leur frère. Puis Dana et Wahid discutent au téléphone et chattent via *WhatsApp*. Enfin, les pères se rencontrent avec Wahid afin d'officialiser la demande. Ils abordent les sujets de la dot et de la carrière de Dana car son père sait combien sa fille y tient. Il signifie clairement au futur époux qu'il attend de son gendre le respect de sa fille, de leur identité, de leur culture et de leur religion. « *Ce que nous sommes* », a-t-il résumé. La famille de Wahid accepte ses conditions. On organise ensuite une rencontre chez la tante de Dana car elle souhaite rencontrer son futur époux. Wahid, lui, fait confiance à sa mère et à ses sœurs mais puisque la jeune femme y tient… Ils passent une heure ensemble. Dana aime la façon de penser du médecin. Elle le trouve mature et intelligent. Lui la trouve belle et humble. Ils s'apprécient et en s'unissant ils feront honneur à leurs familles respectives. Les futurs époux se voient encore deux ou trois fois pour mieux se connaître. Cela leur suffira pour dire qu'ils ne se sont pas mariés « à l'aveugle ». Tels sont les moyens à disposition des jeunes gens pour savoir si un partenaire leur convient. Et ils refusent qu'on les juge pour ça. « *C'est un choix personnel.* »

Puis, on organise les fiançailles. Les futurs époux ne signent pas de contrat de mariage car cela n'est pas encore entré dans les mœurs même si certains couples commencent à le faire. Dana a confiance en son futur mari et sa famille. La date du mariage est arrêtée. Il a lieu trois mois plus tard. Quelques jours avant la cérémonie, on organise des festivités chez Dana, entre femmes. Elle tient à ce que ses proches viennent lui témoigner respect et affection en toute simplicité. Conservatrice, elle demande à ses amies de venir en habits traditionnels. Aussi revêtent-elles des *jalabba* de toutes les couleurs. Les filles et les femmes de toutes les générations naviguent de la terrasse au *majlis* et du *majlis* à la salle à manger au gré de leur faim. Les convives y trouvent les plats typiques dans lesquels ils piochent de façon informelle, se faisant une assiette ou picorant avec les doigts : du *harees* maison, sorte de purée compacte à base de blé et de viande cuite durant des heures, du riz *biriyani*, des boulettes de viande, des feuilles de vigne et d'autres mets encore. Même si Dana vient de la famille de l'émir, la décoration est des plus simples : si l'on a tapissé les façades de la maison de guirlandes scintillantes, on n'a pas décoré l'intérieur, ni nettoyé l'extérieur. L'allée qui mène au salon est encore encombrée d'un morceau de bâche bleu, laissé à l'abandon. On s'asseoit par terre pour écouter les danseurs et musiciens venus d'Oman – « *leur musique est plus amusante* » – et celle des *bidouns* qui font tournoyer leurs jupes. Les invitées leur lancent des billets de banque pour leur manifester leur contentement. On se repose ensuite sur des coussins empilés. Dana est rayonnante. Dans l'intimité du *majlis*, elle laisse libres ses cheveux auburn, dévoilant une frange qui souligne la jeunesse de ses traits. Ses yeux pétillants et son nez légèrement busqué lui donnent du caractère. Elle rit avec ses collègues devenues amies et ses cousines venues lui rendre hommage. Elle leur cache son trac en buvant du thé vert. L'une de ses amies entame un début de danse tout en faisant attention à bien fermer la porte du salon tandis que Dana tire les rideaux qui laissent encore entrevoir le jour. Vidéaste et photographe sont là pour immortaliser ces images mais elles ne sortiront pas du cercle personnel. Ces jours de fête se doivent de rester intimes même si chacune a dans la main son téléphone portable et prend des photos, chatte sur *WhatsApp*, poste sur *Facebook*, *Instagram* et *Twitter* et que les neveux jouent sur leurs iPads. La soirée est longue comme l'ont été toutes celles de la semaine consacrées aux mêmes festivités précédant la soirée de mariage du vendredi soir.

La cérémonie est somptueuse. Cela fait des mois que Dana et sa famille la préparent. Elles ont choisi la décoration, sa robe et son trousseau au Salon de la mariée qui a lieu chaque année à Dubaï, temple s'il en est de la cérémonie de mariage plus que de l'institution elle-même. Devant l'entrée de l'énorme hall d'exposition de la ville – s'y marier est signe de statut social élevé – les hommes effectuent la danse traditionnelle, faisant valser bâtons et fusils. Les femmes ont le loisir de suivre le spectacle sur de grands écrans disposés à l'intérieur. Il est de coutume de séparer les hommes et les femmes jusqu'à l'arrivée du marié. Les deux groupes ne se fréquenteront pas, célébrant dans des salles séparées, et lorsque, en fin de soirée, Wahid fera son entrée dans le local réservé aux femmes, ces dernières se seront probablement presque toutes éclipsées. Lorsqu'on annonce l'entrée du promis, il est en effet de coutume que les femmes reprennent toutes *abaya* et *sheila* et se couvrent avant de repartir, la fête s'évanouissant avec leur départ. Des gardes armées s'assurent du bon déroulement des opérations. Chez les hommes, on danse en *dish-dasha* sur de la musique yéménite. Chez les femmes, c'est l'une des rares, voire la seule occasion d'exhiber sa robe la plus chic, la plus chère et la plus élaborée. Les invités qui arrivent par dizaines – plus d'un millier en tout – commencent par saluer les membres de la famille de Dana qui se tiennent à l'entrée. Un véritable défilé. Les femmes ont pour habitude de laisser leur *abaya* au vestiaire mais dans le cas du mariage de Dana beaucoup la gardent, l'entrouvrant seulement, laissant apparaître de magnifiques robes longues des plus grands couturiers, en dentelles ou pailletées ainsi que de somptueux bijoux dignes des récits des *Mille et Une Nuits* que les joailliers vendent la plupart du temps à domicile tant les dépenses sont exceptionnelles. Certaines gardent même leur *sheila* comme par habitude, mais la plupart laissent leurs cheveux libres, longs ou en chignon, bruns, auburn, noirs et brillants. Femmes, Orientales dans toute leur splendeur, parfumées, peaux mates et satinées, exceptionnellement dévoilées, leur féminité et leur sensualité en est exacerbées. Les convives peuvent s'asseoir autour de tables décorées dans un style zen japonisant agrémentées de lustres aux apparences de cerisiers en fleurs et garnies d'une multitude de plats et de *mezze*. De vieilles femmes en *burga* soulèvent déjà leur masque pour porter à deux doigts la nourriture à leur bouche. Certaines repartiront avec des restes, conscientes de leur prix. Une ribambelle de serveurs s'assurent que chaque invitée soit bien accueillie avec café et dattes comme il se doit dans la tradition bédouine et qu'elle ne manque, tout au long de la soirée, ni de jus de citron, ni de thé à la menthe, ni de *chai halab*, le thé au lait sucré. Enfin, Dana est prête à faire son entrée. Il est 23 heures. Elle avance majestueusement le long d'une plateforme montée pour l'occasion afin qu'elle puisse zigzaguer entre les tables et être vue de toutes. Perchée sur des talons de 12 centimètres, cintrée dans une robe qui ferait pâlir toutes les princesses de contes de fées, impeccablement maquillée et coiffée, elle se prête au jeu. Puis elle s'assied sur le devant de la scène et attend que ses invitées viennent la féliciter tandis que des danseuses étrangères divertissent le reste de la salle. Comme prévu, beaucoup partent avant l'arrivée de Wahid. Le cœur de Dana bat à tout rompre. Ce soir, elle se rendra pour la première fois chez sa belle-famille, désormais son foyer. Elle ose à peine lever les yeux vers son futur époux qui fait tout pour la rassurer, lui donnant encore quelques détails sur sa façon de voir la vie. Dans quelques instants, elle s'offrira à lui. Elle sait ce qui l'attend par ses lectures et ses discussions avec ses copines mais elle comprend aussi que sa vie ne sera plus jamais la même. « *On ne peut qu'espérer son bonheur. InchAllah* ! » confie une de ses cousines.

Sexualité, mœurs et plaisir

Ainsi Dana consommera son union et découvrira si son futur époux lui correspond sexuellement. Comme on l'a vu, il n'est pas envisageable que la mariée ne soit pas vierge au mariage. « *C'est OK pour un homme, ça ne l'est pas pour une femme* », confirme le docteur Husnia Gargash, première gynécologue émirienne à diriger le centre pionnier de procréation médicalement assistée du pays. « *Avant le mariage, pas de pratique sexuelle : c'est toujours le cas et ça le restera. Parfois, entre la rencontre et le mariage, il arrive que quelque chose se passe mais nous ne nous attendons pas à cela en général. J'ai trois filles et un garçon. Si mon fils m'annonce qu'il a une relation, je lui dirai que je ne préférerais pas mais je n'en ferai pas grand cas. Mais pour mes filles c'est hors de question. Je suis médecin, éduquée, je m'habille comme les Occidentales mais je suis contre les relations sexuelles avant le mariage.* » Une croyance forte basée sur la religion et l'éducation qu'elle justifie aussi par des raisons médicales, sous prétexte d'éviter la propagation d'infections. Et ce, même si le docteur Husnia Gargash admet « *qu'il y a des désavantages. Une fois mariée, si la personne ne vous correspond pas sexuellement, vous êtes bloquée toute votre vie. J'ai des filles qui viennent me voir parce que leur mari est impuissant. Et la plupart se marient très jeunes, entre 23 et 25 ans. C'est pour la vie. C'est une situation difficile.* » Il n'est d'ailleurs même pas nécessaire que les choses soient précisées entre mères et filles. La virginité au mariage est une chose entendue. Une mère attend de sa fille qu'elle soit intacte pour son époux, et sa famille qu'elle lui fasse honneur. « *Beaucoup de choses sont apprises de la société. Dans la plupart des familles, les mères ne s'asseyent pas avec leurs filles pour leur expliquer les choses. Mais comme dans toutes les cultures, vous avez des gens très conservateurs et d'autres très libéraux. Cela dit, l'éducation, l'ouverture et le voisinage avec d'autres cultures ont grandement contribué à sensibiliser la population émirienne. On parle plus et on comprend mieux* », explique le docteur S., une gynécologue souhaitant garder l'anonymat. Pourtant, si les jeunes Émiriennes sont, comme les adolescentes du monde entier, de plus en plus informées grâce à Internet et aux médias en général, l'éducation sexuelle en tant que telle n'existe pas. Les femmes ne parlent pas de sexualité. Le docteur Husnia Gargash le confirme. « *Elles n'évoquent que leurs douleurs durant le coït mais jamais le désir. Elles sont trop réservées pour aborder ce sujet. Elles gardent cela pour elles.* » Elle a d'ailleurs été témoin de situations à peine croyables. « *Il arrive qu'au sein même d'un couple, ils n'abordent pas la question. Il faut parfois leur expliquer certaines choses. J'ai eu le cas d'un médecin et d'une ingénieure. Après trois ans de mariage, il emmène sa femme chez moi en disant qu'elle ne tombe pas enceinte. Je commence à l'ausculter et elle saute de la table d'examen. Je lui demande s'ils ont des rapports sexuels et elle me répond par l'affirmative. Je la convaincs de continuer l'observation et je découvre que son hymen n'est pas perforé ! Ce qui signifie qu'ils ne savaient pas comment faire l'amour !* » Le docteur Husnia Gargash a rencontré d'autres couples de ce type, il ne s'agirait donc pas de cas isolés. « *C'est un autre monde* », admet-elle.

Un monde où le manque de communication, d'éducation sexuelle et de campagnes publiques sur les maladies sexuellement transmissibles (MST) est plus ou moins compensé par des visites chez le gynécologue. « *Une chose est sûre : je vois bien plus de cas de MST et de virus qu'avant, plutôt chez les femmes mariées. Comme elles sont vierges pour la plupart, cela vient des hommes qui ont eu plusieurs partenaires avant. Ce n'est pas parce qu'il n'y avait pas de coucheries auparavant mais parce que Dubaï est devenu un haut lieu de passage et qu'il n'existe pas de campagnes en faveur du préservatif. La prostitution est interdite mais elle existe comme ailleurs* », explique le docteur S. Ce n'est un secret pour personne. Les Émirats arabes unis sont devenus l'une des destinations les plus en vue pour le tourisme sexuel au Moyen-Orient. La plupart des prostituées sont originaires des pays de l'ex-Union soviétique, d'Europe de l'Est en général, d'Asie centrale et du Sud-Est, d'Afrique et d'autres pays du Moyen-Orient. En juillet 2013, une prostituée marocaine a écopé d'une année de prison et l'homme qui l'exploitait de trois. D'autre part, les Émiriens peuvent aussi fréquenter des femmes étrangères et l'adultère existe comme partout.

Alors le plaisir féminin est-il tabou? « *Les femmes émiriennes sont très passionnées. Ce n'est pas parce qu'elles sont couvertes qu'elles sont pour autant réservées. Elles savent très bien ce qu'elles veulent et sont très informées. Seule une minorité n'est pas éduquée. Vous pensez que parce qu'elles portent un voile et cachent leur corps, elles n'ont pas d'orgasme? C'est l'inverse. Cela laisse tant de place à l'imagination. Et elles savent pertinemment ce qu'elles peuvent et ne peuvent faire* », ajoute le docteur S. L'homosexualité est illégale. Les rapports sexuels pendant les règles sont interdits. Discutent-elles d'amour et de sexualité ouvertement? « *La sexualité féminine est un sujet qui est abordé sans être explicitement évoqué. C'est fascinant! Les mères, grands-mères et tantes préparent la jeune femme lorsqu'elle se fiance en lui disant qu'elle doit être attirante pour son mari. Le parfum, bien sûr, a une très grande place dans la culture arabe, la lingerie est très appréciée et les femmes sont fières de leurs collections de sublimes tenues de nuit. Il est de coutume de ne jamais se laisser aller devant son mari. Lorsqu'il rentre du travail, sa femme fait un effort pour être belle et attirante et entretenir la flamme. Une culture très romantique… Mais très secrète* », révèle Sharlah Musabeh, fondatrice de l'abri pour victimes de trafic sexuel City of Hope. « *Il y a quelque chose à apprendre des femmes orientales en général. Elles essaient de faire plaisir à leur mari et s'apprêtent pour leur retour,* explique le docteur Buthainah Al Shunnar, chirurgienne plastique. *Les hommes apprécient et le remarquent.* » Elles se maquillent, se parfument, ont les cheveux brillants et les ongles faits. La beauté est un état d'esprit qui fait partie de la culture, mais aussi une nécessité pour des femmes dont les maris sont soumis à de nombreuses tentations. « *Elles savent que leurs hommes sont exposés à une foule d'autres femmes, d'autres nationalités. Elles ressentent cette pression et ne se laissent pas aller après avoir eu un bébé* », analyse le docteur Fatima Habib, dermatologue. D'une manière générale, les citadines sont soignées. C'est peut-être moins le cas dans les Émirats plus reculés comme Oumm Al Qaïwaïn, Ajman ou Fujairah.

Pas moins de soixante mots existent en arabe pour exprimer l'amour et le désir. L'islam n'a jamais interdit le plaisir aux femmes. Tout comme les pratiques réprouvées, l'insatisfaction peut être un motif de divorce reconnu. Aux yeux du Prophète, l'acte amoureux serait un droit absolu : « *Se marier est accomplir la moitié de sa religion.* » Le péché originel n'existe pas dans l'islam et le plaisir n'est ni banni, ni sacrilège. Si le Prophète enseigna de prendre garde au pouvoir de séduction des femmes, il n'empêcha ni l'amour, ni l'union des amants. Selon le calife omeyyade Omar bin Abdelaziz (682-720), le Prophète aurait dit : « *Ne la pénètre pas tant qu'elle n'a pas autant de désir que toi, afin que tu ne jouisses pas avant elle. Embrasse-la, fais-lui des clins d'œil, caresse-la, et lorsque tu vois qu'elle a atteint le même niveau de désir que le tien, pénètre-la.* » Il apparaîtrait aussi que la sexualité sans but de reproduction était admise par le Prophète. Les Émiriennes utilisent la contraception. Selon les gynécologues interrogées, la plupart calculent leurs jours d'ovulation et le retrait est très commun. Elles n'aiment pas utiliser les hormones et préfèrent le stérilet, adapté aux relations monogames. Le préservatif, traditionnellement mal vu car associé à des partenaires multiples, est de plus en plus courant. La ligature des trompes chez les femmes n'est pas fréquente car irréversible et chez les hommes la vasectomie est culturellement inacceptable. L'avortement est illégal même suite à un viol. Il est toléré dans de très rares cas lorsque la vie de la mère est en danger. Il n'y a pas de restrictions aux pratiques bucco-génitales et masturbatoires. Toutes ces habitudes étant bien entendu restreintes au couple marié. « *Il est hors de question d'avoir des partenaires multiples* », confirme le docteur Husnia Gargash. Selon Amnesty International, l'adultère est passible de la peine de mort aux Émirats arabes unis mais pas de manière systématique, précise un avocat émirien. « *Il s'agit d'une règle tirée de la tradition de la charia très rarement appliquée dans l'histoire de l'Islam car l'adultère est pratiquement impossible à prouver. Il faut quatre témoins qui aient vu l'acte se perpétrer sous leurs yeux.* » En 2006, suite à la condamnation à mort par lapidation d'un homme reconnu coupable d'adultère et à un an d'emprisonnement et cent coups de bâton pour sa maîtresse par un tribunal islamique, le ministère de la Justice a expliqué au quotidien *Khaleej Times* que ce genre de jugement était « *symbolique* » et que l'accusé aurait une condamnation moins sévère, et serait même peut-être acquitté, s'il faisait appel et retirait ses aveux. Le Comité de législation, présidé par Mohammed bin Nakhira Al Dhahiri, ministre de la Justice, a ensuite annulé la condamnation à mort par lapidation pour de telles infractions et demandé aux juges d'éviter ce genre de sanctions pour des délits mineurs. Le droit pénal prévoit le plus fréquemment des peines de prison ferme. À noter que ces lois s'appliquent aussi aux non-musulmans : en 2010, Marnie Pearce, une citoyenne britannique, a été libérée après avoir purgé 68 jours de la peine de 3 mois d'emprisonnement prononcée à son encontre pour adultère. Enfin, la circoncision féminine n'a pas cours aux Émirats arabes unis même si certains résidents, originaires de pays dans lesquels il est de d'usage de la pratiquer, ont pu l'importer.

Alors doit-on souhaiter aux Émiriennes une libération sexuelle ? En tout cas, les femmes locales rencontrées ne semblent pas en faveur d'une révolution à l'Occidentale. « *Je ne suis pas sûre qu'elles le souhaitent. Certaines voudraient peut-être avoir un petit copain mais de là à ce que ce soit publiquement accepté, j'en doute. D'autres voudraient peut-être un peu plus de liberté mais pas beaucoup plus. Je n'ai jamais entendu une femme dire qu'il serait temps qu'elles puissent marcher main dans la main avec leur petit ami* », affirme le docteur S. Sharlah Musabeh y voit des raisons religieuses : « *Elles ont une relation très intime avec Dieu comme avec un parent très proche. Le temps passé quotidiennement à la prière les entraîne à se soumettre aux règles en vigueur. J'ai bien sûr vu de nombreux changements en trente ans mais elles en reviennent toujours aux enseignements de l'islam. La relation est si sacrée que même lorsqu'elles commettent des erreurs ou se rebellent, la majorité se ressaisit et finit mariée, avec de merveilleux enfants et une vie professionnelle.* » Les nouvelles opportunités qu'ont les filles et jeunes filles de rencontrer des membres du sexe opposé dans le cadre éducatif et professionnel, le jeu toléré et provisoire avec les normes, s'il a exceptionnellement lieu, se résolvent généralement dans le mariage. « *Une phrase résume assez bien l'état d'esprit des femmes émiriennes : qu'elles soient ingénieures ou professeures, quand on leur demande pourquoi elles ne sont finalement plus que femmes au foyer, elles répondent : "Pourquoi dites-vous* que *femmes au foyer ? Le but principal de notre vie est d'être des mères éduquées"*, rapporte Sharlah Musabeh. *Une femme se sent plus responsable de ses enfants que son mari. La plupart des femmes tiennent ce rôle, qu'elles le veuillent ou non. Finalement, l'instinct maternel est le plus fort. En ce sens, nous ne nous sentons pas toujours aussi libres de faire ce que nous aurions pu. Mais nous faisons la chose la plus importante qui soit : nous éduquons la prochaine génération. Si l'on voit les choses de cette façon, on n'a pas l'impression de passer à côté d'une opportunité.* » Les femmes sont le pivot de l'éducation des enfants et de la famille. Elles pensent en majorité qu'elles doivent jouer ce rôle. La soumission à la religion, le poids des traditions et le conditionnement social et culturel rendent toute revendication féministe « à l'Occidentale » pratiquement inenvisageable. La routine d'une femme mariée est rythmée par les repas, la prière, regarder la télévision, s'occuper des enfants, faire la sieste et sortir le soir rendre des visites. Dans certaines familles traditionnelles, les courses sont même faites par les hommes – en charge des affaires familiales – afin d'éviter que les femmes soient en contact avec des hommes ne faisant pas partie de la famille.

Les Émiriennes ne bousculent pas délibérément ce qui les frustre. Elles le gèrent de façon personnelle, font des choix au sein de leur famille et se battent à leur manière contre ce qui leur déplaît, acceptant généralement de vivre conformément aux traditions. Les mœurs évoluent lentement. « *Il faut briser certains stéréotypes. J'ai été moi-même surprise : les Émiriens ne pensent pas toujours comme on s'y attend. On n'est pas forcément jugées comme on le prévoit* », constate Sara Al Quwaini. Mais dans ce monde qui change, les femmes s'adapteraient d'ailleurs plus vite que les hommes. « *Cela risque de poser problème. Les filles locales ont changé et les hommes doivent comprendre que les mentalités aussi. Ils devraient être plus ouverts* », pense le docteur Husnia Gargash. Si publiquement il est interdit de s'embrasser ou de s'enlacer, on voit désormais des couples manifester des gestes d'affection ou se tenir la main. « *Dans le temps, même si les maris étaient soucieux de leur famille, ils ne passaient pas de temps de qualité avec leurs enfants. De nos jours, ils l'expriment à travers certains actes. Les maris n'entraient jamais en salle d'accouchement. Aujourd'hui, ils sont beaucoup plus impliqués. Ils suivent la grossesse et viennent aux rendez-vous prénataux. Ils sont assis à côté de leur femme pendant l'échographie et expriment leur affection. C'est magnifique. Ils sont présents au moment de l'accouchement et veulent voir le bébé* », confie le docteur Amal Al Shunnar. Alors que toucher le ventre de sa femme enceinte était encore impensable il y a quelques décennies. Il est aussi courant de voir des papas chercher leurs enfants à l'école. Changer une couche ? Il ne faut pas exagérer... D'ailleurs les domestiques sont là pour ça : on en emploie dans presque toutes les familles. Quant au partage des tâches, les choses se font tout en douceur. « *Pour la génération de ma mère, c'était inenvisageable. Peut-être prenaient-ils les décisions ensemble mais l'homme s'asseyait à la maison et se reposait. Comme un roi,* se souvient en riant le docteur M. *Nous travaillons tous deux alors je demande à mon mari de m'aider quand il le peut. Mais les hommes de ma génération (50-60 ans) n'y sont pas tous ouverts. Par contre, ma fille et son mari sont médecins. Quand il rentre, il doit l'aider. Si elle est de garde, il s'occupe des enfants. Ça change.* » « *Ce n'est pas encore la Suède* », comme le dit le docteur S. avec humour, mais les progrès existent. « *Lorsque ma belle-mère a vu son fils débarrasser la table, elle était choquée ! Surtout quand il lui a répondu que c'était comme ça chez nous* », en rigole le docteur Fatima Habib.

La procréation médicalement assistée

On estime qu'un couple sur six aux Émirats arabes unis a recours à la procréation médicalement assistée (PMA). Contrairement à ce que l'on pourrait penser, elle n'a jamais été taboue et les réglementations en la matière sont moins strictes que dans d'autres pays du Moyen-Orient. « *Notre peuple, qui a toujours été en contact avec d'autres gens du monde, Dubaï en particulier, est ouvert. Nous vivons avec d'autres religions et notre interprétation de la nôtre est moins stricte. La plupart des gens ici sont modérés. Ils acceptent certaines choses et sont logiques* », explique le docteur Husnia Gargash, qui fut la première gynécologue émirienne à effectuer une Fécondation in vitro (FIV) dans la région du Golfe et pratique la PMA depuis 1995. Elle a commencé au centre de santé public d'Al Ain avec le célèbre professeur britannique Ian Craft et a effectué depuis plus de 3 000 cycles. « *Quant aux naissances, je ne peux pas calculer car les Émirats arabes unis sont une société migratoire. J'ai des patients indiens qui sont revenus me voir avec leurs jumeaux de 9 ans la semaine dernière* », dit-elle avec une pointe d'émotion.

Le docteur Husnia Gargash a activement milité en faveur d'une loi visant à encadrer les pratiques de la PMA, finalement adoptée en 2010. Les centres ont fleuri depuis une dizaine d'années. « *En tant que directrice du Centre de gynécologie et de fertilité de Dubaï (DGFC), j'ai lutté pour plus de contrôle… Les embryons ne sont pas des cellules ordinaires. Elles sont porteuses des gènes et de l'identité d'une personne. Elles peuvent être utilisées, clonées, exploitées. Si nous autorisons les gens à exercer cette spécialité, il faut la contrôler avec une licence obligatoire, une loi, un organe de contrôle des laboratoires et un registre de tous les centres. J'ai suggéré tout cela. La loi est passée mais le comité n'existe toujours pas* », regrette celle qui a fini par jeter l'éponge et ouvrir un centre privé. « *Il faut contrôler ces centres. Particulièrement dans un pays où les gens viennent de différents endroits dans le monde pour gagner de l'argent et repartir* », s'alarme-t-elle. Le docteur Husnia Gargash plaide pour l'existence d'un tel organe de contrôle qui lui permettrait aussi de demander un avis lorsqu'elle hésite devant certains cas de figure et que, en l'absence de réponses claires, elle se voit obligée d'envoyer certains patients à l'étranger. « *On ne peut pas laisser des zones d'ombre dans un tel domaine.* » À noter que la présence de deux musulmans, un spécialiste et un technicien, est requise dans les centres de Fécondation in vitro « *afin de rassurer les gens* ».

C'est lors de son stage en Angleterre que le docteur Husnia Gargash décide de rejoindre l'unité de fertilité pour « *donner un enfant à quelqu'un qui le veut vraiment* ». « *Les gens qui ne peuvent pas en avoir subissent pression et angoisse. Ils ressentent que leur vie n'est pas complète, que quelque chose d'essentiel leur manque. C'est notre instinct* », explique le médecin dont la plupart des patientes sont Émiriennes. Elle est d'ailleurs fière d'avoir réussi à établir cette relation de confiance. « *Elles sont heureuses qu'une des leurs les suive* », car elles n'en parlent pas au sein de leurs familles et ne disent pas qu'elles sont ses patientes. « *Peut-être qu'elles ne se sentent pas "normales"* », devine-t-elle. L'infertilité, jugée « *pitoyable et désastreuse* » par la société, légitimerait divorce et polygamie[1]. La procréation est attendue et désirée car elle confère un statut social. Si le mariage élève la fille – elle devient une femme –, son statut s'élève encore avec la naissance, surtout celle d'un fils qui donne lieu à une fête plus opulente que celle d'une fille. Les femmes stériles, souvent honteuses, sont tout de même plus ouvertes à aborder la question que les hommes. « *Je leur dis qu'un faible taux de sperme ou pas du tout n'a rien à voir avec la sexualité. Mais je ne sais pas ce qu'ils ressentent car les hommes ne se confient pas à une femme. Ils ne parlent même pas à leur épouse* », rapporte la spécialiste. Selon les dernières statistiques, 23 % des femmes locales souffriraient d'un faible taux de réserve ovarienne. « *C'est un groupe que je vois de plus en plus. Ce type de patientes n'existait pas il y a dix ans. Et chez les hommes aussi, ils ont de moins en moins de spermatozoïdes ou carrément pas du tout.* » Une autre

1. « Culture, Gender and the Influence of Social Change amongst Emirati Families in the United Arab Emirates », Sara Ashencaen Crabtree, *Journal of comparative Family Studies*, 2007.

cause de stérilité fréquemment rencontrée est celle des ovaires poly-kystiques.

Les couples doivent bien sûr être mariés pour avoir recours à la PMA. Le transfert d'embryon est autorisé jusqu'au cinquième ou sixième jour après la mise en culture. La patiente a le droit d'en transférer trois si elle a moins de 36 ans et quatre si elle a plus. Le don de sperme et le don d'ovules ne sont pas autorisés. Les mères porteuses restent un sujet controversé. « *Je n'ai jamais eu de demande de mère porteuse ou quelqu'un qui se proposait de le faire. Mais cela arrivera. Dans ce cas le comité religieux décidera si cela est autorisé. J'ai entendu un groupe de religieux en discuter à la télévision et ils n'étaient pas d'accord. Dans un cas comme celui-ci, il faudrait consulter le peuple* », suggère-t-elle. Une fatwa [1] n'a pas encore été émise en la matière. Mais certaines contournent déjà la loi existante en se rendant à l'étranger. « *Une de mes patientes souffrant de ménopause précoce a eu un bébé en ayant recours au don d'ovules à l'étranger. Elle m'a avoué que ce n'étaient pas les siennes. Une autre d'entre elles subissait la pression de son mari qui voulait à tout prix qu'elle obtienne un don d'ovules. Il la menaçait de divorcer si elle ne tombait pas enceinte. Je lui ai dit de bien réfléchir avant de faire son choix et de ne pas culpabiliser. Il faut sentir que l'on fait la chose juste : il s'agit d'un enfant que vous aurez à vie. Elle est revenue me voir : elle avait divorcé* », raconte le docteur Husnia Gargash. La congélation d'ovocytes (ovules issus de la stimulation ovarienne) est autorisée mais celle des embryons (issus de la mise en contact de spermatozoïdes avec chaque ovocyte recueilli) est encore à l'examen. Un point sur lequel la gynécologue s'est aussi battue. « *C'est permis dans tous les pays occidentaux alors pourquoi pas chez nous ? Ils invoquent le fait qu'un embryon congelé pourrait être utilisé pour ou par quelqu'un d'autre. Avec cette logique, il faudrait tout interdire. Vous faites faire des*

1. Avis juridique émis par un spécialiste de la loi islamique sur une question précise.

traitements inutiles à des femmes alors que les chances de concevoir avec des ovocytes congelés sont de 30 % et avec des embryons congelés de 70 %. C'est une énorme différence ! Ce n'est pas juste de se débarrasser des embryons supplémentaires alors que vous pouvez les congeler. » La réduction embryonnaire est également autorisée dans les centres publics à partir de quatre embryons afin d'éviter les cas de grands prématurés plus fréquents dans le cas de grossesses multiples. Le diagnostic préimplantatoire est autorisé dans la région. Le centre du docteur Husnia Gargash a été le premier à le faire en 2013. La biopsie (prélèvement de tissus afin de repérer des anomalies dans les cellules) est envoyée par Fedex en Europe et les résultats reçus par e-mail. La PMA est moins chère qu'en Europe – environ 7 000 euros – et remboursée dans certains Émirats comme Abou Dhabi, « *ce qui n'est pas obligatoirement une bonne chose car certains médecins abusent en poussant les patients à faire des traitements et à prendre plus de médicaments* », conclut le docteur Husnia Gargash.

Le mariage en péril

Certaines tendances commencent à alerter les dirigeants émiriens. Le taux de divorce aurait augmenté de 26 % entre 2011 et 2012 selon le Centre de statistiques de Dubaï. Les raisons en sont nombreuses mais le changement social rapide serait à l'origine de tensions au sein des familles locales. Si la transformation extraordinaire du pays ne semble pas avoir eu beaucoup d'impact sur la structure familiale, ni sur les attentes des deux sexes concernant leurs rôles respectifs, des changements se font néanmoins sentir. Quel est son retentissement sur une société où la famille est la première institution sociale ? La politique de promotion des femmes est mal vécue quand ces changements se font sentir au sein des familles. Des différences émergent entre générations sur les questions du mariage et l'égalité des genres. « *La société se transforme. Les valeurs modernes remplacent nos valeurs traditionnelles. Les comportements changent ainsi que les normes sociales* », analyse Noura Al Noman, en charge du bureau exécutif de Sheikha Jawaher Al Qasimi, épouse de l'émir de Sharjah, qui a ouvert un Centre de développement familial pour venir en aide, entre autres, aux couples en difficulté « *qui ne comprennent pas les responsabilités liées à la vie maritale car ils se marient encore trop jeunes, trop vite* ».

Les raisons au divorce invoquées par les experts sont nombreuses. Citons le manque de connaissance des époux entre eux avant l'engagement, la violence domestique, le refus du mari de fournir un foyer séparé et de l'argent en cas de polygamie, l'infidélité, l'exposition à d'autres cultures et l'indépendance accrue des femmes. « *Le pourcentage de divorces entre résidents étrangers est plus haut que dans d'autres pays du Golfe. Les gens disent que le style de vie à Dubaï l'encouragerait. Ils expérimentent des choses qu'ils n'oseraient pas faire chez eux, loin de la figure paternelle. Mais les Émiriennes aussi divorcent plus car, selon les juges, elles deviennent de plus en plus indépendantes et gagnent leur vie. Elles ont plus le choix de quitter leur mari* », explique Diana Hamade Al Ghurair, avocate au barreau de Dubaï.

Un autre problème commence à alerter les autorités : selon le Conseil national fédéral, plus de 175 000 Émiriennes ayant dépassé 30 ans ne sont pas encore mariées, soit 60 à 68 % des jeunes femmes en âge de l'être. Sauf quelques rares exceptions, à la différence de leur mère, les étudiantes préfèrent terminer leur parcours universitaire et débuter leur carrière avant de se lancer dans le mariage. Ces nouvelles donnes influent inévitablement sur le taux de natalité et l'équilibre démographique du pays. Le taux global de fécondité dans le mariage chute avec l'âge : une Émirienne se mariant entre 13 et 15 ans avait en moyenne 6,83 enfants; au-delà de 30 ans, le taux tombe à 2,44. Une Émirienne serait susceptible d'avoir en moyenne entre 4 et 6 enfants mais ce chiffre passe d'1 à 3 pour celles qui font des études supérieures. « *Une famille traditionnelle comptait entre 6 et 7 enfants (voire plus). C'était un signe de puissance, de richesse et de pouvoir. De nos jours, on en a 3 ou 4 en moyenne* », constate Manal bin Ismail, guide au SMCCU.

Les jeunes locaux sont aussi freinés car le mariage émirien coûte trop cher. Le jeune marié doit souvent s'endetter pour payer la dot de sa future femme. Le montant de la dot est fixé au moment des pourparlers entre les deux familles et doit être payé à la future mariée avant la cérémonie. Dans le cas contraire, une déclaration écrite confirmant l'absence de dot doit être produite. Les autorités sont même allées jusqu'à fixer un plafond de la dot à près de 11 000 euros pour éviter les excès de dépenses en diamant, or, voiture et robes pouvant atteindre près de dix fois cette somme. Le « Fonds pour le mariage », créé en 1992 par Sheikh Zayed, vient en aide aux Émiriens désireux d'épouser une compatriote. Il les aide à payer le *mahr*, somme destinée à la mariée mais de plus en plus utilisé pour payer des cérémonies dont le coût a explosé, à hauteur d'environ 15 000 euros [1] et organise même des mariages collectifs afin de pallier au problème.

La mixité

L'une des conséquences de ces transformations sociales qui alarme les autorités est que les Émiriens commencent à bouder leurs compatriotes. Les jugeant souvent « *trop gâtées par leurs pères, paresseuses et onéreuses* », ils sont tentés d'épouser des étrangères, surtout venant d'Asie ou d'Asie du Sud-Est, « *car elles seraient plus dociles* », rapporte l'historienne Jane Bristol-Rhys qui enseigne à l'université Sheikh Zayed. Une tendance très mal

1. Il doit s'agir d'un premier mariage ou d'une impossibilité de procréer. Pour être candidats il ne faut pas gagner plus de 3 350 euros par mois.

acceptée par les Émiriennes qui n'ont absolument pas les mêmes libertés que les hommes. Selon le Bureau des statistiques, les mariages entre Émiriens ont chuté de 7 % en 2011 et 20 % d'entre eux ont épousé des étrangères en 2010. Le problème est suffisamment important pour que les médias s'en fassent l'écho. Le fonds pour le mariage d'Abou Dhabi ne manque d'ailleurs pas de souligner que le taux de divorces est élevé chez les couples mixtes. La mixité n'est pas encore entrée dans les mœurs et constitue un domaine où les femmes se jugent discriminées car, si le mariage d'un Émirien avec une étrangère est toléré, celui d'une Émirienne avec un étranger n'est pas encore socialement accepté. La filiation paternelle prévaut et seuls les enfants nés de père émirien peuvent acquérir la nationalité dès la naissance du bébé. « *Il y a beaucoup de progrès à faire. Ils devraient accepter le fait qu'une femme n'épouse pas un homme juste parce qu'il est Émirien. Le monde change* », estime le docteur Husnia Gargash. Elle-même a épousé un Jordanien, musulman bien sûr. « *L'avantage lorsqu'on épouse un étranger est qu'il vous permet de progresser,* confie-t-elle. *Un cousin local m'avait fait une proposition en même temps que mon mari mais il ne voulait pas que je me spécialise en gynécologie, ce qui était ma condition. Mon mari, lui, ne m'en a pas empêché.* » Résultat, ses enfants n'ont eu droit qu'à la nationalité jordanienne, celle de leur père, jusqu'en 2012. En effet, depuis le 19 février 2012, les enfants nés de mère émirienne et de père étranger peuvent désormais demander leur nationalité à partir de 18 ans. Le 2 décembre 2011, jour de la Fête nationale, Sheikh Khalifa bin Zayed Al Nahyan, le président, a rendu cela possible en octroyant par décret la citoyenneté émirienne aux enfants nés de mère émirienne, dans un geste d'égalité envers les femmes [1]. Le ministère de l'Intérieur aurait ainsi accordé la nationalité émi-

---

1. « 1 117 Children of Emirati Women to Get Citizenship », Ola Salem, quotidien *The National*, 1er février 2012.

rienne à plus de 2 000 enfants l'année suivante et aurait recensé un total de 5 000 personnes pouvant y prétendre. Mais de nombreux mineurs demeurent encore sans protection durant toute leur enfance puisqu'ils ne peuvent en faire la demande qu'à partir de leurs 18 ans. À noter que les enfants nés de mère étrangère n'ont rien à leur envier. Dans son dernier livre, Jane Bristol-Rhys explique que selon les origines de la mère – si elle est éduquée, première épouse, musulmane avant le mariage – leur situation en cas de séparation peut s'avérer très difficile. Quand les couples mixtes divorcent, le niveau de vie de la mère et des enfants diminue, leur statut social en souffre généralement plus que les enfants de mère émirienne protégés par leur famille. Parfois elles sont même renvoyées du pays, et leurs enfants, bien que de nationalité émirienne, sont toujours considérés comme des étrangers.

La politique d'assouplissement soutenue par l'État – tout du moins par Sheikh Khalifa – cristallise aussi la tension des conservateurs. Lors d'un débat sur l'institution du mariage durant le festival littéraire de Dubaï, le docteur Hala Kazim, qui a épousé un étranger moitié Écossais, moitié Égyptien en secondes noces, raconte : « *Une cousine m'a dit* : *"On a encore parlé de toi l'autre jour au sujet du fait que tu n'as pas épousé un Émirien."* » Le docteur Hala Kazim sait que son choix dérange : « *Nous sommes éduquées à penser que nous devons nous sacrifier. Nous étions encouragées à nous marier selon ce qu'on nous dictait. J'ai été mariée à 17 ans. À l'époque je cherchais une cérémonie plus qu'un mariage. J'ai compris la différence plus tard. La pression sociale est inévitable dans certains milieux. Je respecte mon premier mari qui m'a donné trois fils mais je devais faire un choix pour moi-même. Alors j'ai fait un mariage d'amour. Nous devons accepter le changement.* » « *C'est tout récent*, ajoute le docteur Amal Al Shunnar. *Mon mari est Libano-américain et lorsque je l'ai épousé ce n'était pas légal de se marier avec un étranger. Ça l'est devenu fin 2007. Il fallait en faire la demande au gouvernement. C'était très difficile. Alors que les hommes avaient le droit d'épouser des étrangères et d'obtenir un passeport : elles devenaient Émiriennes avec tous les privilèges en découlant. Même si une Émirienne désire de tout cœur épouser un Émirien, il arrive que l'opportunité ne se présente pas. Nous avons tenté maintes façons infructueuses de nous marier, à tel point que mon mari a même plaisanté en proposant qu'on aille à Las Vegas !* » Lors de leur mariage, les invités venaient d'horizons différents, à l'image de la ville de Dubaï. Leurs enfants n'ont pas encore le passeport émirien. Mais comme pour tout le reste, la société évolue. Comme l'a constaté le docteur Buthainah Al Shunnar, « *le fait d'épouser un Occidental a probablement fait se lever quelques sourcils mais il n'y a pas eu tant de drame. J'étais déjà chirurgienne. J'avais vécu seize ans à l'étranger. Ma famille était tolérante.* »

Kamelia Zaal en est l'illustration. Émirienne par son père et Écossaise par sa mère, la jeune femme a vécu en Angleterre jusqu'à l'âge de 20 ans. Paysagiste aux côtés de son père, fondateur d'Al Barari, une luxueuse promotion immobilière sur les terres royales de Dubaï, elle a poussé le schéma encore plus loin puisqu'elle a épousé un Chypriote turc. « *Barari est un exemple de mixité. Dans ce* compound, *nous avons des gens du Kazakhstan, d'Azerbaïdjan, du Pakistan, de Suisse, d'Inde, de Grande-Bretagne, d'Écosse, d'Arabie saoudite et des Émirats. C'est un beau mélange et ils se fréquentent. Mon père était plus ou moins le premier de sa génération à aller à l'étranger, y étudier, ramener une femme étrangère et l'épouser !* [Elle rit.] *C'était nouveau ! Ma famille a toujours eu de l'avance sur son temps, en tout cas sur notre culture. Ce n'était pas un problème mais je suis sûre que ça l'était dans d'autres familles. Nous avons toujours été un peu différents. Je ne suis pas très conservatrice. Cela fait partie de notre ADN.* » Un ADN qui semble se propager plus vite que ne le souhaiteraient ceux qui luttent pour garder les Émirats aux Émiriens.

Polygamie : la théorie et la pratique

La loi permet aux hommes émiriens, et à eux seuls, de pratiquer la polygamie en ayant jusqu'à quatre épouses et interdit aux femmes musulmanes, mais pas aux hommes, d'épouser des non-musulmans[1]. Une règle discriminatoire envers les femmes, comme le souligne Human Rights Watch (HRW). La polygamie n'est cependant plus très commune, d'autant qu'elle coûte cher. Selon le directeur du SMCCU, 91 % des Émiriens n'auraient qu'une seule épouse. Manal bin Ismail, guide au même centre, ajoute : « *Un homme doit être en mesure de subvenir aux besoins de toutes ses femmes ainsi qu'à ceux des enfants. La décision de prendre une seconde épouse se fait en accord avec la première. Historiquement, c'était une manière de venir en aide aux veuves, aux femmes seules. De nos jours avec la situation en Irak ou en Syrie, c'est une bonne chose. Bien entendu, certains font une mauvaise utilisation de ce concept. Mais aujourd'hui, seuls 2 % des hommes ont plus de deux femmes et 10 % en ont deux.* » « *Je n'y pense jamais*, souligne Hala Badri, vice-présidente exécutive chez DU. *Peut-être que beaucoup de femmes y réfléchissent trop. La plupart des hommes n'ont ni la patience ni les moyens d'avoir plus d'une femme ! Si vous demandez leur avis à de nombreux hommes de notre culture, ils vous diront qu'une femme, c'est suffisant. Qu'ils ne peuvent en avoir plus. Il faut comprendre que selon la loi, épouser plus d'une femme n'est pas une décision facile.* » Beaucoup de femmes travaillent et sont indépendantes financièrement. « *Aujourd'hui, d'un point de vue financier, les hommes ont besoin du soutien de leur épouse. Ils ont besoin du soutien l'un de l'autre. La vie n'est plus ce qu'elle était* », souligne Hala Badri. Pourtant, selon un sondage réalisé

---

1. Un homme doit épouser une femme qui appartient aux religions du Livre.

auprès des étudiants de la faculté de médecine à Dubaï, 73 % d'entre eux y sont encore favorables dont 59 % d'étudiantes. « *J'ai connu des gens qui avaient plusieurs épouses et vous seriez surprise de constater combien leur vie était gaie. Si tout le monde est d'accord et que l'homme est un bon mari, peu importe combien d'épouses il a. Un salaud est un salaud qu'il ait une ou plusieurs femmes* », déclare Sharlah Musabeh, fondatrice de l'ONG City of Hope, *Amératie*, c'est-à-dire Américaine ayant épousé un Émirien, convertie à l'islam et parlant l'arabe. « *Les vues occidentales ne sont pas toujours tolérantes et respectueuses concernant le succès de ce genre de mode de vie. Je réalise que c'est étrange à imaginer mais j'en ai été témoin. Tout dépend de la perspective. Si vous avez été éduquée à le tolérer, vous n'avez aucune raison d'être réticente à cette idée. Je réalise que c'est difficile à comprendre mais mon esprit s'est un peu ouvert par rapport à ça.* » Elle fait référence à *Sister Wives* de Cody Brown, une émission de télé réalité américaine montrant la vie quotidienne dans des familles polygames. « *Ils sont heureux et coopératifs. C'est intéressant bien que provocant. La liberté a de nombreux visages* », conclut-elle. Toutes ne partagent pas son avis. À demi-mot, elles le font comprendre. « *Cela donne aux hommes un pouvoir. C'est certain que je reçois des femmes qui ont découvert que leur mari s'est remarié (certaines le savent mais d'autres pas). Dans ce genre de situation oui, cela les rend vulnérables* », admet le docteur Buthainah Al Shunnar. « *C'est peut-être une des raisons pour lesquelles les femmes sont éduquées et le taux de divorce est si haut. Peut-être qu'elles n'acceptent pas que leur mari ait une seconde épouse… Émotionnellement, personne ne peut se réjouir de ça à moins d'être très religieuse et d'avoir appris depuis toujours que c'était la règle* », ajoute le docteur Fatima Habib.

VII

LES DROITS DES FEMMES

Selon la juge Ebtessam Al Badwawi, « *aux Émirats arabes unis, les hommes et les femmes ont les mêmes droits dans toutes les lois sauf pour ce qui est de l'héritage... Elles ont tous les droits : le droit de parler, d'exprimer leurs idées et de jouir de leur liberté sans offenser leur entourage et en accord avec les codes et l'éthique de* [leur] *culture. Il n'y a donc aucune raison pour elles de se battre pour leurs droits... Le pays continue à actualiser les lois dès qu'il le faut et à punir quiconque abuse ou empêche une femme de jouir de sa liberté dans* [la] *société.* » Un parti pris que ne partagent pas toutes les femmes rencontrées quand elles soulignent encore des discriminations qui seront détaillées dans ce chapitre. Mais force est de constater l'évolution constante de la loi émirienne au niveau civil, commercial, localement et internationalement. Les Émiriennes sont d'ailleurs considérées comme des ambassadrices des femmes du Golfe. « *Nous nous battons pour montrer aux femmes arabes les droits que nous avons. Nous montrons aussi au monde qu'il est possible de vivre en paix malgré le fait d'être la minorité dans son propre pays* », soutient Manal bin Ismail, guide au SMCCU. Rappelons que la Constitution des Émirats arabes unis, texte de référence à l'ensemble des lois, proclame l'égalité entre hommes et femmes. Le pays a également ratifié toutes les conventions internationales visant à promouvoir les femmes et à préserver leurs droits, y compris la Convention sur l'élimination de toutes formes de discriminations contre les femmes (CEDAW) le 6 octobre 2004, qui a donné lieu au décret 38 la même année. Cependant il faut noter quelques réserves sur certaines clauses en conflit avec les préceptes de la charia précédemment évoqués. Le Dubai Women Establishment admet que le « *CEDAW est l'un des maillons les plus faibles de la chaîne des droits de l'homme international parce que son système de mise en œuvre manque de force et il permet aux États de faire des réserves au moment de sa signature et de sa ratification. Il s'agit le plus souvent d'agencement avec la charia.* » « *Les Émirats arabes unis sont un modèle dans le monde arabe en termes de droits des femmes mais le pays peut faire encore mieux au niveau international* », commente d'ailleurs l'éditorialiste Ayesha Almazroui [1].

L'organisation des tribunaux est basée sur le droit français. Les cours pénales, civiles, commerciales, du droit du travail ou du droit immobilier également. Le droit de la famille – dont le mariage et les thématiques y afférant – et le tribunal en charge des affaires familiales sont régis par le Code sur le statut personnel, émanant de la charia : des lois identifiées et acceptées comme religieuses. Il s'applique désormais aussi aux non-musulmans s'ils ne réclament pas l'application du droit de leur pays d'origine. Ce Code est principalement dérivé d'interprétations théologiques, du traditionnel paradigme de genres et de jugements délivrés par des hommes conservateurs. Cette version moderne de la loi religieuse a étendu son application au Code de la famille et rendu sa réforme difficile. Selon certains avocats, ce droit devrait être dépoussiéré et réorganisé et les droits des hommes et des femmes devraient y être intégrés. « *Les amendements restent pour la plupart lettre morte* », regrette une avocate.

Le système légal est le produit de la société dont il est issu. La tradition reste la première influence sur la loi dans la région et la religion le véhicule principal à travers lequel les valeurs culturelles

1. *The National*, 10 mars 2014.

sont interprétées dans la loi. L'islam est toujours la pierre angulaire de l'action politique, sociale et juridique. Culture, société et religion se renforcent ainsi les unes les autres. D'ailleurs « *la Constitution épouse les normes traditionnelles préexistantes* », rappelle le chercheur William Guéraiche[1]. Mais s'il y a quelques dizaines d'années encore, la société voyait dans la famille le principal garant des droits des femmes, ce n'est plus le cas depuis qu'elles poursuivent des études, travaillent et voyagent. La mondialisation interroge le socle des valeurs arabo-musulmanes. Ainsi, les lois doivent être réévaluées afin de répondre aux changements et au progrès considérable des Émirats arabes unis. La présence des femmes étant devenue la norme, des modifications sont envisagées et des réformes ont graduellement été adoptées, les habilitant dans les différents aspects de leur existence, même s'il faut garder à l'esprit que « *la validité de toute règle écrite est relative* », précise le chercheur. Le tiraillement constant entre la volonté exprimée de promouvoir les femmes et la marge de manœuvre réelle qui leur est accordée, notamment dans les lois et leur application, est une fois de plus symbolique de deux forces qui s'affrontent. « *Les droits de l'homme risquent de télescoper les valeurs de l'islam – sur la condition des femmes par exemple – et resteront toujours imparfaits* », ajoute encore le professeur. La restriction des libertés est vue comme le prix de la stabilité. L'avocat émirien Hussain Al Jaziri précise : « *La loi répond aux normes culturelles et sociales. L'être humain conditionne ses comportements selon sa culture. La loi doit s'adapter progressivement à l'évolution culturelle de la société. Il faut comprendre que les Émirats arabes unis sont une société très jeune, très traditionnelle. Il y a peu, seuls les enseignements religieux étaient à la base de la culture et de l'éducation. Nos lois visent à protéger nos filles qui sont considérées plus vulnérables et seraient sinon des proies faciles. Par exemple, une fille*

1. *Géopolitique de Dubaï et des Émirats arabes unis*, William Guéraiche, *op. cit.*

qui perd sa virginité avant le mariage est perdue pour la société traditionnelle. La loi est là pour l'en protéger. »

En pratique, pour certains avocats, il reste des domaines où les femmes sont discriminées. Elles n'ont par exemple pas les mêmes droits en termes de divorce ou de garde des enfants. Le docteur Ibtisam Al-Kitbi, professeure assistante de sciences politiques à l'université des E.A.U. et présidente de l'Emirates Policy Center, s'exprimait ainsi en 2009 dans un article publié sur le site du Centre émirien pour les Affaires stratégiques et la Recherche (ECSSR) : « *Les Émirats arabes unis ont accompli des progrès de façon générale dans tous les domaines. Néanmoins, certaines questions doivent être améliorées, comme le Code sur le statut personnel* », qu'elle juge préjudiciel envers les femmes. « *Les femmes sont souvent traitées comme une catégorie marginale*[1]. » Malgré l'absence de ségrégation officielle en ce qui concerne les droits économiques et politiques, « *le système social et culturel est souvent un obstacle qui entrave* [leur] *avancement. De plus, les rôles multiples qu'elles jouent – mère, épouse et professionnelle – pèsent lourdement sur leurs épaules.* » Le docteur Al-Kitbi appelle à la création d'institutions sociales pour les y aider. D'autre part, il serait idéaliste et trompeur de peindre un tableau trop idyllique : comme tous les pays du monde, les Émirats arabes unis n'échappent pas à certaines problématiques comme le viol, la violence domestique ou le trafic humain.

Les discriminations perdurent

Aux Émirats arabes unis, pour qui est musulman, les questions relatives au droit de la famille sont donc régies par le Code sur le statut personnel. Le Code civil ne régit pas les affaires familiales (mariage, divorce, garde des enfants, héritage…) comme c'est le

1. On peut trouver les citations du docteur Ibtisam Al-Kitbi sur le site suivant : http://www.ecssr.ac.ae

cas en France où il organise les liens juridiques entre les différents éléments de la famille. Selon l'ONG Human Rights Watch, ce Code comporte des clauses discriminatoires à l'égard des femmes, notamment en accordant aux hommes un statut privilégié dans les questions de divorce, de garde des enfants et d'héritage. Avocate émirienne spécialisée dans ces problématiques et fille d'un des premiers avocats du pays, Diana Hamade Al Ghurair n'hésite pas à dire tout haut que le droit les défavorise encore dans certains domaines. « *Sous la charia, la femme vaut la moitié d'un homme. Dans tous les sens du terme, et en tout cas en ce qui concerne le témoignage et l'héritage. Il lui faut deux hommes ou un homme et deux femmes, pour témoigner en sa faveur. Une femme n'hérite que de la moitié de la part d'un homme. Les femmes devraient être traitées de manière équitable* », appelle l'avocate en faveur d'une évolution du droit mais qui ne voit guère poindre d'évolution. « *Tant que la charia sera la base de la politique et du droit, je n'ai pas d'espoir de changements. Beaucoup de pays l'ont remplacée par des Codes civils et pénaux mais d'une manière générale, dans le monde arabe, la loi sur la famille est toujours sous la juridiction de cours religieuses et sectaires.* » Elle se réjouit néanmoins de la présence de femmes au Conseil national fédéral (CNF), qui sont « *au moins là pour défendre leurs droits, revoir la législation, apporter leurs commentaires, faire passer des lois qui n'existent pas encore* ». Depuis que les femmes ont intégré le CNF en 2006, certains sujets ont vu le jour dans le débat comme le congé maternité, l'âge de la retraite, la violence contre les femmes et la santé. « *On parle même d'une loi sur les droits des femmes même si ce ne sont encore que des discussions et qu'il n'y a toujours pas de projet de loi* », ajoute l'avocate. Mais pour l'un de ses collègues, Hussain Al Jaziri, le droit émirien protège l'homme et la femme de façon complémentaire. Le but étant de protéger chacun des protagonistes dans leurs fonctions sociales et culturelles afin qu'aucun ne soit lésé. Hussain

Al Jaziri rappelle par exemple que certains articles du Code sur le statut personnel[1] détaillent les obligations du mari qui doit subvenir aux besoins de son ou ses épouses et assurer les finances du foyer.

Comme on l'a vu, même si elle est de moins en moins pratiquée, la polygamie est toujours en vigueur et socialement acceptée. Si un mari est censé traiter de façon équitable ses épouses en tout, tant au point de vue financier qu'affectif, « *en pratique ce n'est jamais le cas* », constate Diana Hamade Al Ghurair. D'une façon plus générale, « *il est rare de trouver une femme qui peut divorcer parce qu'elle a été injustement traitée* ». Les Émiriennes peuvent obtenir un divorce par la procédure dite *khul'a* (divorce sans faute) mais cela leur fait perdre leurs droits pécuniaires. Elles ne peuvent l'obtenir que dans des circonstances exceptionnelles et les conséquences matérielles sont pour le moins fâcheuses. « *Pour la femme dans l'Islam ce n'est pas un droit évident. Elle doit démontrer qu'elle a été lésée. Elle ne peut pas juste dire : "Je veux divorcer." Elle doit prouver que son mari ne dépense pas d'argent pour elle, ne l'honore pas ou ne lui donne pas satisfaction pour des raisons évidentes, ou lui cause du stress psychologique. Mais elle doit apporter de nombreuses preuves. Ce n'est pas un chemin facile. Un homme n'a qu'à demander le divorce et rendre sa dot à sa femme. Il n'a aucune raison à donner. Ces règles sont basées sur le* Coran *et la* Sunna, *la jurisprudence* », explique l'avocate. En cas de dispute ou de procédure de divorce entre un homme et son épouse, une femme mariée peut aussi être soumise à de nombreuses restrictions par son mari quand elle voyage à l'étranger avec ses enfants. L'époux peut imposer une interdiction de quitter le pays aux enfants. En tant que tuteur, leur père garde leur passeport et leurs documents officiels jusqu'à l'âge de 18 ans, leur

1. Articles 63 à 77 du Code sur le statut personnel n° 28 de 2005.

majorité. Une femme mariée obéit à des contraintes dont elle est libérée si elle est divorcée. Si elle obtient le divorce, elle récupère la part de la dot qui ne lui a pas encore été payée. Durant les trois mois de délai – *eadda* – avant qu'elle ne soit libérée et ait le droit de se remarier, elle a aussi droit à une compensation financière. Selon Diana Hamade Al Ghurair, les femmes ont la garde des enfants jusqu'à 11 ans pour les garçons et jusqu'à 13 pour les filles[1]. Les juges ont néanmoins le pouvoir discrétionnaire d'étendre cette période s'ils estiment que c'est dans l'intérêt de l'enfant. « *Les règles s'appliquent sur des cas d'espèces et chaque cas est différent. La mère peut avoir le droit de garde d'un enfant dans un cas et pas dans un autre mais en définitive c'est toujours l'intérêt de l'enfant qui est pris en compte par le juge* », détaille Hussain Al Jaziri. Les femmes perdent le droit de garde en cas de faute grave telle que l'infidélité. D'autre part, s'il n'y a pas de restrictions à ce qu'elles se remarient, en vertu du Code sur le statut personnel, elles perdent la garde de leurs enfants sauf si leur ex-époux y renonce. « *Les femmes divorcées sont condamnées à rester seules si elles veulent garder leurs enfants. Selon l'islam, les enfants ne devraient jamais être élevés par un étranger. Par contre, si un homme se remarie ce n'est pas un problème. La charia ne changera pas sur ce point. Il faudrait qu'elle soit remplacée par un Code civil. Avec l'augmentation du nombre de divorces, il y a énormément de problèmes à la cour avec les enfants au milieu, utilisés par les parents. C'est injuste à leur égard* », dénonce l'avocate. En pratique, il n'est pas rare de voir certaines femmes proposer à leur ex-mari une compensation financière afin de garder leurs enfants, explique l'avocate. « *Mais à la minute où elle se remarie, le père a le droit immédiat de les récupérer. C'est là que les marchandages et les accords interviennent.* » Suite à « *l'affaire Wadeema* », une petite

1. Loi fédérale n°28, chapitre 2, garde des enfants, 2005.

fille de 8 ans torturée et tuée par son père et sa petite amie, le pays a adopté en 2013 une loi de 77 articles sur les droits de l'enfant. « *La loi devrait toujours favoriser l'enfant. Malheureusement, ce n'est pas toujours le cas. Mais cette affaire est un premier pas. Les autorités sont plus impliquées et responsables de la sécurité de l'enfant.* » Enfin, officiellement, on ne parle pas de répudiation. « *Les familles reprennent toujours leur fille. Sinon elles déshonoreraient leur nom. La répudiation n'existe pas en ce sens* », précise Sharlah Musabeh, fondatrice de l'ONG City of Hope. « *Il n'y a pas de séparations, seulement des divorces. Si une femme vit dans une autre maison, son mari a l'obligation de lui donner de l'argent pour subvenir à ses besoins. Ce serait illégal sinon. Il n'est pas accepté de jeter sa femme dehors. Elle a tous les droits en la matière* », confirme l'avocate. Pourtant il y aurait une augmentation du nombre de femmes abandonnées par leurs maris. Elles ne se manifesteraient pas par peur des conséquences judiciaires et pour ne pas perdre leurs enfants [1].

Le viol encore tabou

Selon Amnesty International, « *des informations parues dans la presse laissent à penser que des femmes victimes de viol ne dénoncent pas le crime à la police de peur d'être inculpées de relations sexuelles illicites* ». D'après les ONG, 50 % des femmes résidant aux Émirats arabes unis avoueraient qu'elles ne se risqueraient pas à dénoncer un viol. Dans deux cas au moins, des femmes qui déclarèrent en avoir été victimes furent condamnées à la prison pour « *relations hors mariage* » : leurs accusations furent jugées infondées par les tribunaux. En 2008, une Australienne travaillant aux Émirats arabes unis signala avoir été violée et fut condamnée à 8 mois de prison pour avoir eu des « *relations sexuelles hors*

1. « Proposed Law Will Help Empower All Women in the UAE », Ayesha Almazroui, *The National*, 10 mars 2014.

mariage[1] ». En 2010, une femme musulmane à Abou Dhabi s'est rétractée après avoir accusé six hommes de l'avoir collectivement violée, affirmant que les policiers l'avaient menacée de châtiments corporels pour avoir eu des relations sexuelles avant le mariage, selon Human Rights Watch. En 2013, enfin, une Norvégienne, Marte Dalely, fut condamnée à 16 mois de prison pour parjure, relations sexuelles consensuelles hors mariage et consommation d'alcool, après avoir accusé son chef de l'avoir violée. Finalement graciée, elle a pu quitter le pays. À noter que les hommes accusés furent tous condamnés pour relations sexuelles hors mariage mais pas pour viols. Plusieurs organisations de défense des droits de l'homme ont exprimé leur inquiétude. Pour Human Rights Watch, « *ces peines ont pour conséquence que les femmes aux Émirats arabes unis, résidentes et touristes, réfléchiront à deux fois avant de demander justice et de dénoncer une agression sexuelle de peur d'être elles-mêmes accusées… Le message est clair : les victimes seront punies pour avoir dénoncé et demandé réparation tandis que l'agression sexuelle elle-même ne sera pas correctement investiguée.* » L'avocat Hussain Al Jaziri explique : « *Il faut comprendre cette législation comme le résultat de différences culturelles et de la façon de vivre entre hommes et femmes dans nos sociétés. Le viol confirmé a de très lourdes conséquences puisqu'il est passible de la peine de mort. C'est pourquoi un juge doit faire appel à son intime conviction et s'il a 1 % de doute, innocentera l'accusé. Il faut étudier les détails des dossiers pour comprendre pourquoi les juges ont pris les décisions. Mais des cas de viols ont été reconnus.* » Il faut enfin signaler que le viol n'est pas reconnu dans le cadre du mariage. L'épouse ne peut accuser son mari de viol, confirme l'avocat, puisqu'honorer son mari fait partie de ses obligations conjugales.

1. Alicia Gali, 29 ans, originaire de Queensland, Australie, s'est plainte d'avoir été droguée et violée par ses collègues de travail. Accusée d'adultère, elle a passé 8 mois en prison avant d'être graciée et libérée.

Les violences domestiques enfin dans le débat

« *Une femme a aussi le droit d'être traitée de manière décente et de ne pas être maltraitée par son mari* », disait le Prophète. Le dernier sermon de Mohammet avant sa mort est ainsi rapporté : « *Ô peuple, il est vrai que vous avez certains droits sur vos femmes mais elles ont aussi des droits sur vous. Souvenez-vous que vous les avez prises comme épouses uniquement sous la confiance d'Allah et avec Sa permission. Si elles respectent vos droits, alors elles méritent d'être nourries et habillées avec gentillesse. Traitez bien vos épouses et soyez bons avec elles car elles sont vos partenaires et serveuses dévouées.* »

Selon Human Rights Watch, malgré l'existence de refuges et de lignes téléphoniques spéciales destinées à aider et à protéger les femmes, la violence conjugale reste un problème omniprésent. Les violences domestiques ont été multipliées par trois ces dernières années (ARN News Center, 2014) [1]. Le Code pénal donne aux hommes le droit de « *discipliner* » leurs femmes et leurs enfants, y compris en usant de la violence physique. La Cour suprême fédérale a confirmé le droit d'un mari de « *réprimander* » sa femme et ses enfants par la force physique [2]. Selon le site québécois DROIT-INC, on peut lire qu'« *en 2010 le plus haut tribunal des Émirats arabes unis a statué qu'un homme peut battre sa femme et ses jeunes enfants, pour autant que cela ne laisse pas de marques sur leur corps* », soulignant que « *la loi islamique permet une "discipline" si aucune marque n'est laissée* ». À noter qu'avocats et psychologues constatent parallèlement une augmentation des cas de harcèlement sexuel ces dernières années. Le déclin de dévotion religieuse, l'absence de supervision parentale et Internet seraient quelques-uns des facteurs à l'origine de ce phénomène. Au niveau

1. Arabian news Center cité sur 103.8 FM- 31 mars 2014.
2. Rapport annuel de Human Rights Watch 2013.

professionnel, les expatriées y seraient plus exposées mais hésiteraient à porter plainte de peur de perdre leur emploi et d'être forcées de quitter le pays. Dans la sphère privée, de nombreuses femmes seraient aussi peu enclines à déclarer la violence domestique.

D'où la volonté de demander une loi spécifique en la matière qui soit distincte de la loi générale sur la famille. Selon Maryam Al Roomi, ministre des Affaires sociales, une loi distincte contre la violence conjugale qui harmonise les pratiques au niveau fédéral est en voie d'être promulguée : un effort visant à regrouper des principes dispersés dans différents textes de lois existants. Cette nouvelle loi sera chargée de définir et garantir les droits des femmes contre la violence domestique, la santé et l'unification des services de soutien dans les sept Émirats. Le ministère des Affaires sociales sera entre autres chargé d'en rédiger les articles. « *Les femmes sont plus faibles que les hommes dans la plupart des cas, elles sont sensibles et abusées... Les femmes doivent être protégées. Les femmes ont besoin d'une loi qui inclut leurs droits, leur rôle et les protège* », déclarait Ali Jassim, membre du CNF de Oumm Al Qaïwaïn[1].

Jusqu'en 2007, seule une initiative privée, City of Hope, un abri officieux lancé en 1991 par une Américaine ayant épousé un Émirien, s'occupait des victimes de trafic humain et de violences domestiques. Sharlah Musabeh, un personnage controversé, fut finalement poussée à quitter le pays en 2008. Elle vit depuis à Seattle Washington, sa ville natale, avec son mari et leurs enfants. Interviewée sur Skype depuis l'Europe, Sharlah Musabeh, parlant l'arabe et convertie à l'islam, n'hésite pas à décrire ouvertement les cas d'abus dont elle a été témoin. « *Je me suis occupée de filles maltraitées par les hommes de leur famille, punies et enfermées pour en avoir parlé. Ce n'est pas une habitude mais j'ai vu de tels cas dans*

1. « Women Need to be Aware of Rights », *The National*, 4 mars 2014.

des familles riches. Ils ont des relations qui leur permettent d'échapper au système. J'ai protégé une jeune fille de 21 ans, N. A. R., issue d'une famille bédouine très influente. Elle avait subi des années de maltraitance. Sa mère l'accusait d'avoir un petit ami. Elle n'avait pas droit au téléphone et avait accès à un ordinateur une heure par jour alors qu'elle était étudiante en informatique. Elle était constamment humiliée : ils avaient enlevé la porte de sa chambre. Elle était à bout de force. » Sharlah Musabeh s'attaque à un tabou en prenant la défense de la jeune femme, lui confirmant son droit à disposer de son passeport et à quitter sa famille. L'avocate des droits de l'homme, ayant déjà défendu et gagné des cas semblables devant les juges, se propose d'aider N.A.R. à sortir du pays malgré les risques encourus. « *Elle me disait que sa famille détruirait mon organisation comme un vulgaire Lego et qu'ils feraient tout pour la récupérer. Cela m'était égal. Elle était peut-être celle qui permettrait de protéger toutes les autres filles ensuite.* » S'armant de tout son courage, N. A. R. va, dans un premier temps, chercher son passeport dans la chambre de ses parents. Les deux femmes réalisent ensuite que pour obtenir son visa, il lui faut un relevé bancaire de son père. N. A. R retourne le chercher. « *C'était terriblement stressant, mais elle a réussi à quitter le pays.* » Pourtant l'histoire tourne au drame : la famille fait appel à l'ambassadeur du pays hôte et organise une véritable chasse pour récupérer leur fille. « *Cette histoire a été le début de la fin pour moi. Je suis devenue une cible, je dérangeais celles qui étaient censées lutter contre les abus mais qui ne le faisaient pas.* » City of Hope était opérationnelle depuis des années mais sans licence. En 1991, Sharlah Musabeh commence à accueillir des filles victimes d'abus divers dans sa propre maison avec l'assentiment officieux des juges. « *Tout allait bien tant que je sauvais des servantes ou des esclaves sexuelles du Maroc, de Jordanie, d'Égypte, d'Inde, du Pakistan, de Russie ou d'Ouzbékistan. Mais si vous parlez des filles émiriennes et que vous avez le culot d'aider celles de riches familles à s'échapper, que cela devient visible, les choses se gâtent. Tout est question d'honneur et de réputation. Rien de ce qui concerne la famille ne doit transpirer. C'est tabou.* » Commence alors une campagne de diffamation dans les médias. On accuse Sharlah Musabeh d'être l'auteure des abus contre lesquels elle lutte. Elle reçoit plusieurs mandats d'arrêt et ses appuis au sein du gouvernement et de la police ne suffisent plus à la protéger. Sur les conseils du consulat américain, elle décide de quitter le pays. « *Ma fille avait 7 ans quand nous avons dû partir et c'était un dilemme. Je suis allée à l'aéroport avec mon mari et j'ai été arrêtée. Très poliment. C'était une conspiration de gens d'influence qui avaient peur que mes découvertes salissent leur réputation. J'étais une menace car je faisais état de cas qui avaient été étouffés des années durant. Divulguer que des hommes et des garçons émiriens pouvaient abuser de leurs femmes et de leurs filles était la ligne à ne pas franchir. Alors que moi j'étais choquée que ceux qui étaient en charge de traiter ce genre de problèmes ne fassent rien.* » Sharlah Musabeh sera relâchée. Elle n'est pas interdite de séjour aux Émirats arabes unis mais n'y est pas retournée depuis. Elle est active à distance, envoyant les victimes au bon endroit, les aidant à trouver l'aide dont elles ont besoin et les conseillant dans les démarches à entreprendre. « *J'ai souffert mais c'est terminé. J'ai perdu ma maison. Mon chez-moi me manque. Mais je suis fière de ce sacrifice. J'ai refusé qu'on me dise ce que j'ai le droit ou pas de dire. Je refuse de compromettre mes croyances et ma liberté. Je comprends l'animosité à mon égard parce que je mets le doigt sur les 10 % négatifs alors qu'il y a tant d'aspects positifs dans ce pays. Mais une cruauté devient la pire des cruautés quand elle est cachée. Un droit est un droit. Ceux qui souffrent en silence ont besoin d'une voix et d'un système pour les défendre. J'ai protégé des centaines de victimes de violence domestique. Si c'est ce que cela coûte, je suis prête à en payer le prix.* »

Dans le sillage de City of Hope, personnifié par le style frontal et polémique de Sharlah Musabeh, un organisme proposant une « *approche de gestion des problèmes sociaux adaptée aux coutumes locales* » voit le jour. La Dubai Foundation for Women and Children (DFWAC) est créée en 2007 avec le titre officiel de Premier abri du pays protégeant les femmes et les enfants victimes de violence domestique, d'abus et de trafic. Membre du CNF en charge du comité de l'éducation, de la culture et des médias, Mona Al Bahar en a été vice-présidente durant six ans. Elle a récemment démissionné car sa vision est « *plus large que celle qui est mise en place* ». Elle préférerait que la prise de conscience se fasse au niveau de la société. Cependant elle défend la politique de la DFWAC qui tente, autant que faire se peut, de ne pas séparer la victime de sa famille. « *À moins qu'il y ait danger de mort sur la femme ou les enfants, je préfère une solution au sein de la famille plutôt que de placer la victime dans un abri. S'il y a une menace directe et avérée, nous l'admettons dans la fondation. Mais l'idée est de ne pas briser la famille, plutôt renforcer ses liens. En raison du manque de communication, de planning ou de difficultés financières, les familles ont toutes leurs problèmes et ils peuvent généralement être résolus en son sein* », estime Mona Al Bahar. Les victimes peuvent rester jusqu'à neuf mois au refuge qui leur sert de foyer le temps qu'elles trouvent un endroit sûr, leur fournissant aide psychologique, éducation et responsabilisation jusqu'à ce qu'elles puissent mener une vie normale. Mona Al Bahar constate des progrès depuis l'ouverture de la fondation. La DFWAC reçoit désormais quotidiennement trente à quarante victimes de tous types d'abus : verbal, social, psychologique, physique et sexuel. « *Avant pour la société, l'abus était seulement physique. Les gens ne réalisaient pas qu'il pouvait aussi être verbal, psychologique, émotionnel… Maintenant il y a plus de prise de conscience* », se félicite la députée. Elle assure qu'aujourd'hui les victimes émiriennes n'ont plus peur de venir et voit dans la fondation le relais moderne des familles. « *Il ne s'agissait pas de peur mais de respect pour leur famille. Généralement, elles s'ouvraient à leurs parents éloignés et les problèmes étaient résolus de l'intérieur. Mais avec la modernité et le développement de cellules nucléaires, ces familles étendues ont perdu le rôle qu'elles avaient. Les victimes ont confiance en moi car elles savent que je respecterais leur anonymat. Elles veulent protéger leur nom et celui de leur tribu. En tant que travailleurs sociaux c'est un droit que nous nous devons de leur garantir.* » Selon Mona Al Bahar, les femmes devraient être plus au fait de leurs droits. Un rôle que doivent jouer les associations.

Trafic humain

Comme tous les États modernes, les Émirats arabes unis sont aussi confrontés au problème du trafic sexuel. Même si officiellement la prostitution n'existe pas, les victimes, elles, sont bel et bien présentes et les Émirats arabes unis ont rejoint la liste des pays devant lutter contre ce fléau. En 2007, dans son rapport annuel sur le trafic humain, le département des Affaires étrangères américain classait les Émirats « *Tier 2* », c'est-à-dire faisant partie des pays ne respectant pas complètement les standards minimums pour son éradication mais réalisant des efforts significatifs en vue d'atteindre cet objectif. Le gouvernement fédéral a adopté en 2006 la loi n° 51 contre le trafic humain ou l'esclavage moderne, la première de la région. Les Émirats ont également signé le protocole d'accord des Nations unies et créé un Comité national contre le trafic en 2007. Ainsi deux organismes publics voient le jour la même année : la DFWAC – dont le mandat a été détaillé ci-dessus pour lutter contre le trafic humain et la violence domestique depuis Dubaï – et EWA'A, dans le but de protéger les femmes et les enfants contre les trafiquants depuis Abou Dhabi. Sa directrice, Sara Shuhail, a exceptionnellement accepté d'être interviewée et d'ouvrir les portes de l'un des trois abris, cachés pour ne pas être la cible des trafiquants. L'organisation compte environ deux cents victimes réparties sur les trois lieux entre Abou Dhabi, Ras Al Khaimah et Sharjah. Mère de six enfants, quatre filles et deux garçons, Sara Shuhail a travaillé comme directrice d'école pour le ministère de l'Éducation durant trente et un ans, avant d'être nommée par le gouvernement pour monter EWA'A, « *récipient* » ou « *abri* » en arabe : « *un endroit sûr et précieux comme un utérus protège le fœtus* ». Les victimes, âgées de 5 à 45 ans, viennent de pays ravagés par la guerre, les catastrophes naturelles et la pauvreté. Vulnérables – elles n'ont souvent plus de famille et sont facilement kidnappées –, elles sont destinées à devenir des esclaves sexuelles professionnelles. « *Dans 99 % des cas, c'est la même histoire. Les trafiquants leur promettent qu'en venant ici elles auront un emploi dans un hôtel comme secrétaires ou serveuses, ou dans un salon de beauté… Puis elles arrivent aux Émirats arabes unis et se retrouvent piégées. Les trafiquants leur confisquent tous leurs papiers et les obligent à signer une clause de non-responsabilité. Ils menacent de représailles, de s'attaquer à leurs bébés, à leur famille si elles ne coopèrent pas. Certaines sont même plongées dans ce trafic dès leur plus jeune âge par leurs propres parents qui vivent ici depuis longtemps. Ils les vendent ou les obligent à exercer de sales boulots, à se prostituer pour la plupart,* explique la directrice. *La moitié est adoptée par des gens qu'elles appellent papa et maman.* » Quand elles arrivent à s'en sortir, la police, les ambassades, les hôpitaux ou les mosquées les dirigent vers EWA'A qui s'est aussi doté d'une *helpline* depuis 2011. « *Parfois ce sont les clients qui finissent par nous appeler, rongés par la culpabilité.* » EWA'A collabore surtout avec le département des droits de l'homme de la police qui les aide à localiser et libérer les victimes de ces mafias venues des pays de l'Est, d'Afrique et récemment de pays arabes. « *Les trafiquants viennent du même pays que leurs victimes et travaillent avec des partenaires de la même nationalité ici.* » Une cinquantaine d'entre eux a été arrêtée en 2013. Ils risquent vingt-deux ans de prison. Mais la tâche n'est pas aisée. Les mafias adaptent leurs plans et il est difficile de mettre la main sur les cerveaux opérant dans le pays d'origine. Sara Shuhail constate tout de même que beaucoup de progrès ont été faits depuis l'ouverture du centre, notamment en termes de prise de conscience : « *Par le passé, les gens, y compris les professionnels de l'éducation, ne voulaient même pas entendre parler d'abus et de trafic sexuel. Il y avait un déni sur le fait que ce problème existait ici. Il n'est pas plus développé qu'ailleurs mais il existe. C'est une problématique de pays riches. Mais lentement les gens commencent à en parler. Avec mon équipe, nous avons contribué à faire évoluer la société sur cette question.* »

L'abri caché d'EWA'A à Abou Dhabi

Maitha Al Mazrui, jeune femme émirienne, travaille pour EWA'A depuis près de cinq ans comme coordinatrice. On lui a offert deux fois son salaire ailleurs mais elle ne peut se résoudre à partir. « *Ce serait trahir les filles*, confie-t-elle. *Et je sens que notre travail commence à payer.* » Il faut en général un à deux ans avant que les trafiquants soient arrêtés mais depuis que la loi est appliquée, grâce à l'étroite collaboration avec la police et la sensibilisation des filles et du public, « *ils ne peuvent plus opérer en toute impunité* ».

Maitha fait le tour de l'abri niché dans un quartier résidentiel sécurisé d'Abou Dhabi. Elle prend des nouvelles des filles malgré sa grossesse avancée. « *C'est comme n'importe quel job* », assume-t-elle en pénétrant l'atelier artistique où les femmes et les enfants créent des œuvres libératoires. EWA'A organise des expositions annuelles autour de leurs travaux afin de récolter des fonds et d'aider les victimes à extérioriser leur traumatisme : des œuvres parfois plus fortes et révélatrices qu'aucun discours. « *Ces filles ont été trompées. Elles ont fait confiance à un ami ou un membre de leur famille et se sont retrouvées esclaves sexuelles. C'est parfois difficile d'entamer une thérapie. Pourquoi feraient-elles confiance à un étranger ?* » interroge Maitha. Cette pièce semble être le réceptacle de leurs peines et de leurs espoirs.

Sur le mur, des photos des victimes. On peut y voir le visage d'une petite fille de 5 ans. « *Malheureusement c'est une enfant exploitée par ses propres parents. Ils l'ont fait venir ici pour l'entraîner à devenir une esclave parfaite* », raconte Maitha. La petite assistait à des parties fines, habillée comme une femme de mauvaise vie et se faisait battre quand elle refusait d'obéir. « *Cela n'a pas été facile*, se souvient Maitha. *Il a fallu revenir aux bases : hygiène, manières, éducation. La pauvre enfant n'avait pas d'exemple à suivre. Si ses parents n'en étaient pas, qui aurait pu l'être ?* » Elle voulait rejoindre sa mère traffiquante en prison mais Sara Shuhail a su gagner sa confiance. « *Elle s'est tellement attachée à Sara. Elle l'appelait "Mama Sara". Les victimes sentent quand vous leur parlez avec le cœur. Si elles voient dans vos yeux que vous leur faites confiance, cela les rassure. On ne peut pas leur mentir.* » La petite a finalement rejoint sa grand-mère, originaire d'un pays arabe. Dans la plupart des cas, les victimes veulent revenir dans leur environnement familier. Le cas de cette enfant très jeune reste rare. Les mineurs ont en général entre 14 et 18 ans.

« *C'est du viol organisé*, s'indigne Maitha. *Dans la plupart des cas, les clients se rendent dans les endroits où elles sont enfermées. Mais certaines doivent aller racoler. Ils se fichent de savoir comment les filles obtiennent l'argent. Ils savent qu'elles reviendront car ils les menacent de maltraiter les membres de leur famille ou leurs enfants.* » Quant aux clients, ils viennent de partout et les passes se font aussi dans des hôtels qui ont pignon sur rue…

Le silence assourdissant de l'abri – les victimes ont été temporairement déplacées près des cours de Ras Al Khaimah et Sharjah où se déroulent leurs procès – alourdit plus encore l'atmosphère de ce lieu chargé de traumatismes. À leur retour, elles partageront cet espace dédié à leur réinsertion. « *Elles peuvent rester jusqu'à six mois. Oui, c'est un bel endroit. Nous essayons de réparer ce qui leur a été fait. Mais rien n'est aussi bon qu'un chez-soi* », confie Maitha. Jusqu'à ce qu'elles reprennent confiance, les filles passent leur temps entre la cuisine, la salle de télé et leurs chambres à préparer les repas, et discuter. Des espaces à part sont même mis à disposition des mères et de leurs bébés. Elles réagissent toutes différemment : certaines ne parlent plus, certaines deviennent dures et d'autres sont « cassées ». « *Ce n'est pas toujours facile de gérer des filles qui ont traversé une telle expérience*, admet Maitha. *Certaines deviennent très agressives.* »

Tolin, une voix dans la nuit

Tolin est venue d'Alep à Beiruth, pensant qu'elle y décrocherait son visa pour les Émirats arabes unis. Elle rêvait de travailler dans un salon de beauté et d'échapper à la guerre qui ravage la Syrie. L'une de ses connaissances lui promettait des châteaux en Espagne : son mari l'aiderait à obtenir des papiers. La jeune Syrienne fréquentait cette femme depuis longtemps si bien qu'elle n'en douta pas. Dans sa ville natale, tous les magasins étaient fermés depuis le début du conflit et Tolin, 28 ans, divorcée sans enfant, ne trouvait pas de travail. C'était une excellente porte de sortie.

C'est seulement lorsqu'elle franchit le pas de la porte de l'appartement du couple à Abou Dhabi qu'elle comprit que quelque chose de louche se tramait. « *Toutes les filles – originaires de Syrie sauf une Irakienne – étaient sur leur trente et un, prêtes à sortir*, se souvient la jeune femme. *Nous étions huit dans un deux pièces. Il exploitait même sa femme.* » Tolin, « *fleur blanche* » en turc, réalisa qu'elle avait été trompée pour devenir prostituée comme les autres. « *Je ne pouvais rien faire. On retrouvait les clients dans des hôtels cinq étoiles mais ils nous escortaient en permanence. J'avais peur que le personnel de l'hôtel et la police soient aussi dans le coup.* » Les trafiquants jouent sur le fait que la prostitution est illégale aux Émirats et les femmes sont effrayées à l'idée de finir en prison si elles s'échappent. Dix jours. Dix longs jours de cauchemar où Tolin est forcée d'exercer des pratiques auxquelles elle n'aurait jamais imaginé être un jour contrainte : obligée de travailler comme esclave pour ramener 80 euros l'heure ou 300 euros la nuit à son proxénète. La voix de la jeune femme, fille d'un médecin de renom, est lointaine, distante. Elle est encore traumatisée.

« *Deux jours après mon arrivée, après la phase de choc initial, j'ai essayé de trouver des moyens de m'enfuir. J'ai envoyé des textos à un ami à Sharjah et réussi à lui donner l'adresse de l'appartement. Il a appelé la police qui a fait une descente.* » Elle parle un peu plus fort comme si le danger s'était enfin éloigné mais elle se tord nerveusement les doigts et regarde de tous côtés alors qu'elle raconte les détails de sa libération. « *L'homme était très violent. Il avait des accès de colère et renversait la table du salon, il criait... Quand la police est entrée dans l'appartement, sa femme m'a suppliée de me taire mais j'ai pris mon sac et je suis partie.* »

Aujourd'hui, l'enquête touche à sa fin. Le procès commencera la semaine suivante. Elle pourra quitter les Émirats si elle le souhaite. C'est une faveur que Sara Shuhail a réussi à négocier avec l'appareil judiciaire. La fondatrice d'EWA'A a aussi obtenu des officiers de police qu'ils interrogent les filles en civil. Mais ce qui préoccupe Tolin, c'est la honte. Elle se demande comment elle pourra cacher cette terrible épreuve à son père. Il l'appelait chaque semaine, lui demandant innocemment si elle aimait son travail. « *Je vais peut-être demander de l'aide au Haut-commissariat pour les Réfugiés et l'asile dans un pays d'accueil. Je voudrais étudier l'anglais et devenir traductrice...* » Essayer de reconstruire son amour-propre et refaire sa vie avec pour seule satisfaction d'avoir envoyé un trafiquant derrière les barreaux.

VIII

CRISE IDENTITAIRE : *MOYEN-OSTALGIA*

Tout comme l'*Ostalgie* – nostalgie de l'Allemagne de l'Est – ressentie par les citoyens de la RDA après la réunification des deux États en 1990, les Émiriens expriment régulièrement un sentiment de perte d'identité. Cette *Moyen-Ostalgie* ou malaise affiché s'incarne dans le débat autour de la déperdition des valeurs traditionnelles. On regrette une « *époque révolue* », un « *temps perdu* ». On entend souvent de telles phrases : « *En raison de notre climat, des saisons, des hommes partis de longs mois à l'étranger ou en mer, les autres devaient se soutenir.* » Ou : « *La famille était au centre de tout.* » Ou encore : « *Nos valeurs étaient la philanthropie, servir sa communauté et le souci de l'autre.* » Alors qu'à présent les Émiriens seraient « *tournés vers les choses matérielles* », « *la richesse a érodé les valeurs* » ou « *les priorités ont changé* ». Une nostalgie liée au mode narratif arabe et une certaine façon de raconter les histoires. Elle doit se comprendre comme un genre littéraire. On reconstruit en quelque sorte un âge d'or qui n'a jamais existé, on le glorifie alors que c'est indirectement le progrès qui est visé. L'entrée en modernité s'est faite de façon si rapide, transformant Dubaï en « *place forte de la mondialisation* » : du jamais vu. Aucune ville, aucun État n'a connu un tel développement dans un laps de temps aussi court. Pour autant, si le pétrole a « *gâché* » le pays, il est difficile d'imaginer un retour à la « *vie d'avant* ». Cette nostalgie romantique ne fait pas illusion. Le mythe du Bédouin scrutant l'horizon sereinement perché sur sa dune, un faucon sur le bras, une cafetière sur le feu prêt à accueillir les passagers du désert, n'est qu'une image pour faire rêver les touristes bien loin de la réalité, comme le décrit la chercheuse Jane Bristol-Rhys [1]. Le poncif qu'aimait à rappeler Sheikh Zayed selon lequel « *un peuple sans passé n'a pas d'avenir* » est souvent mal interprété et donne lieu à cette imagerie surfaite. Pour se distancer d'un passé pauvre et rude, on monte le folklore en épingle.

« *Notre pays n'a que 42 ans. Ce que d'autres ont vécu en centaines d'années, nous l'avons fait en vingt ans. La vie était si différente avant sa création. Il existe donc un fossé gigantesque entre la vieille et la jeune génération* », analyse Noura Al Noman, en charge du Bureau exécutif de Sheikha Jawaher Al Qasimi, épouse de l'émir de Sharjah, qui œuvre à raviver les valeurs et traditions locales. Noura Al Noman soulève une problématique de plus en plus fréquente dans le débat public. Derrière le verre et l'acier des tours, les Émirats luttent pour préserver leur identité arabe. Être à la pointe de tout, d'accord, mais pas au détriment de la tradition. Un sentiment qui se révèle anxiogène, comme l'explique Sheikha Lateefa bint Maktoum Al Maktoum. « *La rapidité avec laquelle les choses changent peut être effrayante... La génération de ma mère ne cesse de rappeler que ce n'est pas ainsi que les choses se faisaient.* » La démographie émirienne en est l'illustration. En moins de deux générations, le taux de natalité a rejoint celui des pays du Nord [2]. Certains chercheurs n'hésitent pas à parler de « *déclin* » [3]. Dans un pays où la proportion d'étrangers n'a pas d'égale, il n'y a qu'un pas à sauter avant de parler de « péril en la demeure ». « *Être en minorité dans son propre pays peut paraître accablant pour certains. Ils se referment pour ne pas en faire partie car ils ont peur* », ajoute la princesse.

1. *Emirati Women, Generations of Change*, Jane Bristol-Rhys, *op. cit.*
2. Selon le recensement de 2010, le taux de natalité à Abou Dhabi était de 12,6 % (population globale).
3. *Explaining the Decline in Fertility among Citizens of the GCC Countries : the Case of the UAE, Dubai*, Mouawiya Al Awad et Carole Chartouni, Institute for Social and Economic Research (ISER), Zayed Universizy, Working Paper n°1, 2010.

Dans cette « citadelle assiégée », les Émiriennes symbolisent une fois de plus le délitement des traditions. « *Leurs priorités ont changé. La société moderne a amené beaucoup de choses positives. Les femmes sont maintenant conscientes de leur potentiel. Mais elles ont perdu le contact avec leurs enfants. Les enfants et la famille ne sont plus la priorité. Peut-être sont-elles trop prises par leur profession ? Leurs maris ne les aident pas toujours... C'est l'un des effets néfastes de la vie moderne. Il faut réévaluer les priorités* », estime Noura Al Noman. Les femmes auraient abandonné leur maison, la cuisine et leurs enfants aux domestiques. Les vieux reprochent aux jeunes d'être devenus trop riches, trop arrogants, trop tournés sur eux-mêmes, d'avoir perdu piété et dévouement, comme le rapporte Jane Bristol-Rhys. Les jeunes se désintéresseraient des coutumes bédouines, préférant la fréquentation de leurs amis aux réunions familiales hebdomadaires. « *C'est moins important pour elles. Elles préfèrent sortir avec leurs amies dans les malls et quand elles sont présentes, elles ne sont de toutes façons pas 100 % présentes, rivées sur leurs téléphones* », constate Fatima Habib, dermatologue. Que représente le passé pour les 15-25 ans évoluant dans un décor qui n'en porte aucune trace visible ? En dépit de tous les efforts des autorités pour mettre en avant le patrimoine, beaucoup ne le connaissent pas. Comment établir une continuité quand on est déjà déconnecté d'une histoire dont on ne se rappelle plus et qu'on ne connaît pas ? Tandis que les mères sont partagées entre leur volonté de raffermir un mode de vie émirien et leur envie de servir de modèle d'autonomisation, les filles ont déjà des vues différentes. Une étude expérimentale du département de sociologie de Zayed University menée auprès de familles indigènes établirait que les Émiriens entre 12 et 18 ans seraient plus enclins à perdre de vue leurs valeurs traditionnelles. Ces données préliminaires ont même fait l'objet d'un débat au Festival de littérature de Dubaï en mars 2014 : « *Les valeurs familiales sont-elles toujours aussi fortes?* » « *Les jeunes ne jugent plus les valeurs que nous mettions au sommet comme primordiales.* » Ce qui n'est pas le cas des 19-35 ans. En cause, des mères de plus en plus dépendantes de relais extérieurs pour éduquer leurs enfants: 63 % des familles émiriennes participant à cette étude ont avoué ne plus pouvoir se passer d'aides domestiques. Pour le docteur Amal Humaid Bel Houl, conseillère aux Affaires communautaires pour Watani, sorte de bureau national chargé de promouvoir l'identité nationale émirienne dans une société multiculturelle, « *c'est inquiétant* ». À l'inverse, pour Hala Kazim, coach et fondatrice de la société A Journey Through Change, les valeurs doivent s'adapter à un monde qui change.

Une fois encore, le rôle social des femmes fait débat. N'est-ce pas leur responsabilité que de donner naissance aux futures générations et de transmettre les traditions? Mais n'est-ce pas aussi leur devoir que de contribuer à moderniser le pays? Les Émiriennes se trouvent bel et bien au cœur de deux forces qui s'affrontent : les valeurs arabo-musulmanes et la globalisation.

L'électrochoc de la modernité

Le docteur Amna, obstétricienne, et sa sœur le docteur Badrya[1], oncologue, ont été élevées par des parents médecins travaillant tous deux très dur. « *Notre mère était l'une des premières gynécologues dans les années 1960. Nous l'aidions quand les patientes venaient accoucher à la maison car elle était disponible 24 heures sur 24, 7 jours sur 7* », se souvient tendrement le docteur Badrya. Les deux sœurs sont éduquées dans une famille « *libérale de façon conservatrice* » où l'on croit à l'instruction, au travail mais aussi aux valeurs consacrées que sont le respect et la réputation. « *Nos parents étaient connus de tout le monde. Nous avions cette responsabilité de défendre le respect de notre famille,*

1. Prénoms d'emprunt. Toutes deux sont médecins mais leurs spécialités sont fictives.

explique le docteur Amna. *Mais ma mère pensait aussi qu'il est important de faire ce que l'on croit être juste pour soi, même si les autres le désapprouvent. S'agissant d'éducation, nous étions encouragées à poursuivre nos rêves.* » Une culture familiale basée sur la confiance et le contact régulier. En 1985, les deux sœurs partent étudier la médecine en Irlande puis se spécialisent respectivement en Grande-Bretagne et aux États-Unis. Le docteur Badrya passera seize ans à l'étranger et le docteur Amna, quatorze, avant de revenir bardées de diplômes et d'ouvrir leurs cabinets. « *Ma famille me manquait trop* », avoue le docteur Amna. C'est un autre Dubaï qu'elles retrouvent. « *J'ai quitté un village, je suis revenue dans une ville.* » Elles se réjouissent de pouvoir profiter du meilleur des deux mondes. « *Nous avons la chance ici à Dubaï de pouvoir vivre notre propre culture en absorbant celles de tant d'autres régions et de pays du monde. Les gens peuvent maintenir leurs traditions tout en profitant des avantages de l'Ouest. Malgré les différences linguistiques, culturelles et sociales, je pense qu'il existe une vraie "culture globale".* »

Le docteur Amna et le docteur Badrya sont des exemples d'intégration équilibrée mais tous les Émiriens n'ont pas eu des parents éclairés qui réagissent de façon aussi positive au changement. Certains se disent étourdis par ce décor où ne subsiste aucune trace de la vie passée. La plage a fait place aux immeubles, aux centres commerciaux, aux spas et cliniques privées, les baraques de pêcheurs aux maisons cossues, les routes cabossées aux lignes droites, les ânes aux voitures, le Chicago Beach Hotel est devenu le Jumeirah Beach Hotel et leurs voisins une foule d'autres résidences hôtelières de luxe. La tranquillité et la lenteur ont fait place à la rumeur des artères autoroutières, au rythme incessant. Fini le temps où l'on s'asseyait dehors et prenait les repas entre voisins sur le pas de la porte. Qu'il est étrange ce sentiment de ne pas connaître ses riverains, de ne plus être dans l'intimité, d'être éloigné de certains membres de sa famille et même parfois – rarement – de vivre sans un homme dans la maison. Même si en échange, il est vrai, les filles ont plus de droits qu'avant. Elles ont maintenant des opportunités inimaginables. Adolescentes, les filles de la génération des docteurs Amna et Badrya fréquentaient le peu d'endroits accessibles comme le Trade Center, la salle de jeu du quartier de Karama ou un bistro de hamburgers. Avec l'ouverture du Ladies Club et les jours réservés aux femmes à Jumeirah Beach Park, elles peuvent maintenant fréquenter la plage. Mais paradoxalement, certaines femmes pensent avoir perdu en liberté de mouvement et en indépendance par rapport à leurs aînées. À l'époque, on vivait en communauté, les membres d'une même tribu habitant le quartier. On se mariait presque toujours entre cousins ; on avait les mêmes grands-parents ; on était voisins. Dès lors, on allait librement chez les uns et les autres. Ce sont surtout les hommes qui auraient accès à la modernité : au centre urbain, à ses restaurants, ses *malls*, ses cinémas et ses cafés. Il serait de nos jours finalement plus compliqué pour une femme de sortir. Elles doivent se protéger des regards étrangers, sortir accompagnées, se barricader derrière de hautes enceintes pour ne pas être vues et veiller ainsi à leur réputation.

Pour les femmes nées dans les années 1930 ou 1940, il s'agit bien d'un électrochoc. Si la modernité a atteint tous les foyers – mêmes les plus modestes sont équipés d'un poste de télé et d'un iPad – elle n'a pas gagné tous les esprits. Ceux de la vieille génération peinent à trouver la quiétude des jours d'antan, étourdis par le vacarme et les lumières qui jamais ne s'éteignent. Ce qui se trouvait à des kilomètres est devenu accessible mais pour elles c'est encore plus le bout du monde. Où sont passés leur Shindagha, leur Deira, leur Bur Dubaï, les vieux quartiers ? Peu à peu écrasées par les sentinelles d'une modernité dont la verticalité les dépasse, elles cherchent des repères. Leurs petits-enfants parlent l'*arabizi*, un mélange d'anglais et d'arabe qui n'est déjà plus leur langue. Privées de leurs responsabilités et désœuvrées, elles se retirent dans leur maison. Elles espèrent que l'existence de leurs filles sera plus facile mais restent nostalgiques de la vie nomade et du style de vie dans le désert. À en croire certaines, leurs fils ne sauraient même plus faire tournoyer leurs fusils et leurs bâtons avec autant d'agilité que jadis leurs pères.

À 80 ans, la maman des deux praticiennes continue d'exercer bien qu'elle n'accouche plus (17 000 bébés à son actif). D'ailleurs tout est plus médicalisé. Le docteur Amna exerce le même métier que sa mère mais de façon bien différente. Elle en connaissait les gestes presque instinctivement puisqu'elle et sa sœur tenaient la main des futures mères parfois deux à trois fois par nuit. « *Cela prenait 10 à 15 minutes et elles repartaient avec leur bébé.* » Ces femmes refusaient d'aller à l'hôpital. Elles accouchaient sans bruit, tolérantes à la douleur, peut-être dû au fait qu'on vivait alors beaucoup au sol entre les toilettes à la turque, les repas servis sur le *smaat*, assises par terre. Les « *hanches s'élargissaient naturellement* ». Aujourd'hui, le docteur Amna propose des péridurales et prévoit même certains accouchements par césarienne.

L'heure est donc au maintien des traditions qu'elles sentent en péril dans un mode de vie de plus en plus occidental. Même dans les zones rurales où plusieurs générations se partagent de petites habitations modestes, où l'homme de la maison est généralement la seule source de revenu, il existe ce conflit entre l'envie de conserver un mode de vie traditionnel et celle d'y intégrer des éléments du monde moderne. « *Les Émiriennes sont passées d'une mentalité de village, prenant soin de leurs enfants, à ce rêve d'entrepreneur, de voyageuses du monde.* [Certaines] *y sont arrivées. Elles ont leur place, elles conduisent, elles ont leur liberté de pensée, elles ont droit à leur propre argent,* constate Sharlah Musabeh, fondatrice de l'ONG City of Hope. *Mais elles grandissent à présent avec tant de vides générationnels. Ce pays change si vite que même entre deux sœurs de 18 et 27 ans, il y a un trou énorme. Imaginez avec leur mère ! Totalement analphabète, elle peut avoir à régler des problèmes très différents entre des filles qui ont à peine dix ans d'écart.* » Certaines femmes âgées sont en effet totalement désorientées et ne sortent plus de chez elles tant elles sont déboussolées. Elles ne reconnaissent parfois plus rien. Au moins, dans la maison, on vit encore ensemble, dans des *majlis* séparés pour les hommes et pour les femmes et parfois, des poulets courent dans le jardin. Leurs filles parlent même de « *crise d'identité* ». « *Les gens ne savent plus qui ils sont,* avoue Shaikha Al Shamsi, qui travaille pour le fonds d'investissement Khalifa Fund. *Nous luttons pour conserver notre héritage et les valeurs des Émirats arabes unis car sans identité, nous sommes perdus.* »

La préservation des valeurs

« *Les traditions sont importantes. Nous vivons ainsi. Ce matin par exemple, j'ai pris mon petit déjeuner, assise par terre. C'est important de garder sa personnalité. Qu'est-ce qu'une culture si nous avons tous la même ?* » demande Safa Al Hamed, copropriétaire de la galerie photo Empty Quarters. Ainsi perpétue-t-on les coutumes traditionnelles lors des grands événements qui rythment la vie familiale et sociale – fiançailles, mariages, naissances, funérailles, etc. –, durant le Ramadan et l'Aïd, mais aussi de façon quotidienne. « *L'hospitalité et la proximité sont dans notre nature. On se réunit tout le temps. Nous sommes comme une grande famille, nous les locaux* », explique Fatima Sharaf, fondatrice du Hello Kitty Spa. Les femmes interviewées s'accordent à dire que les valeurs familiales restent le moteur le plus important de la vie quotidienne. Elles mentionnent la dignité, les valeurs féminines, la modestie, l'intégrité, la justice, la réputation, le respect de soi-même, les valeurs spirituelles et la confiance en la bonté de l'autre.

Ayant grandi dans un Dubaï intime et plus modeste, elles en ont conservé un sens aigu de la famille. Mères, filles et sœurs entretiennent une relation privilégiée. On s'appelle quotidiennement à maintes reprises. On se rend visite plusieurs fois par semaine et en tout cas le vendredi pour le déjeuner familial. « *Pour rien au monde je ne sacrifierais ce moment avec mes parents. Le vendredi leur est réservé et le samedi c'est pour mes beaux-parents. On se réunit tous. On mange nos plats traditionnels, et avec les doigts, c'est tellement bon !* » s'exclame une femme d'affaires. Un mode de vie resté tribal en dépit des assauts de la modernité. Tout comme s'habiller en *dish-dasha* et en *abaya* doit être compris, comme on l'a vu, comme une manifestation de la fierté d'être Émirien et l'expression physique de certaines valeurs. Elle peut être interprétée comme un acte social et même de résistance contre la mondialisation et l'intrusion de la culture étrangère.

La tradition ne se résume bien sûr pas à un style vestimentaire ou à des symboles, comme ne manque pas de le rappeler Noura Al Noman : « *Nous défendons l'humanité, le respect pour la dignité humaine, nos responsabilités envers les autres. Malheureusement ces valeurs pour lesquelles nous nous battions ne sont pas assez mises en avant, même dans notre propre système éducatif.* » Ainsi s'emploie-t-elle à épauler Sheikha Jawaher Al Qasimi dans ses œuvres comme le scoutisme pour les filles – « *une bonne alternative au shopping* » – ou le parlement des enfants – « *une très bonne expérience de la démocratie et prise de conscience de l'environnement* ». Dans le même ordre d'idées, la préservation de l'héritage prend toute son importance. On met en avant le mode de vie bédouin et on remet au goût du jour les loisirs traditionnels que sont les courses de chameau ou la pratique de la fauconnerie. C'est justement l'émirat du clan Al Qasimi à Sharjah qui se distingue par la politique remarquable menée par son cheikh en matière d'art et de culture, s'employant à créer de nouveaux espaces dédiés au patrimoine. Comme le dit sa fille, Sheikha Bodour, en charge de l'institution qu'est le Salon du livre de l'émirat, « *Sharjah reste familière et c'est vraiment important. Vous connaissez cette impression que l'on ressent lorsque l'on quitte un pays et qu'on ne le reconnaît pas quand on revient… On ne se sent plus connecté à cet endroit. Les nombreux aspects culturels de notre émirat que sont les monuments, l'architecture, une ville islamique, le rendent familier. On se sent au Moyen-Orient.* » On développe aussi de nouveaux espaces, allant jusqu'à « réinventer » le patrimoine, créant par la même occasion de nouvelles attractions touristiques. Le thème de l'héritage, réel ou réinventé, est notamment très présent chez les artistes, pouls de la société. Nombre d'expositions fleurissent autour de la mer et de la perle. On glorifie le courage des ancêtres et on applaudit leur détermination. En plus d'avoir créé Tashkeel, sa fondation pour l'art, Sheikha Lateefa est photographe. Elle travaille sur le thème de la transition et questionne ce traitement constant de l'héritage par ses pairs « *Certains artistes photographient notre héritage comme des images typiques de chameaux ou de femmes tenant des cafetières. À mon avis, il ne s'agit pas de la culture vécue quotidiennement. Je m'interroge sur les artistes qui font cela : quel est leur lien personnel avec ce qu'ils photographient? Ces aspects de notre patrimoine existent mais dans quel contexte au sein de la société contemporaine ? De nombreux amis ont des fermes en activité à Marmoum par exemple et sont connectés à cette partie de notre héritage. Mais qu'en est-il pour quelqu'un qui vit en ville?* » Le travail de la nièce de Sheikh Mohammed, qui a grandi à Dubaï mais a beaucoup voyagé et fréquente des gens du monde entier, porte sur la question identitaire et les changements qui ont bouleversé les repères dans la ville et dans les comportements. Inspirées de conversations, d'observations et de documentation faite sur la façon dont le paysage de Dubaï s'est transformé, ses photographies témoignent de la façon dont ces changements influencent la société dans son ensemble et impactent l'identité de l'endroit. « *Je réalise que beaucoup de gens savent qui ils sont. C'est ainsi que ma dernière œuvre,* The Last Look, *a vu le jour. La fille tient une valise alors qu'elle marche de l'autre côté de la mer. Derrière elle, on aperçoit une légère ligne à l'horizon et la palme qui apparaît* [une île en forme de palmier construite par le développeur Nakheel]. *La valise symbolise ce qu'elle sait d'elle-même, sa culture, quels que soient les changements autour d'elle. La nouvelle génération s'adapte à ce qui existe et y ajoute sa patte.* » Un exercice sans doute plus facile pour les jeunes qui parlent anglais. « *Pour les plus âgés, qui ne le compennent pas, il est parfois difficile de laisser des gens extérieurs s'approcher* », conclut-elle.

De l'arabe à l'« *arabizi* »

Tout comme de nombreux pays arabes, les Émirats arabes unis sont confrontés à la question de la perte de leur langue. La Fédération est d'autant plus touchée qu'y vivent un *melting pot* unique au monde impliquant autant d'opportunités et enrichissant la société de cultures diverses, souvent au détriment de leur tradition. À cause de son emplacement et pour des raisons historiques, on y parle hindi, ourdou ou farsi tout autant qu'arabe. Entre l'Europe et l'Asie, le pays se singularise par une longue tradition d'ouverture et de tolérance, tout du moins sur les villes côtières, la périphérie étant plus traditionnelle. Si le pays se targue d'abriter une société multiculturelle où les communautés vivent en harmonie, un problème se pose pour la minorité locale traditionnellement accueillante et avenante. L'anglais est devenu la langue de préférence, associée à l'arabe dès l'école élémentaire. Sans compter que 58 % des Émiriens préfèrent inscrire leur progéniture en écoles privées, et ce chiffre augmente de 5 % chaque année selon Jameela Al Muhairi, en charge de leur inspection pour le département de l'Éducation de Dubaï, où l'arabe est encore moins enseigné. La majorité des professeurs émiriens préfèrent rejoindre les écoles publiques pour des raisons salariales et culturelles, comme la préférence pour un environnement de travail non mixte. Ainsi, les jeunes parlent de plus en plus une forme hybride d'arabe truffé de mots anglais jugés plus « cools » et « sophistiqués », communément appelée *arabizi*. Traditionnellement la langue est le vecteur de transmission privilégié des valeurs morales, religieuses et historiques d'une communauté. Mais les jeunes ne lisent pas le *fus'ha*, l'arabe formel standardisé, en usage dans la plupart des documents officiels et religieux, servant de référent aux différents Arabes. Sa version formelle est très différente de la forme dialectale, *ammiyah*. L'arabe local est ainsi souvent incompréhensible pour les Arabes d'autres régions. Les opportunités de parler l'arabe dialectal se faisant rares, il s'appauvrit. Le pays est dès lors confronté à ce défi de la langue qui se perd, d'autant que beaucoup d'universités refusent d'enseigner certaines matières comme les sciences en arabe. L'anglais est même devenu dès 1976 la langue d'enseignement de l'université. « *C'est un souci dans tous les Émirats. Sheikh Mohammed a lancé quatre initiatives autour de l'arabe. Dans les écoles privées, nous l'avons imposé comme première langue pour les locaux. Que perd-on quand on perd sa langue natale?* » interroge Jameela Al Muhairi. Mais en dépit des efforts des autorités, l'anglais prend de plus en plus le pas sur l'arabe. Les gardes d'enfants, pour la plupart Philippines, s'exprimant en tagalog ou en anglais. Ainsi, les jeunes enfants acquièrent une langue étrangère avant leur langue maternelle. La perte de la langue relance une fois de plus la problématique du désengagement des mères de famille : plus elles délèguent l'éducation de leurs enfants, moins elles transmettent leur langue et leur culture. Tandis que le personnel domestique d'origine immigrée cristallise l'influence négative des étrangers sur les valeurs traditionnelles et musulmanes. D'autant que les nounous sont majoritairement chrétiennes, échouant ainsi à transmettre les valeurs locales et de l'islam.

Culture orale *versus* culture écrite

Les professionnels du livre constatent ce désintérêt des jeunes pour l'arabe. Ils préfèrent se tourner vers une littérature plus « facile » en anglais et s'exprimer dans une langue déformée mais révélatrice du patchwork culturel qu'est leur pays. Il n'existe pas de littérature jeunesse dans leur langue maternelle et la littérature classique est trop compliquée, sans compter qu'ils peinent à s'y identifier. Noura Al Noman, qui déplore cette carence de livres pour les jeunes, a d'ailleurs écrit et publié en novembre 2012 *Ajwan*, le premier roman de science-fiction en arabe des Émirats arabes unis, ainsi que des livres pour enfants. « *Tout le monde blâme les jeunes mais nous sommes les responsables. J'ai aussi tenté de lire des romans en arabe mais je n'ai rien trouvé. C'est à nous de leur fournir du contenu dans notre langue qui les intéresse* », explique l'écrivain. Elle y a été encouragée par Sheikha Bodour bint Sultan Al Qasimi, l'aînée des filles de l'émir de Sharjah, à la fois pilier du Salon du livre et fondatrice de la maison d'édition Kalimat (Les mots), spécialisée dans la littérature jeunesse en arabe. Cette ravissante princesse entrepreneuse de 36 ans, qui a fait ses études d'anthropologie à Cambridge, est une ambassadrice de la langue et de la culture émirienne. Alors que sa fille a 3 ans et qu'elle cherche des histoires à lui raconter au coucher, Sheikha Bodour se demande où trouver des livres issus de la culture locale. « *J'ai demandé aux mères autour de moi et j'ai constaté que tout le monde se posait la même question et éprouvait la même frustration.* » Il est vrai que les histoires se transmettent par oral, comme celle d'*Umm Duwais*, la vieille mégère transformée en séductrice, ou *Bu Darya*, le djinn, esprit intelligent de rang inférieur aux anges, qui attaquait les bateaux de nuit.

« En 2007, nous avons débuté avec cinq livres et ce fut un succès immédiat ! Nous avions besoin que ces histoires voient le jour. Et aujourd'hui, nous avons une centaine de titres, beaucoup d'auteurs et d'illustrateurs émiriens », se réjouit-elle tout en savourant un *lugaimat,* petit beignet trempé de miel et parsemé de graines de sésame. Un de ses contes pour enfant parle d'ailleurs de cette douceur locale. Elle ne se lasse pas de voir combien les histoires qu'elle publie ravissent son jeune public. Depuis deux ans, elle achète et traduit aussi des livres pour les jeunes adultes afin d'encourager les écrivains locaux, et déniche les auteurs spécialisés dans ce domaine. Un contenu à 90 % local dont le but est de développer une conscience identitaire tout en créant un lien entre les jeunes et le livre. Elle veut croire qu'ils se reconnaissent dans ces histoires où les personnages leur ressemblent, où l'environnement est familier et les mots issus de leur dialecte. *« Les enfants qui grandissent ici sont très imprégnés d'autres cultures, ce qui est formidable. Cela les rend ouverts et instruits mais il faut aussi garder une identité forte. Pour qu'un enfant développe son estime de soi et une bonne connaissance de lui-même, il doit savoir se situer : d'où il vient et qui il est. Et à travers ces histoires, on peut les rendre fiers de leurs origines. Ils peuvent explorer, voyager n'importe où dans le monde mais ils sauront qui ils sont véritablement »*, explique Sheikha Bodour, élevée à bonne école avec un père poète, dramaturge et historien qu'elle a supplié, avec ses frères et sœurs, de mettre ses histoires sur papier *« car sinon elles seraient perdues »*.

Perle d'écrivain

Salha Ghabesh prend place sur le stand de Kalimat dont elle est l'une des ambassadrices. Il ne reste plus une place au sol. Une nuée de petites filles se sont accroupies pour l'écouter raconter la dernière de ses histoires, celle du *Voyage de Dana.* Elle remet en place sa *sheila* et commence à lire. Malgré le bruit de fond dû aux multiples animations du Salon du livre qui n'en finit plus d'attirer des visiteurs, Salha parvient à capter l'attention des élèves dont la moyenne est de 8 ans. Dana est une petite perle dont le rêve est de se retrouver un jour portée par une belle princesse. Elle se confie à ses autres amies perles. Un beau jour, un pêcheur la prend dans ses filets et c'est ainsi que Dana, jolie goutte de nacre blanche et brillante, voit son rêve exaucé. Salha demande à son public si elles ont des amies ou des sœurs qui s'appellent Dana ? « *Moi, moi…* » répondent certaines d'entre elles. « *Mais savez-vous ce que cela signifie ?* » C'est un type de perle de la région. Ainsi Salha et son histoire illustrent à merveille le but de Kalimat : publier des histoires ancrées dans la culture locale. En 2012 la maison a sorti *À ma façon,* de Maitha Al Khayat, l'histoire d'une petite fille qui rêve de suivre les pas de sa grande sœur, ou encore *Le Travail de ma mère,* qui raconte la vie de l'historien et voyageur arabe Ibn Battuta. C'est la deuxième année que Salha, qui est aussi à la tête du Bureau de la culture et des medias de Sharjah, publie chez Kalimat. En 2011, elle présentait *Baba Zaye*d, l'histoire de Sheikh Zayed enfant et comment il bâtit les Émirats. « *Enfant déjà, lire ne me suffisait pas, je voulais devenir écrivain. J'imaginais déjà d'autres histoires à partir de celles que je lisais* », explique la directrice de l'Association des écrivains locale. Et depuis 1992, date de ses premiers poèmes, elle a publié un roman, des nouvelles, des tragédies, des livres pour enfants et est aussi rédactrice de *Marami,* un magazine qui traite des problèmes que rencontrent les femmes de sa communauté.

Aux marges de la mondialisation

Les changements structurels ont principalement touché les zones urbaines comme Dubaï et Abou Dhabi tandis que les habitants des villes de province et de la périphérie continuent à maintenir un style de vie tribal. Les locaux vivaient en communauté, à présent ils s'installent plutôt dans les quartiers éloignés. D'ailleurs, certains observateurs notent même qu'on pousse les Émiriens aux marges des espaces de la mondialisation. Les centres urbains peuplés d'étrangers sont désertés par les populations émiriennes. Particulièrement les nationaux ayant moins de moyens qui se retrouvent à la périphérie des villes, voire en zones rurales. Al Ain, ville de province d'Abou Dhabi, est ainsi devenue la plus émirienne du pays avec 31 % de nationaux suivie par des villes de provinces comme Ras Al Khaimah ou Ajman[1]. Du reste, les femmes aiment s'y échapper le week-end, pour retrouver une certaine liberté de mouvement. Certains auteurs vont jusqu'à craindre une « *désintégration sociale* » : la ségrégation spatiale affectant indirectement la sociabilité, essentielle dans la culture arabe et émirienne[2]. Comment éviter de telles conséquences tout en encourageant les valeurs traditionnelles ? C'est toute l'idée du programme Sougha développée par Leila ben Gacem, une Tunisienne travaillant pour le Khalifa Fund. Riche d'environ 400 millions d'euros, ce fonds d'investissement du gouvernement d'Abou Dhabi a pour mission de soutenir une nouvelle génération d'entrepreneurs émiriens. Le programme Sougha, « *cadeau du voyageur* » en arabe, est l'un de ses projets, visant à aider ceux et celles qui sont inemployables ou difficiles à intégrer sur le marché du travail. En général, ce sont plutôt des femmes aux compétences artisanales. Leila ben Gacem les aide à s'adapter à une clientèle moderne. Des femmes venues de régions rurales comme Liwa et Sila à Abou Dhabi, Khor Fakkan à Sharjah, Fujeirah, Ras Al Khaimah ou Ajman. Isolées, elles s'adonnent à leur savoir-faire depuis chez elles : le *khous* (le travail de la feuille de palmier), le *sadu* (la laine de chèvre), le *talli* (la broderie) ou le *bukhoor* et le

1. Selon le recensement de 2010.
2. *Neighborhoods Residential Communities. The Case of Al-Ain-UAE*, Selim Gehan M. et Gamal Mohamed, Housing Symposium 3 (Neighborhoods are more than houses), Arriyadh Development Authority, 2007.

dukhoor (l'encens local). Un artisanat qui a fait vivre leurs aînées mais qui n'a plus la cote et qui « *fait mal aux mains* ». Leila ben Gacem est passée par les coopératives et centres sociaux locaux pour les repérer mais a aussi fait du porte-à-porte pour les convaincre et leur expliquer son concept. La plupart ont la quarantaine et plus, vivent à la périphérie des villes ou dans les régions reculées, sont illettrées et mènent une vie très simple, partageant leur toit avec belle-famille, enfants et petits-enfants. Le père est en général la seule source de revenu. « *Elles ont mis du temps à y croire. Leila ben Gacem a dû approcher une soixantaine de femmes et seules quatre sont restées en stage. Lorsque celles-ci ont commencé à vendre leurs produits, alors seulement les autres y ont-elles adhéré* », raconte Shaikha Al Shamsi, employée du Khalifa Fund.

Sougha apporte un renouveau à l'artisanat local en leur apprenant à fabriquer des objets adaptés à la vie moderne : housses pour iPad, protège-téléphones ou petits sacs à main. Cette initiative, qui respecte leur savoir-faire traditionnel tout en les incitant à produire des articles plus commerciaux, leur donne confiance en elles. « *Elles se sentent réhabilitées. Initialement timides et vulnérables, elles prennent assez vite confiance en elles. Vous les appelez pour leur donner des mesures et elles vous répondent du tac au tac qu'elles n'ont pas de temps à perdre ! Elles développent leur propre clientèle et en sont très fières* », s'enthousiasme Shaikha Al Shamsi. Elles servent alors d'exemples pour leurs enfants et pour les autres femmes de la communauté. Elles montrent aussi qu'elles peuvent subvenir aux besoins de la famille et prouvent à leurs pères, leurs frères et leurs maris ce dont elles sont capables. « *Les hommes les soutiennent forcément. Beaucoup de ces femmes produisent de chez elles et les équipements comme le* sadu *prennent de la place. Hors la plupart vivent dans de petites maisons et ce n'est pas un environnement très productif avec les enfants qui sautent par-dessus ! Si bien que, lorsqu'elles gagnent un peu d'argent, elles se construisent des ateliers attenants à la maison. Pour en arriver là, il leur faut l'approbation des hommes sinon ce ne serait pas possible* », ajoute-t-elle. Au départ, elles n'ont pas la moindre notion de gestion financière. « *Beaucoup vendaient à de très petit prix et se plaignaient qu'elles ne faisaient pas d'argent. Nous leur avons donné un cours intensif en comptabilité, afin qu'elles comprennent les notions de débit et de crédit.* » À la veille d'une vente de jolis petits sacs en feuilles de palmier, Leila ben Gacem leur a demandé de mettre un prix sur leurs créations. L'une d'elle a voulu vendre son sac 1 500 euros car elle avait vu ce genre de tarifs dans les boutiques de luxe ! « *Alors Leila l'a étiqueté à ce prix. Bien sûr personne ne l'a acheté alors que les autres articles à des prix raisonnables ont été vendus. Ces femmes,* machala, *comprennent vite.* »

Elles apprennent aussi à marier les couleurs et à calculer car elles ne peuvent se permettre une erreur d'un centimètre. Elles utilisent encore le *sheber*, la main, ou le *dhra'a*, le bras, comme unité de mesure. L'équipe de Sougha, qui compte environ 150 artisans, constate combien elles sont devenues opérationnelles. L'une d'elle ne gagne pas moins de 30 000 euros par an et les revenus s'élèvent à 2 200 euros par mois.

Au centre social de Julfar, dans l'émirat de Ras Al Khaimah, une vingtaine de femmes en *burga* se rend chaque matin tisser, broder, coudre et boire le café. Un minibus vient les chercher chez elles et les ramène à l'heure du déjeuner. Le centre réunit toutes ces femmes isolées. Tout en discutant, leurs mains s'activent sur le métier. Aicha Ali Rashoud Al Malik est l'une d'elles. Elle plie mécaniquement le *khous*, la feuille de palmier avec laquelle elle fabrique des paniers, des corbeilles, des *safra* (plateaux) ou des *makhda* (les couvercles coniques des tajines en terre cuite). « *Je fais ça depuis que je suis enfant. J'ai grandi comme ça* », raconte-t-elle. Aujourd'hui c'est sa manière de passer le temps de façon utile, une opportunité pour discuter avec les autres femmes de la communauté et en rencontrer de nouvelles. Bientôt, Aicha et ses camarades pourront se moderniser, apprendre à travailler de façon plus organisée, plus productive et proposer des produits adaptés au marché moderne.

Leila ben Gacem est venue leur donner une séance de sensibilisation au programme de Sougha. « *Cela me donne le moral de venir ici, un objectif que je n'avais pas avant* », ajoute Aicha. La plupart de ces femmes sont veuves mais pour celles qui ont des maris, ils commenceront par « *froncer les sourcils* ». Puis, lorsqu'elles ramèneront les premières contributions au revenu familial, ils conviendront que c'est somme toute une bonne chose que leurs épouses montent leur micro-affaire, surtout dans un domaine qui faisait partie de la vie traditionnelle bédouine et tombait en désuétude. Pour Shaikha et sa collègue, ces femmes déterminées, ponctuelles, qui viennent régulièrement au centre, ne manquant aucune occasion d'apprendre, c'est à peine une surprise. « *Vous savez, pour nous les femmes, c'est une lutte permanente pour obtenir tout ce que nous voulons. Pour les hommes, c'est facile. Tout leur tombe dans la main. C'est quelque chose de naturel d'avoir accès à ce qu'ils désirent. Cela nous rend plus déterminées, plus concentrées, plus passionnées et plus travailleuses aussi* », conclut la jeune femme.

IX

ÉMIRIENNES AU TRAVAIL

« *Les femmes travaillent plus dur, se concentrent sur leurs études et ont donc plus d'avenir... Je suis inquiet pour vous les hommes, car elles vont vous prendre les postes de direction* », déclarait Sheikh Mohammed bin Rashid Al Maktoum lors du Sommet gouvernemental de 2013. Un peu plus tôt, le 10 décembre 2012, il annonçait sur *Twitter* que la présence de femmes dans les conseils d'administration d'entreprises privées et publiques était désormais obligatoire. « *Elles ont fait leurs preuves dans le milieu professionnel. Nous voulons qu'elles aient une présence forte au niveau des postes de prise de décision dans nos institutions.* » « *Nouvelle la plus importante dans l'histoire du Dubai Women Establishment (DWE)* » ; « *succès dans l'histoire des femmes* »[1], s'empressèrent de réagir les dirigeantes de l'association qui s'en étaient faites les avocates lors d'un forum organisé un mois plus tôt. Les autorités des Émirats arabes unis et de Dubaï firent la preuve de leur réelle volonté d'inverser la tendance et de promouvoir les femmes à des postes à responsabilités en concrétisant au plus vite les mesures discutées lors de la réunion qui y avait été consacrée. Les Émirats arabes unis rejoignaient ainsi le club restreint des pays ayant opté pour l'imposition de quotas. La Norvège avait lancé, la première, le mouvement en 2003[2]. Les statistiques étaient éloquentes : selon le DWE, seules 1,5 % de

1. *The National*, 10 Décembre 2012.
2. La France a aussi introduit des quotas en 2010.

femmes des pays du Golfe sont présentes dans les conseils d'administration alors qu'en Europe elles sont 15,6 % (Egon Zehnder International). Or, la même année, Booz & Company publiait un rapport calculant que si la présence des femmes dans le secteur économique atteignait celui des hommes, le PNB du pays se verrait augmenter de 12 %.

66 % de femmes dans la fonction publique

Les femmes représentent 43 % de la force de travail des Émirats arabes unis. Depuis 1971, la féminisation de la population active de manière générale est spectaculaire : elle a été multipliée par 10, passant de 2,6 % en 1975 à 27 % en 2005 [1]. Une évolution constante puisque le pays figurait encore en bon dernier dans la région une année plus tôt avec 15,4 % (probablement avec l'Arabie saoudite pour laquelle les données ne sont pas disponibles), loin derrière la moyenne des pays du Golfe (27,8 %) [2] et surtout du Koweït (40 %), pays le plus avancé de la région en matière d'implication féminine [3]. En douze ans, leur nombre dans le secteur public a été multiplié par six. Les Émiriennes y occupent 66 % des postes, dont la moitié dans la direction [4]. De 1980 à 1990, le pourcentage de femmes employées a quadruplé. Les femmes comptent pour 28 % des employés du secteur bancaire. Le nombre total de femmes locales travaillant atteignait les 100 000 en 2010 [5]. Et les chiffres augmentent chaque année, démontrant à quel point la situation professionnelle s'améliore de façon exponentielle pour les Émiriennes. Travailler pour être utiles au pays, « rendre à la nation »,

1. *Explaining the Decline in Fertility among Citizens of the GCC Countries (2010) : the Case of the UAE, Dubai*, Al Awad Mouawiya et Chartouni Carole, *op. cit.*
2. Conseil de coopération des États arabes du golfe Persique regroupant l'Arabie saoudite, Oman, le Koweït, Bahreïn, les Émirats arabes unis et le Qatar.
3. *Women, Labour Market Nationalization Policies and Human Resource Development in the Arab Gulf states*, Rutledge Emilie, Al Shamsi Fatima, Bassioni Yahia et Al Sheikh Hend, *Human Resource Development International*, vol. 14, n° 2, 2011.
4. Selon le *Global Gender Gap Report* et *UNDP Human Development Report* 2010.
5. Rappelons que le pays compte 487 000 Émiriennes tous âges confondus.

gagner en autonomie dans une société qui évolue et se réaliser personnellement, quelles qu'en soient les raisons, les Émiriennes sont désormais les plus présentes sur le marché de l'emploi de tous les pays du Golfe selon Booz & Company, concrétisant peu à peu le retour sur investissement que l'on attendait d'elles. Elles ont été nommées à des postes stratégiques au sein du gouvernement, à des postes administratifs décisionnels, ministériels, parlementaires ou dans la diplomatie, la pionnière étant sans doute Sheikha Lubna bint Khalid bin Sultan Al Qasimi, citée au début de cet ouvrage, ministre de l'Économie et de la Planification en 2004 puis ministre du Commerce international. En septembre 2008, Hassa Al Otaiba et Sheikha Najla Al Qasimi étaient pour la première fois nommées ambassadrices émiriennes en Espagne et en Suède. Un mois plus tard, Kholoud Ahmed Juoan Al Dhaheri devenait la première juge. Les femmes interrogées citent d'ailleurs régulièrement la présence de leurs pairs en politique comme l'un des moments les plus marquants de leur autonomisation. « *Faire partie du processus politique a été le moment clé de l'histoire des Émiriennes : la première femme ministre, la première députée élue au Parlement. Moi-même élue à la Chambre de commerce* », confirme Fatima Al Jaber, membre de direction du Groupe Al Jaber. Pas un secteur d'activité ne leur résiste, y compris ceux historiquement liés à la condition masculine. « *Les femmes cassent les stéréotypes* », écrivait dernièrement la journaliste Rym Ghazal. *Elles ont dépassé leur image de femmes au foyer*[1]. » Elles évoluent dans tous les domaines possibles : le transport maritime, l'industrie pétrolière, la construction, l'ingénierie, la science, l'informatique, le droit ou le commerce. Fatima Habib, dermatologue, ajoute : « *Elles sont présentes dans tous les départements : c'est la norme. On n'aurait pu l'imaginer du temps de ma mère. Les parents réalisent que leurs filles ne doivent plus dépendre de leurs maris pour subvenir à leurs besoins car les temps ont changé.* »

1. *The National*, 16 décembre 2012.

« Par le passé, elles se distinguaient uniquement à l'éducation mais maintenant rien ne les arrête », s'enthousiasme Muna Al Gurg, présidente des *Young Arab Leaders*. Selon Booz & Company, les Émirats arabes unis comptent le plus de femmes d'affaires de la région. Sur le marché des changes d'Abu Dhabi, 43 % des investisseurs sont des femmes et les associations de femmes d'affaires émiriennes compteraient 14 000 membres dirigeant plus d'une dizaine d'entreprises. « *Les femmes entrepreneurs ont créé leurs propres niches qui sont devenues de grosses affaires* », écrit encore Rym Ghazal. L'investissement global des Émiriennes se monterait à près de 2,5 milliards d'euros. Elles ne se contentent donc pas seulement d'être présentes dans le secteur public et privé et d'être actives dans le bénévolat, elles façonnent désormais l'économie du pays, des plus petites entreprises aux compagnies les plus importantes. Les Émiriennes sont parties à la conquête de nouveaux territoires dans le travail et la politique, une tendance qui a lieu un peu partout dans les pays développés mais qui est un phénomène plus atypique dans un pays du Golfe, arabe et musulman. Cette participation des femmes au monde du travail est un puissant levier du changement et l'une des causes les plus marquantes de la modification en profondeur de la société émirienne.

Droit et « barrières mentales »

Les Émiriennes ont légalement toute latitude pour participer à une quelconque activité économique. Nul besoin de l'approbation d'un mari ou d'un tuteur pour entrer sur le marché de l'emploi. Un époux ne peut légalement « s'opposer » à ce que sa femme travaille, comme c'est encore le cas dans au moins 15 pays du monde selon le rapport 2013 de la Banque mondiale, *Les femmes, les affaires et le droit*. À titre d'information, en Russie, 456 professions leur sont interdites d'office. Aux Émirats arabes unis, un homme ne peut empêcher sa femme de travailler. De plus en plus souhaitent d'ailleurs qu'elles soient actives. Si l'on voit peu de femmes dans certains secteurs aux conditions de travail difficiles, ils ne leur sont pas pour autant interdits. En 2003, une étude sur les restrictions légales et leur mobilité sur le marché du travail montrait que les Émiriennes n'ont pas besoin de permission pour voyager non plus. Ceci dit, des défis subsistent encore pour elles sur le marché de l'emploi. Le docteur Hussa Lootah, professeure à la Faculté des lettres et sciences sociales de l'université des E.A.U., espère « *qu'un jour il n'y aura plus de discriminations entre hommes et femmes aux postes et aux rangs les plus hauts, une plus grande intégration des femmes dans les processus de décision et une meilleure évaluation des problèmes qui empêchent les femmes de jouer leur rôle au sein de la société surtout concernant les affaires familiales*[1]. » Un gros effort a été fait du côté de l'égalité de salaire, obligatoire dans la fonction publique et l'homme n'est plus vu comme le seul gagne-pain. Cependant, si les hommes sont généralement d'accord avec ce principe, « *son exécution est souvent trop faible* », regrette pour sa part Fatima Al Shamsi, secrétaire générale de l'université des E.A.U.[2] « *Les politiques devraient prendre en compte les sexes : comme l'acceptation de l'égalité dans le travail qui implique que les femmes devraient avoir droit aux mêmes salaires*[3]. » Et de déplorer l'absence d'un bureau des plaintes : « *Les femmes devraient savoir qu'elles ont la possibilité de dénoncer les discriminations.* »

Malgré des progrès spectaculaires, les Émiriennes qui travaillent doivent encore faire face à de nombreux défis comme de jongler entre famille et carrière, supporter des méthodes d'embauche et des salaires qui les désavantagent. Et quand elles sont payées pareil, elles ne sont promues que « *jusqu'à un certain*

---

1. Citation tirée d'un article de l'*Emirates Center for Strategic Studies and Research* (ECSSR).
2. Idem.
3. En France, d'après l'INSEE, un homme gagne en moyenne 2 312 euros nets par mois contre 1 865 euros pour une femme, soit un écart de 19,3 %.

stade », admet Fatima Al Jaber. Elles subissent d'autre part des contraintes d'ordre culturel sur leur temps de travail, leurs horaires ainsi que sur les types de professions exercées. « *Les horaires peuvent devenir un vrai défi*, confirme la réalisatrice Nayla Al Khaja. *Beaucoup de familles ne laissent pas leurs filles sortir après 22 heures. Cela peut perturber votre vie professionnelle.* » Car la culture n'évolue pas toujours aussi rapidement que les lois. « *Les traditions créent une barrière mentale pour les femmes* », estime Ameera Binkaram, présidente du Business Women's Council de Sharjah. Il faut ici mentionner l'importance du paradigme des genres, très présent dans le monde arabe, qui détermine les rôles de la femme et de l'homme en partant du principe qu'ils diffèrent biologiquement et ont, de ce fait, différentes responsabilités qui se complètent. Premièrement, ce paradigme place au centre de la société la famille – et non l'individu – qui doit, de fait, être la priorité de la femme. Deuxièmement, il établit que l'homme est le seul contributeur financier de cette cellule. Femmes et enfants sont sous sa protection et la participation économique de la femme peut être interprétée comme une incapacité de l'homme à subvenir à leurs besoins, entachant ainsi son honneur et sa réputation. « *Les femmes indépendantes sont un phénomène urbain. Dans les endroits plus reculés, c'est beaucoup plus conservateur. Les femmes ont gardé leur rôle traditionnel. Elles restent à la maison au sein du confinement familial. Leurs maris pourraient se sentir insultés que leurs femmes veuillent gagner leur propre argent* », selon le docteur Fatima Habib. En conséquence, les femmes subissent des pressions sociales et familiales les poussant à se marier jeunes, à faire des enfants, les décourageant d'exercer des activités économiques et politiques. À cela s'ajoute l'interdiction, ou tout au moins la dissuasion, de voyager non accompagnée, de travailler tard ou avec des hommes. Culturellement, on souligne que l'aspect positif de ce paradigme est que les femmes bénéficient d'un fort soutien familial dans la gestion quotidienne du foyer. Elles disent d'ailleurs se sentir respectées et protégées par leurs mari, père et frères.

Ainsi la route qui mène au développement personnel et à l'indépendance est difficile. Il faut aux femmes arabes encore plus de volonté et de passion pour dépasser ces barrières érigées depuis longtemps par des systèmes patriarcaux et conservateurs. Celles qui ont réussi ne se définissent justement pas par rapport à ce prisme. « *Aux Émirats arabes unis, il faut encore parfois convaincre pour effectuer des choses banales* », admet une femme chef d'entreprise. « *Mais on oublie qu'il y a dix ans, les femmes ne conduisaient pas, n'allaient pas au centre commercial et ne sortaient pas dîner. Je me suis accrochée à ce que je voulais. J'ai convaincu ma famille.* » S'il est démontré que des femmes actives et diplômées sont essentielles au progrès économique, « *leur participation ne dépend pas uniquement de leur motivation à travailler et de leurs compétences mais aussi de la capacité de la société à accepter leur nouveau rôle* », ajoute Fatima Al Shamsi. Selon la secrétaire générale de l'université des E.A.U., même si les femmes ont réussi à faire des études supérieures, leur présence sur le marché du travail est trop faible. Elles subissent encore un fort taux de chômage. Toujours en cause malgré des progrès, les études choisies en raison de restrictions sociales et culturelles qui ne sont pas particulièrement recherchées sur le marché du travail. La secrétaire générale souhaiterait voir certaines coutumes et traditions qui limitent leur possibilité d'embauche évoluer [1]. Il existe encore des familles conservatrices pour qui voyager seule ou travailler est contraire à leurs principes. « *Combien de familles ne laissent pas leurs filles travailler ? Elles essayent de les en empêcher en disant qu'elles n'en ont pas besoin* », rappelle l'avocate Diana Hamade Al Ghurair. Comme évoqué dans les études, la mixité pose aussi problème dans la vie

1. Information tirée du site de l'Emirates Center for Strategic Studies and Research (ECSSR)

professionnelle. Fatima Al Jaber a étudié l'ingénierie à l'université d'Al Ain où il y avait très peu de filles puis a travaillé dans un milieu mixte. « *Les gens ne permettaient pas à leurs filles de travailler dans un tel environnement. Je n'aurais pas réussi sans le soutien de ma famille.* » Muna Al Gurg, directrice de la vente au détail du Groupe EASA Al Gurg, confirme : « *Je veux qu'on se débarrasse de toutes ces contraintes culturelles. Qu'on puisse accepter des jobs de nuit, sans avoir à s'expliquer. C'est un travail respectable ! Quand je vois ces femmes employées à l'aéroport, je me félicite qu'elles aient réussi à y travailler après minuit. Ce n'est pas facile d'expliquer à votre famille que vous rentrerez à 5 heures du matin. Ce genre de choix devrait être plus facile pour les femmes.* »

Stéréotypes de genre

« *Dans de nombreux secteurs du monde arabe, les hommes n'acceptent pas les femmes. Et si c'est le cas, ils vous font vivre un enfer* », explique l'avocate Diana Hamade Al Ghurair. Lorsqu'elle a commencé à plaider, les juges remettaient sans cesse en question ses compétences, la questionnaient sur ses sources. « *Les avocats aussi essayaient d'écarter les femmes de leurs cabinets. Elles sont encore rares dans le système judiciaire et les hommes ne sont pas tout à fait habitués à leur présence.* » Dubaï ne comptait encore que deux femmes dans sa profession il y a dix ans. « *Nous vivons dans un monde, semble-t-il, ou les avocates qui refusent de céder aux stéréotypes de genre sont taxées d'agressivité tandis qu'on profite de celles qui jouent le jeu et qui, elles, sont vues comme faibles.* » Elle estime que 40 à 50 % de ses collègues ont quitté la profession pour devenir procureurs, fonctionnaires ou femmes au foyer : « *trop dur, trop de pression* ». Seules 10 % sont devenues partenaires dans un cabinet d'avocat ou ont créé leur propre étude et 1 % sont devenues juges. Pour Shaikha Al Shamsi, qui travaille au Khalifa Fund, « *les femmes doivent travailler deux fois plus que les hommes.* » « *Ils prennent les emplois pour acquis alors que nous devons faire nos preuves. Ils se sentent dans leur droit. Mais nous pouvons aussi être compétentes* », ajoute une Émirienne présente lors d'un débat sur la place des femmes dans le monde professionnel organisé à la résidence de l'Ambassade de France le 9 mars 2014.

Il était certainement plus difficile encore d'occuper un poste de cadre et de se faire entendre dans les années 1980, lorsque les hommes étaient en position dominante dans tous les domaines, comme le raconte Jameela Al Muhairi, chef du département des inspections au ministère de l'Éducation. Il est vrai qu'elle mettait en place un processus qui n'avait jamais existé aux Émirats, ce qui est souvent le cas dans ce pays. « *Cela a été un cheminement. J'y suis arrivée parce que j'étais passionnée et que les membres hauts placés du ministère de l'Éducation croyaient en mon potentiel.* » Pas évident de s'asseoir seule au milieu des hommes et de prendre la parole. Les femmes doivent sortir de leurs zones de confort. Fatima Al Jaber, membre exécutif du groupe familial Al Jaber, confie : « *Au début, c'était difficile d'être promue aux plus hauts postes, en étant la seule femme. Mais on s'y habitue,* yanni, *c'est comme ça ! Je me souviens quand j'étais directrice de département, l'un de mes employés m'a dit : "Fatima je n'ai pas l'habitude d'être entouré de femmes, je ne peux pas travailler avec vous."* [Elle éclate de rire.] *Honnêtement, j'ai dit : "Quel est ton problème ?" "Tu es une femme", m'a-t-il répondu. Je lui ai dit que je venais d'être nommée et que j'étais là pour longtemps ! Alors il est parti. C'était son choix.* »

Les femmes ne bénéficient pas non plus des avantages des réseaux, très développés dans la culture masculine locale. Les hommes se retrouvent dans les *majlis* où ils discutent entre eux. Dirigeants, patriarches participent à des événements entre hommes. Quelques femmes ont d'ailleurs été invitées dernièrement sur l'initiative de Sheikh Mohammed. L'affaire familiale se transmet toujours à l'aîné, quelles que soient les compétences des filles. « *Nous n'avons pas encore cette culture où l'on donne plus de responsabilités aux femmes. Les familles respectent la tradition selon laquelle l'héritier doit être un homme. Je doute que cela change. Nous sommes de culture musulmane. Même si une femme fait tout, c'est comme ça* », admet Fatima Al Jaber.

Les femmes sont victimes de stéréotypes qui constituent aussi les raisons précises pour lesquelles elles ont été choisies. « *Certains préfèrent des femmes avocates parce qu'elles écoutent plus attentivement, travaillent plus dur, sont plus compatissantes, trouvent des solutions sans litiges, font meilleur effet devant les juges…* » Alors même que les attributs féminins sont parfois moqués. « *Un bon look est apprécié par les hommes mais il peut tourner au désavantage de la femme : si elle porte une* abaya *trop flashy, elle sera jugée non professionnelle ; si elle est trop décontractée aussi. Un maquillage trop voyant suscite des moqueries* », raconte l'avocate. De la même manière, des traits de personnalité masculins peuvent être jugés positifs : « *Avoir un nom à sonorité masculine comme Nour, Rifaat ou Salam peut même être un avantage dans notre profession !* » Le fait que des adjectifs masculins soient associés à l'ambition et au succès professionnel, comme « *guerrière* » ou « *meneuse* », n'est pas propre aux pays arabes. Les stéréotypes sexistes existent partout mais le paradigme des genres, les attentes sociales, familiales et religieuses les renforcent. En France, 44 % des femmes pensent que pour être une bonne mère, on doit sacrifier en partie sa carrière[1]. Mais tandis que les Occidentales se demandent si elles en ont envie ou si elles en seront capables, pour les Émiriennes la question se trouve ailleurs : « *Est-ce possible ? Ai-je le choix ?* » Si tant est qu'elles aient conscience qu'un choix existe.

1. « Femmes et travail. Avons nous les moyens de notre ambition ? » *Elle*, 4 avril 2014.

Quand les femmes sont leur propre frein

Élevées pour être femmes au foyer, beaucoup n'ont pas la volonté nécessaire pour dépasser ce qui est attendu d'elles et arrêtent de travailler quand elles se marient. « *Je vois beaucoup ça*, confirme Sheikha Lateefa Al Maktoum. *Pourtant le temps de création personnelle est important. En travaillant on est moins frustrée et on donne plus à sa famille. Il s'agit juste de trouver du temps pour soi. L'organiser pour nourrir son âme, je dirai presque.* » La princesse prévoit de continuer sa carrière même si elle sait que le mariage aura un impact. Le docteur Houriya Kazim témoigne : « *Beaucoup de filles vraiment intelligentes, qui réussissent bien à l'université, s'arrêtent en plein milieu quand elles se marient, ont des enfants et que leurs époux leur disent qu'elles doivent rester à la maison, qu'elles ne peuvent pas travailler. Il faut que les filles résistent, continuent et ignorent les influences extérieures. Je suis devenue la première femme chirurgien mais je n'étais pas la première à essayer.* » « *Beaucoup de femmes pensent qu'elles peuvent avoir une famille ou une carrière mais pas les deux. Mais ce n'est pas vrai. J'ai eu la chance d'avoir un mari qui m'a beaucoup soutenue. Il n'a pas envisagé que je ne veuille pas travailler. Cela fait une grande différence. Si votre époux ne comprend pas que votre travail est aussi important que le sien, cela peut être très compliqué* », confirme le docteur Fatima Habib.

Et puis, parfois, les femmes manquent de motivation. « *Tout est fait pour qu'elles réussissent mais combien le font ? Elles devraient en profiter* », regrette Muna Al Gurg. « *Votre réussite dépend de votre travail et non plus de votre sexe* », affirme le docteur Fatima Habib. Elles seraient 14 000 à percevoir des allocations sociales – soit un peu plus de 1 000 euros par mois – alors que, selon le ministère des Affaires sociales, 85 % seraient aptes à travailler [1]. Si 12 % des jeunes Émiriens n'ont – officiellement – pas de travail,

1. *The National*, 1er octobre 2012.

« plus d'un tiers serait chômeurs par choix[1] ». Pour ne pas accepter d'emplois, les raisons invoquées sont l'absence de moyens de transport, le temps de travail et une famille ou un mari réticents. *« Nous avons encore des femmes faibles qui s'arrêtent quand elles atteignent un certain niveau. Après avoir eu leur licence, elles travaillent quelques années et restent à la maison. Ce n'est pas sain. Elles pourraient aider la communauté. Certaines femmes n'ont pas atteint ce niveau de compréhension* », déplore le docteur M., membre de direction d'une université. *« Dans tous les domaines, je vois des femmes se lancer puis laisser tomber. Et cela me contrarie un peu. Leur mari leurs disent qu'elles n'ont pas besoin de travailler, qu'ils gagnent suffisamment, elles ont une maison ou des aides du gouvernement… Du coup, elles ne donnent pas tout ce qu'elles peuvent. Alors que personne ne les arrête. Elles ont toutes les opportunités et la loi de leur côté. Nous ne sommes pas en Iran où certains métiers sont interdits aux femmes. Cela n'existe pas ici. Tout est possible. Beaucoup choisissent d'être fonctionnaires par confort et pour les avantages au lieu d'opter pour des domaines où elles pourraient faire la différence* », renchérit le docteur Houriya Kazim. Celles qui ont réussi ont eu l'ambition et la détermination de relever le défi. Comme l'explique la juge Ebtessam Al Badwawi, *« ce n'était pas difficile d'accéder à un tel poste mais c'est un challenge pour toute personne ambitieuse de consacrer un effort sincère et du temps pour atteindre son objectif. » « Les défis sont entre les mains des femmes elles-mêmes. Quand une femme a reçu une bonne éducation, qu'elle est qualifiée et qu'elle décide de tout arrêter, même pour sa famille, je ne comprends pas. Je ne vois aucune difficulté à faire les deux. Nous devons contribuer, participer. En ayant des responsabilités, les femmes évoluent plus vite* », commente Mona Al Marri, à la tête de Brand Dubai. Laïla Suhail, en charge de Dubai Events and Promotion Establishment (DEPE), l'affirme :

1. *Géopolitique de Dubaï et des Émirats arabes unis*, William Guéraiche, *op. cit.*

« *Je suis une preuve de plus que les femmes peuvent diriger.* » Toutes deux sont d'ailleurs des exemples de la volonté de leur gouvernement de faire parler de lui de façon positive. Elles sont à la fois les symboles et les architectes du *nation branding*, déployant loyauté et compétences afin de hisser le nom de leur pays au niveau international. « *Il ne s'agit plus d'hommes ou de femmes mais de gens qui veulent travailler. Tout se passe à un niveau personnel : tout dépend de l'effort que vous êtes prêt à fournir. C'est l'esprit des Émirats : Allez-y ! Foncez !* » résume Manal Taryam, première ophtalmologue émirienne qui travaille pour la fondation Noor.

La famille avant tout

Même lorsqu'elles sont ambitieuses, la priorité des Émiriennes reste la famille, « *quoi qu'il arrive* ». Ainsi, dans leur discours se distinguent-elles de leurs homologues occidentales car elles ne revendiquent pas ouvertement l'égalité. Professionnelles, elles ne veulent pour autant renoncer à leurs responsabilités sur leurs terrains de prédilection habituels que sont la maison ou l'éducation des enfants. Elles revendiquent leur culture. Hala Badri, vice-présidente exécutive chez DU, est un parfait exemple de compromis réussi entre les deux mondes : cadre dirigeante, engagée dans de nombreux *boards*, la vie de famille reste sa priorité. Elle démonte les stéréotypes encore associés aux femmes qui travaillent : celle qui a bien réussi professionnellement aura forcément négligé les siens. Elle conseille de plus jeunes Émiriennes dans la gestion de leur temps. « *Elles croient qu'elles doivent travailler plus dur que les hommes et font des heures supplémentaires pour être traitées comme eux. Résultat : elles sont épuisées après trois ans de vie professionnelle. Or pour réussir professionnellement, il faut aussi réussir socialement. L'un ne peut prendre le pas sur l'autre. Elles doivent aussi être prises en compte dans leurs émotions et leurs mentalités* », explique la jeune femme qui figure sur la liste *Forbes* des femmes arabes les plus accomplies. Pour les Émiriennes, en effet, au travail et aux responsabilités de mère et d'épouse s'ajoutent toutes les obligations liées à la famille. « *Courir garder des neveux, assister à un mariage, un enterrement, être aux côtés de nos parents, aller rendre visite à quelqu'un qui vient d'accoucher ou qui est malade : on attend de nous que nous soyons toujours présentes* », détaille une autre participante du débat à la résidence de l'Ambassade de France.

Il est hors de question de bousculer les codes ou d'intimider les hommes. Ameera Binkaram, à la tête du Business Women Council de Sharjah, affirme même que tout en travaillant, la place des femmes est à la maison : c'est une question de devoir. « *Certains veulent avoir leurs femmes à la maison et c'est parfaitement acceptable. Elles peuvent développer leurs compétences économiques depuis la maison… Tout doit se faire graduellement, surtout dans les pays arabes et du Golfe. Les pères, les frères et les maris ont tous leur mot à dire dans la vie d'une femme. C'est une donnée. C'est notre culture et on ne peut jamais se détacher de sa culture. Vous devez le comprendre et travailler avec cette donnée* », n'hésite-t-elle pas à dire.

Les medias se font d'ailleurs le relais d'un sentiment émergent, pour ne pas dire d'un malaise, selon lequel les femmes se désintéresseraient de l'éducation de leurs enfants au profit de leurs études et de leur vie professionnelle. « *C'est en effet une chose à laquelle il faut faire attention. Nous ne voulons pas qu'elles en fassent trop non plus. Nous sommes une nation en pleine croissance et nous avons besoin d'enfants. Il faut un environnement adapté aux femmes leur permettant de travailler tout en s'occupant de leur famille* », argumente Fatima Al Jaber. Les Émiriennes aimeraient que les politiques de l'emploi et les pratiques d'embauche prennent plus en considération leur besoin de s'occuper du foyer et de la famille : flexibilité des horaires, introduction de mi-temps, garderies sur le lieu de travail, possibilités de travailler de la maison et de réintégrer son poste après les congés maternités. « *L'Occident est en avance en termes de solutions, de lois et de politiques qui facilitent l'intégration des femmes actives. J'aimerais voir des politiques syndicales mises en place pour les femmes qui travaillent. Elles se sentiraient plus détendues et plus à l'aise. Ne pas aider une mère à travailler est une question de priorité familiale. Si nous adaptions les lois à notre culture, cela serait d'une grande aide car nous sommes très centrés sur la famille.* » Le congé maternité est paradoxalement court : 45 à 60 jours selon les secteurs privé ou public. À noter que les recommandations du Bureau international du travail fixent la durée du congé maternité à 12 semaines. Les Émirats arabes unis font partie des 31 pays en dessous de ce standard.

L'adoption de réformes assurant aux femmes un environnement adapté à leurs contraintes traditionnelles était d'ailleurs à l'agenda du forum sur la présence des femmes dans les conseils d'administration. « *Il faut plus de flexibilité pour les femmes ; qu'elles puissent prendre leurs congés en même temps que les vacances scolaires ou qu'elles puissent rester à la maison quand leur enfant est malade* », plaidait Ayesha Almazroui dans un éditorial [1]. L'émirat de Sharjah est par exemple *baby friendly* depuis qu'une loi obligeant les organismes publics à se doter de crèches pour soutenir les mères qui travaillent a été adoptée en 2011. « *Ça a été un soulagement. Leur productivité a augmenté. Cela va apporter énormément sur le long terme* », assure Ameera Binkaram. Cependant, encourager des mesures adaptées aux femmes peut aussi constituer un frein à l'embauche, les employeurs du secteur privé leur préférant des hommes et des expatriés à compétences égales.

Politique d'*émiratisation*

Découragées par leurs maris, pas assez motivées, pas toujours prêtes à se frotter à un environnement compétitif et rude, le sec-

1. *The National*, 10 mars 2014.

teur privé ne compte donc que très peu d'Émiriennes et d'Émiriens. En outre, le secteur public leur offre de meilleures conditions de travail : salaires plus élevés, emplois du temps plus souples, horaires moins astreignants et avantages sociaux. Avec la croissance du pays, le secteur public avait besoin de beaucoup de locaux. Mais il est saturé. C'est l'un de plus gros défis du gouvernement : promouvoir l'embauche des Émiriens dans le secteur privé. Cela signifie de longues heures de travail, un milieu très compétitif et parfois mal payé. La plupart préfèrent travailler dans un environnement moins exigeant. « *Les Émiriens se voient naturellement comme des dirigeants ou des représentants de la classe moyenne supérieure. Ils ne souhaitent pas exercer de métiers qui ne correspondent pas à leurs aspirations… Le prestige n'est pas à négliger pour ceux qui travaillent dans les administrations les plus prisées comme la police ou l'immigration. La fonction publique ou parapublique intègre la dimension personnelle : les relations* (wasta) *corrigent le principe de la méritocratie* », écrit le professeur William Guéraiche. Selon le site Maison des Français de l'étranger, les Émirats arabes unis comptaient 3,9 millions de travailleurs en 2010 dont 85 % d'étrangers et 15 % de nationaux. Toutefois, selon le *UAE Yearbook 2010*, les Émiriens représenteraient officiellement moins de 4 % de la main-d'œuvre du pays. Seuls 0,5 % d'entre eux seraient actifs dans le privé. Des chiffres qui traduisent la dépendance du pays envers les travailleurs immigrés. Les autorités ont ainsi lancé une politique dite d' « *émiratisation*[1] » ou recrutement prioritaire de nationaux comme la « *koweitisation* » en 1978, l'« *omanisation* » en 1988 ou la « *saoudisation* » et la « *bahreïnisation* » dans les années 1990. Une discrimination positive visant à nationaliser leurs économies en impliquant les « locaux » dans la fonction publique et le secteur privé. L'*émiratisation* serait une sorte « *d'obligation morale en*

1. 2013 a été qualifiée « *année de l'émiratisation* ».

contrepartie d'aménagements de classe mondiale soumis à aucune taxe ou impôt », ajoute le chercheur. Ainsi les autorités ont défini des domaines jugés « *convenables* » où les Émiriens pourraient travailler et accru leur nombre dans des postes de direction. Un quota annuel a été fixé à 4 ou 5 %. Cette politique viserait à recruter les nouveaux diplômés nationaux – environ 13 000 chaque année –, et à lutter contre un taux de chômage de 4,5 % [1]. Des secteurs clés ont été identifiés, comme les banques, qui ont l'obligation d'intégrer au moins 20 % d'Émiriens, ou les assurances ayant un quota de 15 % [2]. Les entreprises commerciales employant plus de 50 personnes doivent, quant à elles, *émiratiser* à raison de 2 % par an [3]. Certaines fonctions leur sont réservées, comme celles d'officier de liaison avec les autorités. L'agence Tanmia, autorité en charge de l'emploi, veille à ce que le salaire minimal – 12 000 dirhams soit 2 365 euros – imposé par le ministère du Travail en 2011, soit versé aux titulaires d'une licence. D'autre part, les Émiriens bénéficient de conditions de travail plus avantageuses que la main-d'œuvre étrangère. Si cette politique d'*émiratisation* progresse dans le secteur public, elle se heurte à la résistance des entreprises privées qui jugent leur productivité inférieure à celle des expatriés et des immigrés en général, moins dociles que les travailleurs qualifiés d'Asie du Sud et plus onéreux en raison de ces avantages sociaux. Cette politique vise, entre autres, à intégrer les femmes. « *La préférence nationale l'emporterait sur le genre en quelque sorte* », écrit William Guéraiche. Selon certains observateurs, l'*émiratisation,* tout comme la récente mesure visant à imposer des quotas de femmes dans les conseils d'administration, fausserait la donne. Ils préféreraient que les

---

1. Selon le National Human Resources Development Authority. Ce chiffre ne comprend que les locaux, les visas des étrangers étant liés à l'emploi. Selon d'autres sources, le chômage atteindrait les 15 % : chiffre basé sur les données du ministère du Travail selon lequel 40 000 Émiriens seraient sans emploi.
2. Décret N° 1 187, 2010.
3. Décret 259/1, 2004.

Émiriennes soient embauchées en vertu de leurs compétences plutôt que de leur sexe et de leur nationalité.

Alors ces quotas sont-ils symboliques? Sont-ils un moyen de sauver les apparences ou de vrais agents de changement? Ou les deux? Les principales intéressées ne voient pas cette politique d'un mauvais œil. Fatima Al Jaber, par exemple, croit en leur bénéfice pour motiver les compagnies privées à engager des locaux. « *Il faut forcer le système pour donner l'impulsion. Sans lois ou régulations, cela n'arrivera pas. Nous ne sommes qu'un million : c'est un processus facile. La majorité des employés du secteur privé sont des expatriés. Passer de 1 % à 10 %, c'est faisable. C'est une question de gestion des ressources humaines. Pour des raisons démographiques, nous avons accepté les expatriés, mais il faut qu'un pourcentage de postes soit réservé aux locaux.* » Pour Ameera Binkaram, qui voit à quels défis sont confrontées les femmes dans les affaires, les quotas sont un bon moyen d'améliorer progressivement les choses. Elles ne sont qu'1 à 2 % aux positions les plus hautes. Une approche que partage Muna Al Gurg qui a commencé sa carrière dans le groupe familial à l'âge de 27 ans et en a gravi les échelons un à un. Elle en est la directrice de la vente au détail (300 marques) et membre du conseil d'administration comme ses deux sœurs Raja, directrice du groupe, et Maryam, en charge de sa stratégie. « *Un jour, un consultant de McKinzie m'a montré un rapport disant que trois femmes dans un conseil d'administration était le chiffre idéal! "Apparemment vous avez tout juste! m'a-t-il dit* [elle rit]. *Nous sommes six membres au total, c'est un bon équilibre.* » En tant que présidente des *Young Arab Leaders* et boursière à l'Aspen Institute, elle travaille sur un projet ayant pour but de changer la perception des Émiriens sur le secteur privé et les y attirer. « *Je travaille sur le nouveau défi auquel font face les Émirats. Pour un pays qui se développe, les quotas sont une très bonne chose. Nous n'avons pas encore atteint un niveau de développement suffisant pour que les gens se disciplinent à le faire spontanément. Cette décision doit être prise pour eux. Pour l'heure, les quotas sont un* must. » Pour elle, le pays a besoin de plus d'entrepreneurs qui pensent de façon créative, différente, innovante : « *Voilà ce qu'est le privé et ce à quoi les locaux doivent penser.* » Sa farouche volonté de réussir est un héritage de son père, le fondateur du groupe. Tout le monde ne la possède pas. Muna Al Gurg est catégorique, « *la mixité amène de la compétitivité... Des études montrent que la performance de l'entreprise augmente grâce à des processus organisationnels. Pour les développer, il faut plus de mixité. Pouvez-vous imaginer toute une organisation seulement avec des hommes ? Les femmes sont très créatives. Elles ont de l'imagination et sont multitâches. Elles apportent beaucoup d'équilibre à une entreprise et améliorent ainsi la performance financière. C'est ce que les entreprises recherchent.* » En revanche, les quotas ne fonctionnent que si les candidats sont bien choisis. « *Il ne suffit pas, en tant que compagnie privée, de dire qu'elles emploient un certain nombre de locaux. Pour qu'ils restent là, une politique de quotas doit être accompagnée d'un changement des mentalités : briser les stéréotypes, et avant cela, apprendre à les pointer du doigt, faire appel à des coachs et des mentors, organiser des formations afin d'encourager les bonnes pratiques de façon générale.* » Ainsi ces femmes qui ne se disent pas féministes parce que leur « *famille passe avant leur carrière* », parce qu' « *elles ont déjà acquis l'égalité* », parce qu'elles « *aiment que les hommes les protègent* », parce que « *c'est aux femmes de saisir leur chance* », défendent paradoxalement les quotas afin d'accéder enfin à des postes à responsabilité et croient en leur effet vertueux.

Promouvoir une mentalité d'entrepreneur

Le maillon faible de l'autonomisation demeure ainsi le secteur privé, sur lequel les autorités publiques ont moins de prise en dépit des mesures juridiques adoptées. Néanmoins, les femmes ne cherchent pas toutes la sécurité de l'emploi et de bons salaires garantis par le secteur public. Certaines trouvent l'élan pour exceller dans leur domaine. Elles ont monté leur propre affaire, comme Fatima Sharaf et son Hello Kitty Spa, Khawla Lootah et sa compagnie événementielle, Abeer Al Suwaidi et sa marque d'*abaya*, Nayla Al Khaja et sa maison de production D-Seven. D'autres ont ouvert leur cabinet juridique ou médical. D'autre part, si les institutions financières n'accordent pas facilement de bourses aux femmes, les Émirats arabes unis ont vu fleurir les Business Women's Council et des institutions gouvernementales soutenant l'entreprenariat féminin. Il existe 4 988 entreprises et investisseurs enregistrés par des femmes. La Chambre de commerce d'Abou Dhabi compte 4 160 femmes locales. En juin 2008, vit le jour un nouveau programme pour encourager l'entreprenariat chez les jeunes Émiriens : Arab Business Angel Network (ABAN) avec Microsoft. Un mois plus tard, était lancé Mohammed Bin Rashid Foundation avec l'université de Beirut. Et en mars 2009, le Khalifa Fund, qui a pour but de soutenir une nouvelle génération d'entrepreneurs émiriens… Et émiriennes : 20 à 50 % – selon les différents Émirats – des candidats sont des femmes. Pour Shaikha Al Shamsi, toute jeune recrue du département « développement entrepreneurial », *« l'entreprenariat est encore quelque chose de nouveau ici. Nous sommes tout juste en train de découvrir que nous pouvons faire des choses pour nous-mêmes*[1]. » Les prêts sans intérêt – le fonds est une organisation à but non lucratif – peuvent atteindre des millions comme des dizaines de milliers de dirhams. Hala Badri en est persuadée : *« C'est la clé du développement de ce pays : il faut revenir à notre*

1. En France, 30 % des créateurs d'entreprises sont des femmes et 37 % reprennent des entreprises.

mentalité d'entrepreneur. Les gens vendaient du poisson, échangeaient les perles en Inde ou en Iran. Ils devaient partir loin, laisser leur famille derrière eux. Il y avait des périodes terribles de sécheresse, d'épreuves. Cette mentalité doit revenir. Après 1971, le gouvernement a proposé des postes et cela a beaucoup changé les gens. C'est bien d'avoir d'excellentes institutions mais combien les entités gouvernementales peuvent-elles supporter ? Les étudiants cherchent du travail au lieu de chercher à en créer. J'aimerais voir des femmes – qui ont reçu une bonne éducation, les bons outils, la liberté accordée par leurs parents – devenir entrepreneurs, créer du travail. En 2015, la région va souffrir de chômage. Nous devons prendre des mesures. »

En ce sens, Ilham Abbas porte bien son prénom qui veut dire « *inspiration* » en arabe. Entrepreneur, elle a quitté le secteur public et sa zone de confort pour lancer sa marque : El Ilham. Directrice marketing du Dubai Shopping Festival, à l'origine de la Semaine de la haute couture de Dubaï, en charge de la communication de Dubai Media Inc et du développement marketing du B to B de la zone franche Tecom [1], mais aussi styliste et juge sur des défilés régionaux, elle était prête à lancer sa griffe. « *Quand les projets ont été suspendus en 2010, j'ai décidé que c'était le moment d'aller de l'avant et de lancer ma propre affaire. J'ai été longtemps salariée, j'ai dû créer ma propre entreprise de zéro* », raconte-t-elle. Un sacré défi pour cette Émirienne qui avait l'habitude de travailler avec les filets du gouvernement : « *Quelle leçon de vie quand on se lance à son compte ! C'était à la fois dur et excitant. Tout est différent : la façon de penser, la manière dont les gens communiquent, font des affaires, la prise en compte des coûts.* » L'entrepreneur continue chaque jour d'apprendre son métier.

1. Tecom Investments basée à Dubaï est une filiale de Dubai Holding, une société internationale pour les industries liées aux domaines de la connaissance et au développement.

En décembre 2010, elle lance le premier site de mode complètement électronique, Elilham.com. Elle gagne la confiance des 25 premiers stylistes sans même qu'ils voient son projet. Aujourd'hui, Ilham Abbas travaille avec 65 marques et une clientèle mondiale. Elle est l'incarnation de la réussite à l'émirienne : fille d'une mère au foyer et d'un entrepreneur, elle-même maman à 17 ans, elle saisit l'opportunité que lui offre son pays alors qu'elle accompagne sa seconde fille à la crèche. « *J'ai été élevée pour être femme au foyer. Je me suis mariée alors que j'allais encore à l'école et j'étais enceinte la même année. Lorsque ma deuxième fille a commencé le jardin d'enfant, j'ai démarré mes études. J'étais l'une des rares à décider d'étudier après le mariage* », avoue-t-elle. Ilham s'assied sur les bancs de l'université avec des étudiantes plus jeunes et qui n'ont pas encore de contraintes familiales. Son mari la soutient car il la voit souffrir. « *Après m'être mariée, je m'ennuyais ferme. J'avais tant en moi. J'étais lasse des fêtes. Je voulais me réjouir de quelque chose en me levant le matin.* » Ilham veut rejoindre le monde de l'entreprise. Elle se retrouve ainsi au milieu d'ados sur le campus. « *J'avais 20 ans – la différence n'est pas énorme mais quand même, c'est trois ans – et ils venaient d'écoles privées alors que j'ai fait l'école publique. En plus j'étais mère. J'ai travaillé très dur car j'étais déterminée à réussir. C'est ce que je voulais. Ça a changé ma vie.* » Une fois ses études terminées, la voilà de nouveau enceinte, au moment même où allait démarrer sa carrière. « *J'ai décidé de m'accorder un an sans travailler. C'est une décision difficile mais les enfants sont la priorité. C'est notre responsabilité.* » Elle consacre neuf mois à sa troisième fille avant de partir travailler « *car sinon ç'aurait été trop tard* ». La mode, qui a toujours fait partie de sa vie, devient son occupation à temps plein. « *Ma mère m'a appris l'esthétique : les bijoux, la broderie, la mode. Elle faisait confectionner en Inde des robes pour les futures mariées de Dubaï. Je l'accompagnais et j'ai beaucoup appris.* » Elle vend de la féminité et pourtant elle refuse tout stéréotype lié à son sexe. « *Le fait d'être une femme entrepreneur dans le monde arabe n'a pas été un défi pour moi. Je savais ce que je voulais et j'étais préparée pour chaque réunion. J'agis comme une professionnelle. C'est comme cela que je gagne le respect. J'ai été très encouragée par mes collègues supérieurs masculins. Ce sont toujours des hommes qui m'ont nommée. J'allais vraiment vers le haut. Comme ils appréciaient mon travail, ils me donnaient plus de défis.* » Pour Ilham Abbas, les femmes n'ont aucune excuse à ne pas réussir. « *Je ne suis pas féministe. Je crois qu'on est qui on est. Ce que j'ai voulu, je l'ai eu. À Dubaï nous avons plus que partout ailleurs le soutien du gouvernement. Les responsabilités qui nous sont données sont incroyables. J'étais l'une des rares à m'être mariée et étudier en même temps mais maintenant beaucoup de femmes le font. Notre pays a sa culture et sa culture est aussi le travail* », conclut-elle.

En marche vers le progrès

Me Diana Hamade Al Ghurair a fait la preuve de ses compétences et « *les choses ont radicalement changé. Ils ont dû se rendre à l'évidence.* » Malgré les barrières culturelles, pour elle comme pour toutes les autres femmes interrogées, il n'y a plus de limites à l'ascension des femmes aux Émirats arabes unis. « *Partout où il y a des hommes, les femmes sont acceptées. Ce n'était pas le cas il y a vingt ans. S'il existe encore des barrières sociales, il y en aura de moins en moins.* » Un point de vue optimiste que relaient la plupart des femmes interrogées. Ameera Binkaram, directrice du Business Women Council de Sharjah, refuse de faire une différence entre hommes et femmes. « *Quand on a une tâche à accomplir, on le fait à 100 %. Nous sommes confrontées à des défis de ce genre de temps à autre mais ces dernières années nous avons rencontré très peu d'obstacles. Il y a encore des maris réticents à ce que leurs femmes montent leur affaire, il reste des challenges mais ils ne sont plus aussi coriaces qu'avant.* » Nombreuses se voient non pas comme des femmes, mais comme des professionnelles. « *Les gens apprécient le professionnalisme quel que soit le genre de la personne. J'ai été acceptée dès le premier jour où j'ai rejoint la Cour* », témoigne la juge Ebtessam Al Badwawi, nommée en 2009. Les avocates et les juges se sont vite intégrées depuis les débuts difficiles de Diana Hamade Al Ghurair au barreau de Dubaï. Le docteur Fatima Habib fait le même constat : « *Avant les hommes trouvaient très bizarre de recevoir des ordres venant d'une femme occupant un poste supérieur. Juste parce qu'elle était une femme. Mais ils se sont habitués et ils respectent le fait qu'elles soient capables de travailler.* » Une attitude typique de l'ancienne génération que la nouvelle contribue à changer. « *Les plus vieux apprennent des jeunes et ils commencent à s'adapter. La nouvelle génération a plus confiance dans nos capacités,* confie Safa Taryam qui travaille pour la Fifa. *Oui, parce qu'on est une femme, il faut prouver qu'on peut faire mieux. Mais les hommes m'ont toujours traitée avec respect et pas comme une* outsider. *Je ne me sens pas égale car je ne veux pas l'être mais je ne me suis jamais sentie discriminée parce que j'étais une femme.* » Fatima Al Jaber se souvient aussi : « *Lorsque j'ai travaillé sur mon premier projet, un type m'a dit que les femmes ne se rendaient pas sur les chantiers. Et pourquoi? Est-ce écrit quelque part? Je supervisais le projet. Il y a toujours de tels moments mais l'environnement est bien avancé.* »

Partout dans le monde, les femmes doivent encore s'imposer au niveau professionnel. Moins payées que leurs homologues masculins, pas suffisamment représentées en politique ou dans les affaires, elles s'occupent généralement plus des tâches ménagères et de l'éducation de leurs enfants. Mais les différences entre les genres s'estompent, c'est en tout cas ce que suggère le Forum économique mondial dans son rapport annuel de 2013. La société change, comme c'est le cas aux Émirats arabes unis : les femmes sont plus diplômées que les hommes et la tendance s'inverse. Lorsque le docteur Houriya Kazim est devenue la première Émirienne chirurgien, il n'y en avait pas plus de 2 % en Grande-Bretagne et 10 % aux États-Unis. « *Vous voyez, on n'était pas si loin derrière !* » Si, sur le plan de la parité, les Émirats arabes unis sont bien loin de l'Islande, la Finlande, la Norvège ou la Suède, Mona Al Bahar, députée, rappelle que les Émiriennes ne sont pas un cas rare dans le monde. « *Regardez aux États-Unis ou en Europe, dans les plus grandes démocraties avec des organisations féministes actives, les femmes n'ont pas l'égalité de salaire. Les hommes ont toujours été un groupe dominant. Le progrès doit être fait à tous niveaux et nous progressons socialement et culturellement.* » Certaines comme Hala Badri vont même jusqu'à dire que « *les hommes se sentent désavantagés à certains égards. C'est peut-être un stéréotype car les femmes trouvent qu'elles sont encore à des postes de bureau plutôt qu'aux postes stratégiques mais les hommes ressentent déjà la différence. Même les compagnies changent leur perception et privilégient le recrutement des femmes car elles donnent confiance, sont plus performantes et apportent de la diversité.* » Le pays se félicite d'un progrès qui s'est fait sans heurts. Les femmes dirigeantes ne se sentent pas obligées d'adopter le même comportement que leurs collègues masculins. Elles ont un sens de la féminité très fort et l'affichent. Elles sont généralement plus conservatrices dans leurs décisions. Ces femmes sont parfaitement conscientes du fait que si l'obtention du pouvoir économique est synonyme d'indépendance, ce dernier doit s'acquérir graduellement. « *Tout le monde a soutenu cette évolution : les dirigeants, la société, les familles elles-mêmes, nos maris, nos pères et nos frères, les gens éduqués... Les changements se sont opérés de façon équilibrée sans combats, sans incidents grâce à nos dirigeants. La seconde génération a poussé les femmes encore plus loin et la société a suivi. C'est un développement harmonieux qui ne s'est fait ni en poussant, ni dans la révolte. Oui nous avons révolutionné nos façons de penser. Mais on ne modifie pas les choses avec des révolutions. On les change en suscitant la discussion avec les preneurs de décision, avec les gens qui veulent ce changement et avec la société qui les adopte. Cela se fait en douceur* », conclut Fatima Al Jaber.

X

COMME DES HOMMES

Ainsi les Émiriennes peuvent exercer toutes les professions et ont même investi des secteurs où on ne les attendait pas. Nous avons déjà cité des pionnières : chercheuses, ingénieures, techniciennes, médecins, juristes... Mais elles se font aussi remarquer dans des métiers encore plus « masculins » dans une culture où il est d'autant plus difficile de dépasser l'image sexuée des filières et où les normes sociales sont connotées au niveau du genre. Elles surmontent ainsi la typologie d'activités professionnelles déterminées par le sexe[1]. Ce chapitre s'emploie à dresser le portrait de remarquables exemples de filles et de femmes ayant réussi à se faire une place parmi les hommes, ignorant les remarques et comportements discriminatoires et cassant tous les stéréotypes généralement associés aux femmes arabo-musulmanes. En uniforme, elles arborent fièrement les couleurs d'un pays qui leur en a donné l'opportunité. Si dans les esprits certains métiers sont réservés aux hommes, elles prouvent que la réalité est tout autre. Elles démontrent qu'elles peuvent être fortes, courageuses et résistantes. Si elles se voient encore confrontées à certains défis liés à leur genre, elles sonnent bel et bien le *la* d'une tendance en marche.

1. En France, la moitié des femmes sont regroupées dans 12 familles professionnelles sur 87.

Émiriennes et « flics »

Elles sont présentes dans tous les départements de la police, jusqu'aux derniers bastions que sont la sécurité et la section d'arrêt que se réservaient jusque-là les hommes. Celle d'Abou Dhabi en compte 3 000 et celle de Dubaï, plus de 1 400. « *Dans notre culture ce n'est pas ordinaire de voir des femmes porter une arme. C'est encore considéré comme exceptionnel mais la mentalité des membres de nos familles a changé avec le mode de vie, le développement et les revenus* », commente le lieutenant Noura Mohammed Hassan Yousif, en charge des Affaires féminines à la police de Dubaï. Au quartier général, elle porte beau l'uniforme, pour lequel elle avoue un certain penchant, et on la salue comme un homme. Avec un père et un frère dans la police, elle ne pouvait que sauter le pas. Pour relever le défi et par fierté d'être Émirienne, elle a choisi de servir son pays. « *J'ai eu la chance de faire mes preuves. Cela m'a donné confiance en moi.* » Elle suit les traces de l'adjudant Lulwa Abdulla, la première femme à entrer dans la police d'Abou Dhabi, « *formée avec les hommes* ». Il n'existait pas encore de filière particulière pour les femmes : elle démarre en 1978. À l'Académie de police, les nouvelles recrues suivent, séparément tout de même, la même formation que leurs collègues masculins sur une durée de cinq mois. Pour se porter candidates, elles doivent avoir entre 18 et 26 ans, mesurer au moins 1,60 mètre, être de nationalité émirienne (depuis 1990), en bonne santé, avoir un casier judiciaire irréprochable et réussir les tests d'entrée physiques et psychologiques. Maîtres en arts martiaux et en autodéfense, elles apprennent à se servir d'armes de poing, de fusils et de kalachnikovs. Pour devenir officier, elles doivent être titulaires d'un diplôme universitaire ou sortir du collège. À peine vingt en 1979, leur nombre n'a fait qu'augmenter. Leur présence dans la police découle de la nécessité de disposer de femmes pour mener des enquêtes criminelles, des interrogatoires, des inspections et des arrestations… de femmes. Un homme peut verbaliser une femme mais n'a pas le droit de procéder à son arrestation. La présence des policières est requise pour le contrôle des femmes à l'aéroport, le gardiennage de prisons et d'hôpitaux, la formation de leurs homologues, les écoles de conduite, la protection de VIP de sexe féminin. Une partie d'entre elles travaille aussi comme personnel de bureau. Aujourd'hui, les collègues du lieutenant Noura Mohammed Hassan Yousif sont fières de dire qu'une des leurs, Fozzia Al Mullah, est même devenue lieutenant-colonel à l'Académie de police d'Abou Dhabi. « *Les hommes ont leur boulot et nous respectent. Ils me saluent comme ils le font avec leurs collègues masculins. Nous sommes traitées comme les hommes qui ont accédé aux mêmes rangs, décorations et salaires. Les règles internes de la police militaire locale ont été amendées en 2007 et depuis, nous avons les mêmes grades. Ils reconnaissent nos exploits et nous donnent la chance de prouver ce dont nous sommes capables.* » Toutefois, seule 1 femme sur 10 fait partie du personnel de police qualifié selon une étude publiée dans le *British Journal of Criminology*[1]. Le docteur Muhammed Murad, membre de la police de Dubaï, et le docteur Doris Chu, criminologue de l'université d'État d'Arkansas, ont effectué un sondage sur 278 officiers de police femmes en novembre 2011 afin de mieux cerner comment elles percevaient leur rôle dans une région qui ne fait que peu l'objet d'études et différente culturellement et socialement de l'Occident. Les chercheurs sont arrivés à la conclusion que si 76 % des femmes interrogées pensaient être aussi performantes que leurs collègues masculins, 80 % d'entre elles préféraient tenir des rôles spécifiques à leur genre, c'est-à-dire traiter avec des victimes de sexe féminin, des délinquantes ou des enfants. Ainsi, les femmes elles-mêmes seraient favorables à un modèle hybride d'intégration et de ségrégation plus adapté à leur culture. Enfin,

1. *Self Efficacy Beliefs and Preferred Geender Role in Policing.*

l'intégration des femmes dans la police vaut pour les Émirats que sont Dubaï et Abou Dhabi mais elles ne sont pas encore présentes dans les régions plus rurales comme Ras Al Khaimah.

Les motardes chargées de la protection des VIP de Dubaï

Ameena Hassan Darwish est une jeune caporale de 33 ans. Elle est fière d'être l'une des quatre seules motardes de la section de protection des VIP de Dubaï, la première brigade féminine du genre de toute la région. Comme l'explique son chef, le lieutenant-colonel Musabih Saeed AlGhafli : « *Les motos sont pratiques à manœuvrer au milieu du trafic urbain. C'est plus efficace en termes de sécurité d'avoir cette configuration avec une voiture devant, deux voitures derrière et deux motos sur les côtés.* » Ameena a dû suivre une formation spéciale à l'Académie de police de Dubaï. « *C'était difficile au début mais je me suis sentie très à l'aise ensuite.* » Elle est reconnaissante à ses supérieurs de l'avoir encouragée à choisir cette voie. « *Notre chef croit en nous et nous apprend notre métier* », assure la jeune femme. Une formation éreintante. Les journées commencent à 6 heures 15 et sont rythmées par des cours d'aérobic, de taekwondo et de la marche le matin, suivis par des classes de droit, d'anglais et de maniement des armes l'après-midi. L'Académie de Dubaï a son propre curriculum inspiré « *des manières françaises, de la technique américaine et du renseignement anglais* », précise le lieutenant-colonel Musabih Saeed AlGhafli qui s'est entraîné avec le Raid français. Plus une touche locale : « *Nous avons ajouté des éléments de notre culture comme le fait que ce sont des femmes qui traitent avec les femmes.* » Selon l'islam, un homme n'a pas le droit de toucher une femme, alors la police a dû reconsidérer ses procédures d'urgence. La section VIP de Dubaï compte actuellement une quarantaine de femmes plus une quinzaine en formation. Les polices de Dubaï et d'Abou Dhabi peuvent d'ailleurs se targuer de compter plus de femmes dans leurs rangs que celles de Londres ou de New York ! Et le nombre de candidates ne cesse d'augmenter dans tous les départements, de la circulation à la formation canine, de la police de proximité à la section antiémeute. Une façon pour elles d'être citoyennes. « *C'est le meilleur endroit pour rendre ce qui nous a été donné,* explique Fayza Mahmood Ahmad, sergent de 29 ans. *Je suis motivée pour atteindre mon rêve. Je veux monter en grade non par ego mais pour servir mon pays car nos dirigeants nous ont donné cette chance.* » Honnêteté et patriotisme sont les qualités recherchées par leurs chefs lorsqu'ils embauchent des officiers. Presque une culture policière pour certaines, comme Ameena Hassan Darwish, dont le père était dans la police ainsi que ses cousins, et sa sœur qui est à l'administration. Zahra Gholam, second lieutenant de 39 ans a, elle, passé seize ans dans ce département. « *Je voulais rejoindre la police à tout prix. J'étais l'une des premières à travailler ici. J'ai même fait un mariage d'amour avec la police,* rit-elle. *J'y ai rencontré mon mari et nous avons eu trois fois des jumeaux,* Alhamdullilah ! »

Car elles restent femmes. « *J'aime l'uniforme* », sourit Ameena Hassan Darwish. D'aussi loin qu'elle s'en souvienne, elle a toujours voulu être dans la police. Malgré leurs pantalons *baggy* et leurs rangers, la jeune caporale et ses collègues sont impeccablement maquillées, les sourcils épilés, les yeux soulignés de *khol* et les lèvres matinées de *gloss.* « *Ce n'est qu'un job,* s'esclaffe Fayza Mahmood Ahmad dont les mains sont couvertes de dessins au henné. *Nous ne nous transformons pas en hommes !* » S'il arrive que, de temps à autre, l'un de leurs collègues les taquine, leur disant qu'elles sont trop jolies pour aller sur le terrain, cela ne diminue ni leur volonté ni leurs aptitudes au travail. Comme un homme, elles portent leur Gluck ou leur MB5, font leurs exercices quotidiens de deux heures, tirent une fois par semaine et sont capables de grimper cinq étages d'un immeuble. « *Nous sommes aussi douées que les hommes et nous accomplissons exactement les mêmes tâches. Ils sont plus forts physiquement mais pour le reste, c'est pareil. Si la société ne respecte pas les femmes comme les hommes, dans ce département nous sommes égaux* », déclare fièrement Ameena Hassan Darwish. Elle a bien encore un oncle pour juger que ce n'est pas une carrière pour une femme mais elle est résignée sur le fait qu'il y aura toujours des hommes pour penser de la sorte. Pour les femmes de la génération de Zahra Gholam, il était plus difficile de se faire accepter par les collègues masculins. Ils ne comprenaient pas pourquoi elles voulaient « rivaliser » avec eux. Particulièrement pour les femmes aux grades supérieurs. Désormais, elles sont plutôt encouragées par leur entourage et leur hiérarchie.

Ameena Hassan Darwish vient d'une famille typiquement émirienne aux valeurs traditionnelles. Elle a onze frères et sœurs. Mariée et mère de trois enfants de 2, 4 et 5 ans, elle s'organise. Comme toutes les mamans qui travaillent, c'est plus difficile que pour un homme mais elle y arrive. Pour Fayza Mahmood Ahmad, mère célibataire, travailler dans la police a été une seconde chance. Mariée à 17 ans, divorcée, elle élève son fils de 11 ans. « *J'ai dû me trouver un travail. Je vis seule avec mon fils et c'est difficile. La police m'a rendue plus forte, m'a aidée à me défendre et à affronter les problèmes* », confie-t-elle. Et son fils est fier d'elle. « *Il dit à ses copains que sa mère sait se servir d'un pistolet !* »

Femmes au volant, glam au tournant

Les adjudants-chefs Badrya Salem Thani Al Sowaidi et Maryam Hamid Al Zarouni patrouillent depuis avril 2013 autour des sites touristiques de Dubaï. À 40 et 31 ans, elles font partie des quatre femmes triées sur le volet pour rouler à bord de rutilantes Ferrari FF aux couleurs vert et blanc de la police de la mégalopole émirienne. Pourquoi elles ? Pourquoi des femmes ? Certainement pas pour faire vrombir le moteur V12 qui ronronne sous leur capot. « *C'est une opération marketing pour Expo 2020* », admettent les deux officiers de police qui n'ont jamais pris personne en chasse même si ces petits bijoux font pâlir d'envie leur entourage, hommes ou femmes. La nouvelle flotte, conduite en majorité par des officiers de la gent masculine, a accessoirement pour but de dissuader les chauffards locaux de jouer les Alain Prost sur les autoroutes de la ville, ces voitures de course pouvant atteindre 335 kilomètres à l'heure et passer de 0 à 100 kilomètres à l'heure en 4 secondes ! « *Bien sûr que tout le monde nous jalouse*, sourit fièrement Maryam. *La fille de Badrya raconte à tout le monde à l'école que sa mère conduit une des Ferrari de la police ! Quant à ma mère, elle prie pour moi car elle sait qu'elles vont vite…* » À bord de leur bolide immatriculé « *Dubai 9* », elles circulent tranquillement dans les avenues des sites touristiques les plus glamours : la Burj Khalifa, Downtown Dubai, le Dubai Mall, JBR, le Palm… Les badauds les prennent en photo. Elles ont néanmoins été entraînées sur le circuit du quartier général, le temps nécessaire à parfaitement maîtriser leur engin mythique. À bon entendeur !

À l'armée

Khawla Bint Al Azwar est la première école militaire pour femmes de la région du Golfe. Elle tient son nom d'une chef de guerre musulmane du VIIe siècle réputée dans le monde arabe. Elle mena des batailles pour la conquête d'un territoire qui regrouperait les actuelles Syrie, Jordanie et Palestine. Située à Abou Dhabi, l'école a ouvert ses portes en 1991 quand les Émiriennes ont manifesté le désir de se défendre alors qu'avait éclaté la première guerre du Golfe. Un corps d'armée féminin fut créé au sein des forces militaires. Les femmes reçoivent la même formation et ont les mêmes responsabilités que leurs *alter ego* masculins. Une armée émirienne de la fédération fut créée en 1976 et a été partie prenante dans certaines opérations de maintien de la paix au Kosovo, au Liban ou en Afghanistan. Selon l'Institut de recherche pour la paix internationale de Stockholm, les Émirats arabes unis auraient dépensé 6,5 milliards de dollars en armement entre 2005 et 2009. L'armée émirienne compterait désormais 51 000 membres contre 3 000 en 1976.

La « dame de fer » de Dubaï

Grande et forte, telle est la première impression que donne le major Suad Yousuf Mohammed Saeed, à la tête de la prison pour femmes de Dubaï située dans le quartier d'Al Aweer, sur la route d'Oman. Femme de caractère, elle n'est pas arrivée là par hasard. Impression confirmée par la sensation d'isolement que procure l'immense enceinte carcérale – s'y trouvent également la prison des hommes, le centre de détention des mineurs et une unité psychiatrique – où plus un portable ne passe. Quand elle ne trône pas à son bureau pour y recevoir employées et détenues qui font la queue toute la journée pour l'entretenir de tel ou tel problème ou répondre au téléphone, le major Suad en gère les affaires courantes. La vie de la prison semble dépendre de cette femme tout à la fois autoritaire et humaine. Sous son bureau dépasse un livre qu'elle a ramené d'une formation en Thaïlande, dont le titre *La Vie des oubliées : récits de femmes en prison*, la résume aussi bien que l'environnement qu'elle contrôle.

Mais comment devient-on première femme directrice de prison d'un pays comme les Émirats arabes unis? Il faut commencer par aller à l'encontre de la volonté paternelle. Suad Yousuf Mohammed Saeed étudie la médecine durant trois ans au Koweït – « *C'était l'espoir de mon père, pas le mien* » – avant de tomber sur une offre d'emploi dans le journal des femmes officiers de police. « *Je ne savais pas qu'il y avait des femmes dans la police. Mon père était contre car jusqu'à maintenant notre culture et notre religion ne voient pas d'un bon œil les femmes qui travaillent comme les hommes.* » Elle tient bon et se fait engager comme sergent. « *Cela a été un problème dès le début. Mon père ne voulait pas que je travaille. Ma mère, qui n'était pourtant qu'une femme au foyer analphabète, m'a le plus aidée. Elle ne connaissait que le* Coran *mais elle m'a enseigné une chose : pour obtenir ce que l'on veut, il faut aller le chercher dans les yeux du loup. Ce qu'elle voulait dire, c'est qu'il ne faut pas avoir peur. C'est comme cela que je suis devenue ce que je suis. Aujourd'hui, mon père ouvre le journal et lit des articles à mon sujet. Il est fier de moi* », confie celle qu'on surnomme « *l'Agatha Christie des prisons* », car sa passion lui inspire aussi l'écriture de thrillers. Elle passe treize ans au département d'enquêtes avec le lieutenant-colonel Fozzia Al Mullah, dirige ensuite le département des formations durant deux ans mais rêve de travailler en milieu carcéral. Puis un jour, elle voit 55 appels en absence sur son téléphone : « *J'avais été nommée directrice de la prison des femmes. J'avais atteint mon rêve.* » Cette « dame de fer » compte bien laisser une empreinte dans l'histoire de son pays. « *Mon père nous a appris à être forts dans la vie sinon on est à la botte des autres. Il faut être devant pour réussir* », revendique la directrice, symbole d'une nouvelle génération de femmes qui ne cachent plus leur ambition et leur réussite. « *En général dans notre pays, les femmes étaient cachées même lorsqu'elles étaient fortes.* » D'ailleurs, s'il lui arrive de sentir un certain scepticisme de la part de ses collègues masculins – « *ils ne veulent pas que vous leur preniez leur travail* » –, il n'est pas ouvertement affiché car « *ils n'ont plus le droit de s'exprimer ainsi* ». Le major Suad règne sur 1 million de mètres carrés et gère plus de 300 détenues – originaires d'Inde, du Sri Lanka, de Russie, d'Ouzbékistan, de Chine, des pays arabes, des Philippines et 2 % d'Émiriennes – incarcérées pour trafic de drogue, vol, problèmes d'immigration, délits de fuite et rupture de leurs obligations contractuelles envers leurs employeurs qui sont généralement sponsors de leurs visas, accidents de la route, amendes et un cas de meurtre. Leur journée commence à 5 heures 40 et à 22 heures les lumières sont éteintes. Elles ont droit à une heure de visite toutes les deux semaines. La prison est équipée d'ateliers, d'un petit supermarché, d'une salle de gym, d'une crèche et de deux aires de jeux. Environ 20 % des prisonnières sont mères. Une quarantaine d'enfants de 4 à 7 ans vivent à la prison. « *Nous avons une crèche pour les moins de 3 ans. C'est triste mais nous n'avons parfois pas d'autre choix.* » La directrice se veut plus compatissante et sensible au côté social. « *Ce sont des qualités dont font preuve les femmes qui sont importantes dans mon travail. Nous sommes aussi plus patientes, intuitives, visionnaires et précises. Le secret consiste à bâtir une relation avec les détenues et de bons rapports avec le personnel. Si ces deux groupes interagissent mal, c'est la porte ouverte aux problèmes.* » Elle tient à la réhabilitation de ses prisonnières, a obtenu qu'elles travaillent et obtiennent un salaire (le plus haut est de 300 euros) : elles touchent 5 % du fruit de leur artisanat.

Pilotes à tout prix

Aisha Al Hamli est la première pilote des Émirats arabes unis et un modèle pour les jeunes femmes de la région. Elle travaille maintenant pour l'organisation de l'aviation civile à Montréal. Mais elle a montré la voie. À l'époque, pas d'école de l'air locale. Aisha Al Hamli étudie à la Royal Jordanian Air Academy pour obtenir sa licence de pilotage commercial. Elle s'est armée de toute sa détermination pour pénétrer une profession fermée aux femmes. Aujourd'hui, beaucoup de filles la citent en exemple. Trois d'entre elles racontent leur parcours pour devenir pilotes. Elles parlent de leur rêve devenu réalité et du regard des hommes. Chacune à sa manière renforce la confiance des plus jeunes et les conforte dans leur passion.

Shareefa Al Baloushi a 27 ans. Elle est junior premier officier, ce qui veut dire qu'elle a déjà accumulé plus de 1 500 heures de vol. C'est à l'université d'Al Ain qu'elle a commencé ses études. C'était la seule école du pays à proposer une licence de pilote complète. Sous ses petits airs enfantins, elle copilote des Boeing 777 et bientôt des Airbus A320 de Manille à Chicago pour Etihad, la compagnie nationale d'Abou Dhabi qui se targue de compter 30 pilotes femmes dont 20 Émiriennes. La première Émirienne à y devenir pilote était Salma Al Baloushi. « *Même si nous n'avons pas encore de capitaine, 5 % des pilotes de la compagnie sont des femmes. Et beaucoup de mes amies sont maintenant dans l'armée de l'air* », se réjouit la jeune femme. Pour elle, c'était une passion développée dès l'enfance. La géographie était sa matière préférée et elle lisait des magazines d'aviation. « *J'aimais les détails du design, des moteurs et des matériaux. Mon père faisait du rallye et bricolait tout le temps dans son garage. Ça a déteint sur moi.* » Pas question d'envisager l'aviation comme un domaine réservé aux hommes. « *Avec le développement continu de la technologie, tout demande plus de précision et les femmes sont douées par rapport aux hommes. D'ailleurs mon instructeur compare l'avion à une fille qu'il ne faut pas surcontrôler, avec laquelle il faut être doux. Qui, mieux que nous, les filles, peuvent y arriver ?* » Elle concède qu'une fois dans le mois, elles ne sont pas aussi performantes. Mais ces jours-là, il est devenu obligatoire chez Etihad de rester au sol. « *Dans l'aviation, si vous êtes fatigués ou malades, on vous interdit de voler. Cela facilite les choses. Avant il fallait ravaler sa douleur et décoller. Il ne s'agit pas de vous mais de la sécurité de vos passagers. Il y a beaucoup de défis à surmonter pour faire voler un avion.* »

Sara Al Naqbi, 20 ans, est encore étudiante à l'université d'Abou Dhabi. Elle vise une licence en sciences de l'aviation, un tout nouveau diplôme mis en place en collaboration avec la compagnie aérienne Etihad. Pour elle, c'était un défi de prouver à sa famille qu'elle était capable de faire mieux que son frère, en qui sa mère plaçait naturellement tous ses espoirs. « *Elle l'encourageait à obtenir les meilleures notes pour devenir pilote. Comme j'ai toujours adoré les sciences et les maths, j'ai fait le maximum pour pouvoir postuler à Etihad. De son côté, il est devenu ingénieur aérospatial. Mais c'est moi qui ferai voler les avions qu'il mettra au point !* » Pas question d'être « *périmée* », Sara étudiera jusqu'au doctorat pour se donner toutes les chances de faire carrière au sol ou dans les airs. Armée de courage et de détermination, elle a commencé par affronter son père, officier de police, qui ne voyait pas du tout ce genre de carrière d'un bon œil pour sa fille. Aujourd'hui elle a suffisamment gagné en confiance pour affirmer que son futur mari devra accepter son métier. Même mieux, il pourrait peut-être être pilote, lui aussi. Shareefa confie que deux candidats au mariage se sont défilés quand elle leur a annoncé quelle était sa profession. « *Ils ont eu peur. Ils voulaient que je reste à la maison. Mais je ne vais pas abandonner ma carrière pour me marier. C'est mon rêve : je veux voyager et voler.* »

Dans sa promo, elles ne sont que 2 filles sur 40 étudiants. « *Ils n'acceptent pas qu'on puisse devenir pilotes. Quand on fait des exposés, ils rigolent. Ils font des blagues du type : "Comment une fille pourrait-elle piloter un avion, elles ne savent même pas conduire une voiture ?" Certains nous soutiennent quand même, nous respectent, partagent leurs connaissances.* » Ceux qui sont déjà mariés n'aiment pas la présence des filles et d'autres ne comprennent tout simplement pas qu'elles investissent ce domaine. « *Ils vous regardent avec cet air qui veut dire que vous n'êtes pas à votre place. Pourtant dans certaines matières nous sommes meilleures qu'eux…* » affirme fièrement Majd Mohamed Humaid Majid Alowais, étudiante de 19 ans, de la même promo que Sara. Ce sont parfois les instructeurs eux-mêmes qui refusent que les filles aient de meilleurs résultats que les garçons. Shareefa est persuadée que certains collègues sont intimidés de voir que des femmes atteignent leur niveau et même parfois les dépassent tout en étant mère ou fiancée. « *Le mieux, c'est de ne pas y prêter attention. Plus vous leur donnez de l'intérêt, plus vous alimentez leur ego.* » Pour Majd, les hommes ont peur que les femmes prennent leurs postes. Car loin de les démotiver, ces réactions les poussent à prouver qu'elles sont capables de faire aussi bien voire mieux et elles obtiennent de meilleures notes. Les jeunes filles sont emplies d'ambition pour elles et pour leur pays. « *Nous pouvons faire aussi bien que les hommes. Il n'y a pas de limites. On pourrait même devenir astronautes !* » s'exclame-t-elle. « *Nous avons déjà une usine nucléaire. La prochaine étape sera un satellite* », ajoute Shareefa. « *Ou la première Émirienne sur la Lune ou sur la planète Mars !* » rit Majd. En juin 2010, la Nasa a accueilli deux stagiaires émiriennes : Shamma Al Qassim et Reem Ketait. Un programme qui n'acceptait jusque-là que des citoyens américains. Toutes les trois ont des familles un peu atypiques, soit une mère étrangère ou des parents divorcés. Est-ce cette configuration familiale qui leur a donné ce courage ? Majd par exemple vit avec sa mère et ses sœurs depuis que son père les a quittées quand elle avait 6 ans. « *Je veux prouver à mon père que je peux réussir… Et faire quelque chose de différent de ce que font généralement les filles.* » Pourtant, il n'est pas toujours facile de quitter le cocon familial, d'affronter une solitude étrangère à leur culture, le regard des hommes sur elles, le jugement des membres de leur famille moins ouverts d'esprit, se lancer dans des études difficiles et compétitives. Mais un jour, elles volent. « *J'ai eu tellement peur. Mon premier atterrissage m'a paru si long. Après vous ne pensez qu'à recommencer ! Pour être un bon pilote, il faut savoir ce l'on attend de la vie et de son environnement. Beaucoup de gens pensent à votre place. Il faut s'en détacher. Soyez vous-même, forte, ne laissez personne influer sur votre opinion. C'est la vôtre qui compte.* » Et chaque jour qui passe, la présence des filles dans ce métier est mieux acceptée.

XI

GÉNÉRATION INSTAGRAM

Safa Taryam est aussi *Juventina 10*, son pseudo sur Instagram. « *Allez voir mes photos, elles montrent comment je vis, ce que je fais, qui je suis* », dit-elle. Réflexe d'une Émirienne dans la vingtaine, impensable pour sa mère et même ses sœurs un peu plus âgées qu'elle. Au pays du secret et de la confidentialité, Safa surprend par son attitude transparente et spontanée. Elle fait partie de la génération des réseaux sociaux et des *selfies*. Bien avant qu'ils ne soient à la mode, elle y postait quotidiennement ses faits et gestes : elle dévoile ses goûts culinaires, les endroits qu'elle a visités, ses amis... Première Émirienne à travailler pour la Fifa, on la voit tour à tour coacher ses camarades de classe avant qu'elle n'obtienne son diplôme, faire des élongations sur le terrain avec un champion de foot, shooter dans un ballon en tenue de sport, supporter dans un stade plein à craquer et crier victoire dans le même geste qu'Alessandro Del Piero, son capitaine d'équipe préféré. On l'aura compris, la jeune fille est fan de la Juventus de Turin et le football sa passion. La coque de son iPhone est aux couleurs du club et au bout de son collier se balance un pendentif « Juventina ». « *Donc tout le monde est au courant!* » rit-elle de bon cœur. Cela ne l'empêche pas non plus d'être féminine à souhait et jolie comme un cœur puisqu'on peut l'admirer en toutes circonstances les cheveux libres de *sheila*. Elle est tout aussi sportive que coquette, ambitieuse que gourmande. Ses clichés pourraient être ceux de n'importe quelle Européenne de la promotion dont elle a fait partie avant de décrocher le job de ses rêves. Célibataire, il n'est pas encore question de mariage : « *Je ne suis pas contre l'idée mais pour le moment je me concentre sur ma carrière.* » Safa croit en Dieu et en ce qu'il a prévu pour elle, comme elle respecte l'abstinence avant le mariage. Exposée à un environnement mixte, elle a des copains, c'est sûr, mais pas de « *petit copain* », assure-t-elle. Après avoir passé son master de la Fifa entre Londres, Milan et Neuchâtel, elle est sélectionnée par la fédération pour travailler à Zurich. Sur le terrain, Safa ne voit pas seulement vingt-deux joueurs pratiquer un sport mais un produit créé par des professionnels de l'entreprise, la vente des billets, les sponsors, l'engagement des fans, la couverture télévisuelle. Bref, c'est une professionnelle. Et, comme souvent, la première dans son domaine aux Émirats arabes unis, ce qui surprend avant tout les étrangers. « *Quand je dis que je suis Émirienne, les gens sont choqués car ils n'ont jamais rencontré une Moyen-orientale dans ce domaine. Je suis heureuse de les aider à mieux comprendre cette partie du monde souvent stéréotypée* », explique-t-elle. Et les Émiriens, eux, qu'en disent-ils ? « *Ils sont surpris mais constatent que je sais de quoi je parle, disent à leurs copains qu'ils ont rencontré une fille "experte en football" et veulent en savoir plus car ils n'auraient pas imaginé que cette passion puisse faire l'objet d'une carrière. Les hommes me soutiennent beaucoup* », assure-t-elle. Plus jeune, elle a contribué à mettre en place l'équipe de Sharjah et a débuté sa carrière en travaillant pour le département marketing des chaînes de sport d'Abu Dhabi Media. Elle compte bien rentrer après cette expérience pour contribuer à professionnaliser le football aux Émirats, « *encore vu comme un sport semi-amateur* ». Étudier à la Fifa, c'était le bon choix d'un point de vue académique, professionnel et personnel : « *Pour la première fois, j'ai vécu à l'étranger, rencontré des gens nouveaux et voyagé seule… Toute une expérience, rien que du fait d'être loin des Émirats arabes unis.* » Elle apprécie d'autant plus les opportunités qui lui ont été offertes. « *Je ne serais pas ici sans l'aide de nos dirigeants. Même indirectement, ils ont toujours soutenu leur peuple, hommes ou femmes. Il est important pour nous de réaliser nos rêves et devenir des citoyens dont notre nation soit fière. Je ne suis pas seulement heureuse, moi, Safa, d'avoir réussi à entrer à la Fifa, mais qu'une Émirienne y soit parvenue.* » Belle, talentueuse, féminine et fonceuse, Safa est un doux mélange de respect des traditions et de grande ouverture d'esprit. Elle est représentative d'une certaine mentalité, commune à toutes les étudiantes rencontrées : persévérantes, courageuses, solides, exigeantes, téméraires, prêtes à relever les défis, animées de l'envie de faire la différence dans une culture où on les gomme. Respectueuses de leurs traditions, elles sont néanmoins plus audacieuses que leurs aînées dans leur rapport aux normes.

Génération « globale » *versus* « locale »

Comment rentrer dans le moule quand on a goûté autre chose ? Les jeunes filles sont-elles toutes aussi « raisonnables » que Safa ? Difficile de dégager une tendance qui ne serait qu'une imprudente généralisation. Pas évident en effet de deviner si les 15-25 ans seront plus féministes que leurs aînées. Néanmoins il est bien un domaine qu'il est possible de mesurer : l'éducation. Ces filles sont plus que jamais déterminées à prendre part activement au développement et à la croissance des Émirats, que ce soit au sein du gouvernement ou dans le secteur privé. « *Cette nouvelle génération a encore plus soif d'apprendre que nous* », déclare l'avocate Diana Hamade Al Ghurair.

D'autre part, elles ont directement accès au monde extérieur grâce aux réseaux sociaux et à Internet en général. Fatima Habib, dermatologue, souligne cette évolution : « *Nous devions attendre une lettre ou le journal. Nous étions conservatrices dans notre façon de penser. Ma fille, qui veut devenir médecin, sait beaucoup mieux que moi au même âge ce qui se passe autour d'elle et partout dans le monde. Les jeunes sont ouverts. Tout est mondialisé autour d'eux. Ils sont au fait de la technique, comprennent mieux, peuvent communiquer avec l'extérieur.* » Des filles comme n'importe quelles autres filles ailleurs, en somme. Une génération qui réfléchit « global ». Elles sont désormais sur Facebook, Twitter ou Instagram et fréquentent des blogs. Plus de 75 % de la population des Émirats a accès à Internet. Le pays est un leader technologique dans le monde arabe avec notamment deux zones franches, Dubai Media City et Dubai Internet City, où se sont installées de grandes sociétés mondiales. Ces dernières pratiquent l'autocensure mais il faut aussi préciser que le filtrage est strict. Les sites pornographiques, critiques de la religion, de la société, des instances dirigeantes et de la famille royale ou de la situation des droits de l'homme sont généralement bloqués par les deux fournisseurs d'accès, Etisalat et DU, en adéquation avec l'Autorité de régulation des télécommunications et le ministère de la Communication. Les téléphones portables sont aussi soumis au contrôle. Selon Reporters sans frontières, depuis décembre 2008, une cyberpolice se charge de surveiller le Web : « *En vertu de l'article de la loi sur la cybercriminalité de 2006, un internaute peut être emprisonné pour "opposition à l'islam", "insulte à toute religion reconnue par l'État" ou "transgression des valeurs et des principes familiaux".* » Mais tout ceci n'empêche en rien les jeunes Émiriens d'être très actifs sur les forums et les réseaux sociaux.

Quito Tsui, élève brillante de 18 ans du Jumeirah College de Dubaï, organise des joutes oratoires autour de sujets divers. Elle a insisté pour que des jeunes filles émiriennes, auxquelles on ne propose pas habituellement ce genre d'exercices, y participent aussi. Elle a été surprise de leur curiosité sur le monde, sur l'autre. « *Elles ont un vrai désir d'interagir avec des filles qui ne sont pas comme elles, aiment rencontrer des gens et découvrir de nouvelles choses. Pour elles, ce n'est pas un acquis. C'est beau à voir cet enthousiasme. Elles donnent du poids à des choses que nous trouvons normales comme un vote ou être représentées. Elles réalisent qu'il existe des façons de changer les choses. Cette génération sera celle qui va faire des changements* », prévoit-elle. Les filles de 14 à 18 ans viennent de la prestigieuse école Lateefa School for Girls – dont sortent toutes les princesses et filles de grandes familles – de Dubai Modern et d'Al Khaleej National School. Les sujets débattus peuvent être légers, comme les célébrités dans les médias, ou plus politiques, comme le choix de porter le voile, ne pas être correctement préparée à l'avenir en venant d'écoles non mixtes ou les quotas de femmes dans le gouvernement. « *Si elles le pouvaient, elles aimeraient se mesurer aux garçons de Rashid School. Elles veulent montrer ce dont elles sont capables, se préparer à fonctionner dans un environnement non mixte universitaire et professionnel, veulent changer beaucoup de choses sur la façon dont elles vivent et les restrictions qu'on leur impose. Au début elles étaient intimidées mais peu à peu elles prennent confiance en elles et sans le savoir proposent des idées féministes* », remarque Quito Tsui. Les filles de Lateefa School for Girls ont peu l'occasion de quitter leur enceinte – certaines ne sont jamais sorties de leur quartier de Nad Al Sheba – mais elles sont de plus en plus troublées par leur environnement. « *Elles réalisent qu'elles n'ont pas accès aux mêmes choses que nous, qu'elles peuvent avoir leur propre opinion sur des sujets qui comptent pour elles et qu'il existe une possibilité d'influer sur les décisions* », explique encore la future universitaire.

Les jeunes sont de plus en plus exposés aux idées nouvelles et aux discussions qui émergent depuis peu dans les médias. « *Il y a un mouvement dans le pays. Les femmes sont actives à travers leurs sociétés et le Dubai Women Establishment. Elles ont réussi à créer un débat dans la sphère publique autour des droits des femmes, des abus, du divorce ou de la garde des enfants. Maintenant, tout le monde en parle,* constate Diana Hamade Al Ghurair. *Certes,* rappelle l'avocate, *les Émirats arabes unis ne sont pas une démocratie, on n'y vote pas* – mis à part le mode de scrutin indirect concernant une partie des membres du CNF évoqué antérieurement – *et les femmes n'auront pas plus de droits tant que les propositions ne seront pas sur le bureau des législateurs. Mais à travers les médias, à travers l'autonomisation des femmes, nous avons désormais une voix. Nous avons la possibilité de dire les choses vigoureusement, ce qui n'était pas le cas il y a encore cinq ans. Une femme ne pouvait même pas mentionner de tels sujets.* » Si leurs aînées ont encore peur des conséquences de leurs paroles, les jeunes disent les choses beaucoup plus franchement et sont prêtes à aborder les questions taboues et plus enclines à exercer la plénitude de leurs droits. « *Les femmes aux postes de décision sont généralement directes mais le problème, c'est que lorsqu'elles atteignent des postes d'influence, elles s'assagissent. Pour atteindre ces positions, elles cessent d'être rebelles. Lorsqu'elles sont finalement en mesure de changer les choses, elles ne font pas ce qu'il faut* », explique l'avocate. De plus, celles à qui on donne la possibilité de faire carrière viennent souvent de familles conservatrices. « *Les jeunes, elles, n'ont pas conscience des conséquences et s'en fichent. Elles sont volontaires, spontanées à tout propos. Tout est question de challenges. Elles veulent aller contre la routine, le statut quo, dire des choses qui ne devraient pas être dites* », ajoute Diana Hamade Al Ghurair. Ainsi le ton aurait changé, créant des brèches dans la sacro-sainte culture du secret et de la réputation. Certaines se risquent même à questionner la *wasta* : « *C'est injuste que quelqu'un qui a des relations réussisse quoi qu'il arrive* », osent quelques-unes. « *Elles disent carrément les choses. Il y avait jusque-là certaines limites qui sont devenues plus floues. L'envers de cette franchise est la perte du respect. Nous n'aurions jamais osé parler ainsi à nos parents* », avoue le docteur Fatima Habib.

Une autonomisation entre mirage et oasis

Face à ces influences extérieures jugées trop « libérales », certaines familles essayent de réagir en devenant encore plus protectrices avec leurs filles. « *Je suis invitée toutes les deux semaines au mariage d'une fille de 17 ans. Elles veulent étudier et gagner en indépendance mais leur famille souhaite garantir leur avenir en les mariant* », confirme Diana Hamade Al Ghurair. Et les jeunes Émiriens, comment voient-ils cette évolution ? Selon l'avocate, ils relaient encore les schémas traditionnels. Quels que soient leurs comportements préalables, « *en définitive ils se marieront avec une fille soumise et conservatrice parce que c'est ainsi que sont la plupart des hommes et pas seulement les Émiriens.* » Un observateur de la vie locale avertit : « *Il faut se méfier des fausses évolutions. Les résistances se manifestent encore. Il y a des tensions. On est très loin de conquêtes finales irréversibles. On peut avoir l'impression de progrès mais les hommes n'ont pas envie d'être délogés de leur position inexpugnable. Il y a toujours l'instinct de protection du clan. Une femme qui étudie et qui travaille, c'est aussi une femme qui peut faire des rencontres et c'est inacceptable. Si elles se sont libérées professionnellement, elles supportent encore de la part de leur famille et de leur mari des choses qu'une Occidentale ne saurait tolérer. C'est toujours un combat.* »

Si les jeunes adolescentes émiriennes que rencontre Quito Tsui se montrent querelleuses, elles savent aussi que leur voix ne compte pas, qu'elles n'auront pas accès aux sphères décisives et prennent conscience de l'écart qui les sépare de filles d'autres cultures et du chemin qu'il reste à parcourir. Comme le souligne la jeune fille, « *c'est une génération de transition. Elles voudront un peu plus, réévalueront les choses mais il n'y aura pas de révolution ou de changement drastique. D'une part, elles se disent qu'elles veulent plus et d'autre part, qu'elles ont déjà de la chance d'avoir ce qu'elles ont* », commente la jeune collégienne. Ces rencontres éphémères avec des filles d'autres cultures sont une démonstration du fossé qui les sépare des modes de vie de leurs camarades occidentales. Quand elles ne sont pas des interdits officiels, les entraves à leur émancipation sont implicites. De lourdes institutions les empêchent de réaliser ce qu'elles voudraient. Depuis l'enfance, elles entendent qu'elles vivront ainsi, qu'elles auront à se couvrir, à ne pas fréquenter de garçons et devront se marier jeunes. « *Ces priorités deviennent les leurs. Elles ne pensent pas au-delà. Elles ne savent même pas ce qu'elles en pensent non plus. Elles n'ont pas d'opinion à ce sujet. De plus, cette notion d'indépendance vient de l'extérieur mais pas d'elles* », pense même la jeune élève. Comment trouver anormal ce qui a toujours été ? Comment aller à l'encontre des attentes sans se retrouver aliénée ? Comment inventer l'alternative quand les exemples manquent ? Il est difficile de s'émanciper du modèle imposé, du discours attendu et des nombreuses obligations qui font le tissu social et peuvent constituer de sérieux freins à la vie professionnelle. Pour dépasser les obstacles culturels et sociaux, il faut aux jeunes filles passion, concentration et une vraie détermination. « *Se comporter de façon non conforme à leurs traditions c'est aussi prendre beaucoup de risques : se retrouver isolées, en marge, renoncer à leur famille, à leur clan. Dans une société liée aux valeurs de l'islam et qui a surtout la famille comme relationnel de base, c'est une grande décision. On ne peut envisager une fille sans sa famille sinon elle n'a plus aucun lien social* », ajoute-t-elle. Il est dès lors pratiquement impossible de se comporter différemment de ce qui est attendu par peur de ne pas trouver sa place, d'être observée, de ne pas s'intégrer. Selon la brillante collégienne, « *pour interroger leur propre système de valeurs, elles doivent commencer avec de petites choses* ».

ÉPILOGUE

Le but de cette enquête était de comprendre si les Émiriennes sur le devant de la scène sont une opération marketing de plus des Émirats arabes unis ou si elles ont réellement acquis une place pérenne et influente. Il ne faut pas se leurrer : la société émirienne est et restera probablement profondément conservatrice. Derrière un décor hypermoderne, le pays cache des fondations traditionnelles immuables. Les décisions sont toujours prises par quelques centaines d'acteurs liés entre eux par un tissu relationnel défini : une élite à légitimité tribale et familiale aux codes bien définis dont l'épicentre est l'honneur et la réputation. Les femmes continuent d'être jugées par leur famille et leurs voisins sur leur façon d'accomplir les tâches qui leur sont attribuées. Si elles se situent là où elles sont, c'est en partie parce qu'on tolère qu'elles y soient et en partie parce qu'elles ont prouvé qu'elles en étaient capables, la culture évoluant de pair avec cette accession. Ainsi, il faut envisager l'autonomisation des femmes comme un calcul pragmatique : la résultante d'une politique rationnelle d'un pays qui s'est donné pour ambition – et qui a réussi – de devenir, en moins d'un demi-siècle, le challenger de tous les pays arabes à l'avant-garde. Elle doit être considérée du point de vue de la gestion du pouvoir. L'accueil qui sera fait à cet ouvrage au sein même du vivier dont il est issu pourrait d'ailleurs être vu comme une forme de test. Les femmes participant à ce projet se sont généralement confiées dans l'intimité confortable d'un entretien à deux, sans témoin. Certaines se sont livrées sciemment, poussées en avant par un mouvement qu'elles auto-alimentent, mais je ne puis assurer qu'elles aient toutes pris la mesure des répercussions d'un tel document : l'écho d'une parole privée rendue publique. Il n'est pas certain que ce livre passe la censure et qu'il puisse être lu par celles dont il parle et leurs proches. Et s'il devait franchir cette étape, il n'est pas garanti qu'elles puissent l'assumer au cas où un père, un frère ou un mari viendrait à s'en froisser.

Mais l'accès des femmes aux études et leur succès ont probablement ouvert la boîte de Pandore. Sachant que plus le niveau d'éducation augmente, plus les normes sociales sont remises en question, cette dynamique a pris un élan qui pourrait émanciper les femmes davantage que ne le prévoit leur environnement socioculturel. Cette évolution irrépressible comporte, il est vrai, une part d'incertitude. Bien présomptueux qui peut prédire comment les jeunes se réapproprieront ces prémices d'affranchissement. Mais l'on peut d'ores et déjà affirmer que, en passant de dix à deux enfants en moyenne, les femmes se sont donné la possibilité de mieux contrôler leur vie personnelle et professionnelle. Si les études, l'âge différé du mariage, le choix de leur époux, le désir de faire carrière sont autant de progrès, la maîtrise de la fécondité a certainement été leur principale conquête. D'autre part, on peut constater une tendance qu'il serait exagéré de qualifier de « liberté d'expression », mais de ton, en tout cas, les protagonistes de cette enquête restant conscientes que l'espace dans lequel elles évoluent ne saurait tolérer de parole non conformiste. Si la génération qui a étudié dans les années 1970, 80 et 90 est respectueuse des normes induites, les 15-25 ans s'expriment beaucoup plus ouvertement. Il n'est pas sûr qu'elles se définissent encore par leurs allégeances tribales fondées sur des rapports de subordination. Ces schémas traditionnels semblent loin de leurs préoccupations malgré tout le respect exprimé pour leur culture et leurs traditions. Entre les lignes, elles disent déjà autre chose. Elles se mettent en scène différemment par rapport à leurs aînées. Ces dernières lèvent encore pudiquement le voile sur leur vie privée tandis que d'autres, s'étant laissé emporter, m'ont demandé de ne pas publier certains propos « *trop personnels* », confiés dans un accès de spontanéité. Elles ont encore des réflexes protectionnistes sur leur sphère intime puisqu'il est de tradition de rester confidentiel et d'éviter de se dévoiler hors de la sphère familiale. Au moment de confirmer leur participation à cet ouvrage, certaines ont même fait volte-face et demandé à ne plus y figurer du tout. Mais les plus jeunes n'ont plus cette pudeur et ne craignent pas ou plus d'en ouvrir l'accès à des tiers, extérieurs au clan. Au contact permanent d'une population majoritairement étrangère, comment ne pas questionner leur propre modèle, être tentées de goûter autre chose ou tout du moins comparer ? Leurs mères et leurs grands-mères, occupées à bâtir la nation et honorer la confiance mise en elles, applaudissent une autonomisation dûment acquise mais ne souhaitent pas remettre en question le cadre défini. Dans un pays dont l'identité arabe essaie de revêtir du mieux qu'elle le peut le costume de l'ultra modernité, où pragmatisme et progrès font bon ménage, elles ont néanmoins ouvert une brèche dans laquelle on les a laissées se faufiler. Elles l'ont fait avec *maestria*, ne se disant jamais féministes et réfutant un combat pour l'égalité des sexes auquel elles n'adhèrent pas. Mais leurs filles ne se définissent déjà plus ainsi, exposées à un monde global à portée de téléphone portable. Malgré les filtres mis en place, la société est plus que jamais poreuse. La culture mondialisée introduit d'autres normes et d'immenses changements dans les mentalités ont déjà eu lieu cette dernière décennie. L'avocat qui me mettait en garde au début de cette aventure avait donc raison : les femmes sont bel et bien un sujet sensible, même *le* sujet sensible. Au cœur de la transmission des valeurs, leur affranchissement, bien que contrôlé, de l'ordre social cristallise ces mutations.

Dans une région à feu et à sang où la liberté chèrement acquise des femmes est sans cesse mise à mal, les Émiriennes font déjà figure d'exception. Elles sont sans nul doute les championnes des pays du Golfe et du Moyen-Orient en termes d'autonomisation. Elles ont acquis une place exceptionnelle et cette accession à tous les postes de la société s'est faite de façon relativement harmonieuse. Une politique que ne remettra pas en cause un gouvernement qui a fait un choix calculé, un élan qu'il sera de plus en plus difficile de stopper.

BIBLIOGRAPHIE

Al Awad Mouawiya et Chartouni Carole, *Explaining the Decline in Fertility among Citizens of the GCC Countries (2010) : the Case of the UAE, Dubai*, Institute for Social and Economic Research (ISER), Zayed University, Working Paper n° 1, 2010.

Al-Fahim Mohammed, *From Rags to Riches, a Story of Abu Dhabi*, The London Centre of Arabic Studies, 1995.

Al Hakawati Ameera, *Desperate in Dubai*, Random House Publishers India, 2011.

Ashencaen Crabtree Sara, « Culture, Gender and the Influence of Social Change amongst Emirati Families in the United Arab Emirates », *Journal of Comparative Family Studies*, vol. 38, n° 4, 2007.

Assaf Laure, « Espaces vécus et imaginés des rencontres amoureuses aux Émirats arabes unis », *EchoGéo*, Revues.org, juillet 2013/septembre 2013.

Bristol-Rhys Jane, *Emirati Women, Generations of Change*, Hurst & Company, London, 2010.

Brooks Geraldine, *Nine Parts of Desire*, Penguin Books, 1995.

Carvalho Pinto Vania, *Nation-Building, State and the Gender-framing of Women's Rights in the United Arab Emirates (1971-2009)*, Ithaca Press, 2012.

Dahl Stang, *The Muslim Family : A Study of Women's Rights in Islam*, Oxford/Norway : Scandinavian University Press, 1997.

Dubai Women Establishment et PriceWaterCooper, *Arab Women, Leadership Outlook 2009-2011, Understanding Women Leadership in the Arab World*, 1st Edition, 2011.

Elsner Paul A. et Horton James, "Higher Colleges of Technology : United Arab Emirates", in *Paul A. Elsner, George R. Boggs et Judith T. Irwin (dir.) Global Development of Community Colleges, Technical College, and Further Education Programs*, AACC, 2008.

Gardner Andrew, « The Amalgamated City : Petroleum Wealth and Urban Space in Doha, Qatar », *Arabian Humanities*, n° 2, 2013.

Gargash Maha, *The Sand Fish, A Novel from Dubai*, Harper, 2009.

Gehan Selim M. et Mohamed Gamal, *Neighborhoods & Residential Communities. The Case of Al-Ain-UAE*, Housing symposium 3 "Neighborhoods are more than houses", s.I., Arriyadh Development Authority, 2007.

Guéraiche William, *Géopolitique de Dubaï et des Émirats arabes unis*, Arbre bleu éditions, 2014.

Judith Ornok, *Modern Arab Women, The New Generation of the United Arab Emirates*, Molden Verlag, 2011.

Kerpelman Jennifer L., Schvaneveldt Jay D. et Schvaneveldt Paul L., « Generational and Cultural Changes in Family Life in the United Arab Emirates. A Comparison of Mothers and Daughters », *Journal of Comparative Family Studies*, vol. 36, n° 1, 2005.

Khalaf Sulayman :

– *Camel Racing in the Arab Gulf. Notes on the Evolution of a Traditional Cultural Sport*, Anthropos, mars, 1999.

– *Perspective on Falconry as a World Intangible Heritage and UAE's Effort to Enhance International Cooperation for Promoting Falconry*, Beyond Borders, Plurality and Universality of Common Intangible Cultural Heritage in East Asia, 2009.

Krause Wanda, *Women in Civil Society : The State, Islamism, and Networks in the UAE*, Pelgrave McMillan, 2008.

Lorimer John G, *Gazetteer of the Persian Gulf, Oman and Central Arabia*, London Greg International Publishers, vol. 2 B, 1970.

Madsen Susan R., « *The Experience of UAE Women Leaders in Developing Leadership Early in Life* », *Feminist Formations*, vol. 22, n° 3, 2013.

Mahdavi Pardis, « Race, Space, Place : Notes on the Racialisation and Spatialisation of Commercial Sex Work in Dubai, UAE Culture », *Health & Sexuality : An International Journal for Research, Intervention and Care*, vol. 12, n° 8, 2010.

Morris Mervyn J., *Organisation, Social Change and the United Arab Emirates*, Social Change in the 21st Century Conference,

28 octobre, Centre for Social Change Research, Queensland University of Technology, 2005.

Rutledge Emilie, Al Shamsi Fatima, Bassioni Yahia et Al Sheikh Hend, « Women, Labour Market Nationalization Policies and Human Resource Development in the Arab Gulf states », *Human Resource Development International*, vol. 14, n° 2, 2011.

Sasson Jean, *Princess : A True Story of Life Behind the Veil in Saoudi Arabia*, Transworld, 1995.

REMERCIEMENTS

Sheikha Bodour bint Sultan Al Qasimi, Latifa Sharaf, Laïla Suhail, Safa Al Hamed, Sheikha Jasem Al Suwaidi, Ebtisam Abdulaziz, Maisoon Al Saleh, Salha Ghabesh, Abeer Al Suwaidi, Nada Askar, Manal bin Ismail, Dr Houriya Kazim, Noura Al Noman, Nayla Al Khaja, Maria Al Qassim, Shaikha Al Shamsi, Jameela Al Muhairi, Ameera Binkaram, Ameera Al Hakawati, Diana Hamade Al Ghurair, Kamelia Zaal, Lamya Al Darmaki, Sheikha Lateefa bint Maktoum Al Makhtoum, Dr Maryam Lootah, Dr Rafia Ghubash, Sheikha Hoor bint Sultan Al Qasimi, Dr Manal Taryam, Sara Shuhail, Sara Al Quwaini, Dr Husnia Gargash, Jamila Al Zaabi, Muna Al Gurg, Noura Mohammed Hassan, Me Ebtessam Ali Rashed Saif Badwawi, Khawla Lootah, Hala Badri, Safa Taryam, Dr Mona Al Bahar, Dr Buthainah Al Shunnar, Maryam Al Roomi, Ilham Abbas, Fatima Al Jaber, Mona Al Marri, Dr Amal Al Shunnar, Dr Fatima Habib, Adjudants chefs Badrya Salem Thani Al Sowaidi et Maryam Hamid Al Zarouni, Caporale Ameena Hassan Darwish, Sergent Fayza Mahmood Ahmad, second Lieutenant Zahra Gholam, Major Suad Yousuf Mohammed Saeed, Shareefa Al Baloushi, Sara Al Naqbi, Majd Mohamed Humaid Majid Alowais Ilham Abbas, Mariam et Hannah (joueuses de volley-ball), Yasmin Abdul Rahman, Sharlah Musabeh.

Hussain Al Jaziri, William Guéraiche, Quito Tsui, l'Institut français d'Abou Dhabi, l'Alliance française de Dubaï, Dubaimadame.com et tous ceux qui m'ont conseillée, soutenue, écoutée et lue des mois durant.

Merci à mon éditeur Yves Derai d'avoir vu tout le potentiel de cette enquête.

Et, comme toujours, *special thanks to* Saskia Weber.

TABLE DES MATIÈRES

IV
L'éducation comme étincelle

V
Devenir femme : le temps de la modestie

VI
Relations amoureuses

VII
Les droits des femmes

VIII
Crise identitaire : *Moyen-Ostalgia*

IX
Émiriennes au travail

X
Comme des hommes

XI
Génération Instagram

Cet ouvrage a été composé et imprimé par CPI Firmin Didot à Mesnil-sur-l'Estrée en septembre 2014
ISBN : 978-2-35417-330-2 – Dépôt légal : septembre 2014 – N° d'impression : 124424
Imprimé en France